普通高等教育"十一五"国家级规划教材

LÜYOU QIYE GONGGONG GUANXI

旅游企业公共关系

谢苏 谢璐 主编

北京·旅游教育出版社

责任编辑：郭珍宏

图书在版编目(CIP)数据

旅游企业公共关系 / 谢苏，谢璐主编． -- 北京：旅游教育出版社，2018.7
ISBN 978-7-5637-3795-6

Ⅰ. ①旅… Ⅱ. ①谢… ②谢… Ⅲ. ①旅游企业—公共关系学 Ⅳ. ①F590.65

中国版本图书馆 CIP 数据核字(2018)第 166168 号

旅游企业公共关系

谢苏　谢璐　主编

出版单位	旅游教育出版社
地　　址	北京市朝阳区定福庄南里 1 号
邮　　编	100024
发行电话	(010)65778403 65728372 65767462(传真)
本社网址	www.tepcb.com
E-mail	tepfx@163.com
排版单位	北京旅教文化传播有限公司
印刷单位	北京柏力行彩印有限公司
经销单位	新华书店
开　　本	720 毫米×960 毫米　1/16
印　　张	17.25
字　　数	272 千字
版　　次	2018 年 7 月第 1 版
印　　次	2018 年 7 月第 1 次印刷
定　　价	35.00 元

(图书如有装订差错请与发行部联系)

出版说明

为落实《教育部关于以就业为导向深化高等职业教育改革的若干意见》的精神,加强教材建设,确保高质量教材进课堂,教育部决定制订"普通高等教育'十一五'国家级教材规划"。

按照规划精神,我社在原有旅游高等职业教育教材的基础上进行了整理和提升,注重紧密结合行业实际,反映当代社会经济发展的最新面貌,在内容和体系上具有明显特色,解决一线教学实际需要。

新版高职教材在保持原教材优势的基础上,以方便教师教学和学生学习为宗旨,增设了课前导读、教学目标、案例分析、本章小结等模块,旨在教师和学生之间搭建一个互动的平台,使教师能够更好地和学生沟通。文中示例、公式一律突出显示,目的是让读者花最少的时间掌握最有用的信息。与原版教材相比,本版教材在编排上主要具有以下显著特征:

精简优化了内容。在初版中,有些教材花大量篇幅介绍某些工种的岗位职责及主要任务,既占课时,又不便于教师教学。再版时,将这部分内容置于附录中,既便于教师灵活运用,又有利于学生分清主次。同时,针对旅游学科实践性强的特点,修订后的教材特别注意增补了一些案例,目的是强化案例教学的作用。在案例的处理上,有些案例有评析,可以帮助学生进一步掌握每章重点;有些案例没有评析,既给教师布置作业留下了余地,也可供学生自学使用。

更新增补了资料。根据旅游业最新发展情况,此次修订增补了最新行业法规,补充了入世后的相关内容,更新了旧的材料和数据,使本版教材能充分反映行业的最新发展和业内最新的研究成果。

权威专家严格把关。本教材的作者均为业内专家,有着丰富的教学经验及旅游企业的管理经验,能将教材中的"学"与"用"这两个矛盾很好地统一起来。在此基础上,经杜江等业内权威专家把关和专业编辑审读加工,确保了本教材的权威性和专业性。我们深信:只有专业的,才是最好的!

贴近教学的全新编排。增课前导读,帮助读者更好地理解各章内容;拟教学目标,帮助教师更好地与学生沟通;补有用信息,案例分析、思考与练习,让学生尽快消化所学知识;改目录风格,人性化的设计,面面俱到,全书内容一览无余。

经过教育部组织的专家评审,"旅游高等职业教育系列教材"中的大部分被批准为普通高等教育"十一五"国家级规划教材,实现了行业教育与职业教育的平稳对接。

作为全国唯一的旅游教育专业出版社,有着丰富的旅游教育专业教材的编辑出版经验和庞大的专业作者队伍，我们有责任把最专业权威的教材奉献给广大读者，这也是我社教材受到广大读者认可的重要原因。

新版高职教材即将面世，我们想借这套教材的出版，探索一种全新的教材编写、出版模式，把一本本赏心悦目、专业实用的教材奉献给大家，使其真正成为您的贴心朋友。

旅游教育出版社

目 录

上篇　旅游企业公共关系的基本原理

第一章　公共关系概述 ·················· 2
课前导读 ························· 2
教学目标 ························· 2
　第一节　公共关系的概念与特征 ············ 3
　第二节　公共关系的起源与发展 ············ 14
　第三节　逐步形成特色的旅游企业公共关系 ······ 21
案例举要 ························· 27
本章小结 ························· 28
思考与练习 ······················· 29

第二章　旅游企业公共关系主体 ············ 30
课前导读 ························· 30
教学目标 ························· 30
　第一节　现代社会组织 ················ 30
　第二节　现代旅游企业组织 ·············· 36
案例举要 ························· 52
本章小结 ························· 52
思考与练习 ······················· 53

第三章　旅游企业的客体
　　　　　——目标公众 ················ 54
课前导读 ························· 54
教学目标 ························· 54

· 1 ·

第一节　公众与公众分类 …………………………………………… 54
　　第二节　旅游企业主要目标公众 ………………………………………… 62
　案例举要 …………………………………………………………………… 75
　本章小结 …………………………………………………………………… 76
　思考与练习 ………………………………………………………………… 76

第四章　旅游企业公共关系的中介
　　　　——传播 …………………………………………………………… 77
　课前导读 …………………………………………………………………… 77
　教学目标 …………………………………………………………………… 77
　　第一节　传播媒介举要 …………………………………………………… 77
　　第二节　传播方式的选择与应用 ………………………………………… 83
　　第三节　网络新媒体传播 ………………………………………………… 87
　案例举要 …………………………………………………………………… 96
　本章小结 …………………………………………………………………… 97
　思考与练习 ………………………………………………………………… 98

第五章　旅游企业公共关系职能与"四步工作法" ………………………… 99
　课前导读 …………………………………………………………………… 99
　教学目标 …………………………………………………………………… 99
　　第一节　旅游企业公共关系职能 ………………………………………… 100
　　第二节　旅游企业公共关系的"四步工作法" ………………………… 115
　案例举要 …………………………………………………………………… 127
　本章小结 …………………………………………………………………… 128
　思考与练习 ………………………………………………………………… 128

下篇　旅游企业公共关系实务

第六章　旅游企业公共关系营销 …………………………………………… 130
　课前导读 …………………………………………………………………… 130
　教学目标 …………………………………………………………………… 130
　　第一节　公共关系营销理念 ……………………………………………… 131
　　第二节　旅游企业公共关系营销实务 …………………………………… 138
　案例举要 …………………………………………………………………… 151

本章小结 ··· 151
　　思考与练习 ··· 152

第七章　旅游企业形象设计与文化营销 ································· 153
　　课前导读 ··· 153
　　教学目标 ··· 153
　　　第一节　公共关系与 CIS ··· 154
　　　第二节　旅游企业的 CIS 形象战略 ···························· 157
　　案例举要 ··· 163
　　本章小结 ··· 165
　　思考与练习 ··· 165

第八章　旅游企业公共关系专题策划 ································· 166
　　课前导读 ··· 166
　　教学目标 ··· 166
　　　第一节　旅游企业公共关系策划内容与主要类型 ········ 166
　　　第二节　公共关系策划的创意与思维方法 ·················· 175
　　案例举要 ··· 180
　　本章小结 ··· 181
　　思考与练习 ··· 181

第九章　旅游企业公共关系的危机管理 ···························· 182
　　课前导读 ··· 182
　　教学目标 ··· 182
　　　第一节　旅游企业公共关系危机 ······························· 182
　　　第二节　旅游企业公共关系危机的处理 ····················· 188
　　案例举要 ··· 193
　　本章小结 ··· 194
　　思考与练习 ··· 195

第十章　旅游企业公共关系日常工作技能 ························ 196
　　课前导读 ··· 196
　　教学目标 ··· 196
　　　第一节　公共关系工作中的礼仪 ······························· 196
　　　第二节　旅游企业公共关系日常工作实务 ·················· 206

案例举要……………………………………………………………214

本章小结……………………………………………………………215

思考与练习…………………………………………………………215

第十一章 旅游企业公共关系操作技巧 216

课前导读……………………………………………………………216

教学目标……………………………………………………………216

 第一节 开展公共关系活动的技能技巧……………………216

 第二节 专题操作训练………………………………………232

本章小结……………………………………………………………242

思考与练习…………………………………………………………242

第十二章 旅游企业公共关系教育 243

课前导读……………………………………………………………243

教学目标……………………………………………………………243

 第一节 旅游企业公共关系教育的功能……………………243

 第二节 旅游企业公共关系教育的内容……………………249

 第三节 旅游企业公共关系教育的原则和方法……………256

案例举要……………………………………………………………261

本章小结……………………………………………………………262

思考与练习…………………………………………………………262

后　记 263

参考文献 266

上 篇
旅游企业公共关系的基本原理

第一章 公共关系概述

课前导读

公共关系自20世纪初问世以来,作为一种现代企业的经营管理艺术和现代社会的文明观念已风靡世界,其卓越的成就有目共睹。20世纪80年代初公共关系思想与管理理念进入我国以后,传播速度之快,波及范围之广,已引起国际社会的广泛关注。30余年来,公共关系课程已经在大中专院校开设,公共关系组织遍布神州大地,从业人员已达30万人之多,学习公共关系知识的人数已远远超过英国公共关系专家萨姆·布莱克所预计的50万(1993年他访问中国时的估计)。尤其是旅游行业,不仅最早接受公共关系理念,而且实践也最多,80%以上的饭店、旅行社都设有公共关系部、公关销售部,或者有专人专门从事公共关系工作,由此形成了具有行业特征的旅游企业公共关系。

一个企业,乃至一个社会组织要在现代社会中生存和发展,必须与自己相关的公众建立良好的关系,创造一种和谐的组织状态。而为实现这一目标,企业或社会组织就需要有计划地组织和实施一系列的公共关系活动。当今世界公共关系已成为一门新兴的综合性的社会科学,一种管理概念,广泛运用于整个社会的政治、经济、军事和文化等各个领域,形成了公共关系活动主体的多元化,本章的主要任务是对公共关系的基础知识和基本原理进行介绍。

教学目标

- 认识公共关系的内涵和本质特征
- 了解公共关系发展的起源与发展
- 明确旅游企业公共关系的相关概念与实践领域
- 掌握旅游企业公共关系的核心概念
- 把握旅游企业公共关系特色的形成

第一节　公共关系的概念与特征

一、公共关系定义的内涵

公共关系一词，是英文 Public Relations 的中文翻译，英文缩写为 PR，所以公共关系在很多场合也简称为 PR。Public Relations 既可翻译成公共关系，也可以翻译成公众关系，两种译法在词的内涵解释方面没多大差异，国外的学者译为公众关系的居多，我国的学者多译为公共关系，因注册的"公共关系协会"已被法律所认可，所以国内公共关系界认可其译法，社会上也将公共关系作为一种约定俗成的概念而予以普遍接受和使用。

公共关系定义的历来众说纷纭，从学者到实践部门各有侧重，这种情况的出现反映了公共关系极其丰富的内涵和不断扩展的外延。公共关系的定义经分析归类后，大致有以下5种表述，它们分别得到众多学者和实践部门的赞同，并对公共关系学的发展产生过重要的影响。

（一）管理职能论

持这种观点的学者认为，公共关系是现代企业经营管理的重要职能。

国际公共关系协会给公共关系做过如下界定：公共关系是一种管理职能，具有连续性和计划性。通过公共关系，公立的和私人的组织、机构试图赢得同他们有关的人们的理解、同情和支持——借助对舆论的估计，尽可能地协调他们自己的政策和做法，依靠有计划的、广泛的信息传播，赢得更有效的合作，更好地实现他们的共同利益。美国的雷克斯·哈罗博士也认为：公共关系是一种特殊的管理职能，它帮助一个组织建立并保持与公众间的交流、理解、认可与合作；它参与处理各种问题和事件；它帮助管理部门了解民意，并对之做出反应；它确定并强调企业为公众利益服务的责任；它作为社会趋势的监视者，帮助企业和社会变动同步；它使用有效的传播技能和研究方法作为基本工具加以使用。无论是国际公共关系协会还是美国学者雷克斯·哈罗都十分强调公共关系的管理职能，其活动模式是"有计划的、广泛的信息传播"，目的是"更好地实现它们的共同利益"。

现代企业面对市场竞争，必须"内求团结，外求发展"，必须通过沟通信息、协调关系、宣传招徕、社会交往、咨询决策等公关手段去创造一个"天时、地利、人和"的和谐环境。公共关系的这种特殊功能，确实成为企业生存发展的重要手段和制胜法宝。因此，"管理职能论"在我国很有市场，不少学者持此观点。

（二）传播沟通论

持这种观点的学者重视研究社会组织与公众之间的沟通行为与规律。他们认为,现代传播学是研究人类社会信息交流的一个学术范畴。而公共关系是指社会组织与公众之间的一种传播方式,公共关系活动的本质是交流,因此,公共关系学应是现代传播学的一个应用分支。

英国学者弗兰克·杰夫金斯认为:公共关系是由为达到与相互理解有关的特定目标而进行的各种有计划的沟通联络组成的,这种沟通联络处于组织与公众之间,既是向内的,也是向外的。

美国学者约翰·马斯顿认为:公共关系就是运用有说服力的传播去影响重要的公众。我国公共关系学术界也有大量学者持此观点,与管理职能论的研究者们形成势均力敌的两大学派。

(三)社会关系论

持这种观点的学者认为,公共关系的主体是社会组织,客体是公众,其目的是协调两者间的关系,组织建立起一种良好的社会关系网络。因此,公共关系应是社会关系的表现形式之一。

美国普林斯顿大学的希尔兹教授认为:公共关系是我们所从事的各种活动和所发生的各种关系的统称,这些活动与关系都是公众性的,并且都有社会意义。希尔兹的定义比较抽象化,让人感觉是从公共关系的本质属性上去思考问题。

(四)现象描述论

持这一观点的研究者往往倾向于公关实务,与"社会关系论"偏重理性、抽象截然不同。"现象描述论"描述直观形象浅显明了,紧紧抓住公共关系的某一功能或某种现象进行描述,具体而实在。以下是现象描述论给公共关系下的定义的部分举要:

"公共关系是企业管理机构经过自我检讨与改进后,将其态度公诸社会,借以获得顾客、员工及社会的好感和了解的经常不断的工作。"

"首先,公共关系是一个人或一个组织为获取大众之信任与好感,借以迎合大众之兴趣而调整其政策与服务方针的一种经常不断的工作。其次,公共关系是对此种已调整的政策与服务方针加以说明,以获取大众了解与欢迎的一种工作。"

"公共关系是一种技术,此种技术在于激发大众对于任何一个人或一个组织的了解并产生信任。"

"公共关系是工商管理机构用以测验大众态度、检查本企业的政策与服务方针是否得到大众的了解与欢迎的一种职能。"

上述四种公共关系的定义形象生动,下面的一些定义就更为具体直观了。

"公共关系90%是靠自己做得对,10%靠宣传。"

"公共关系即通过良好的人际关系来辅助事业成功。"

"公共关系就是促进善意。"

"公共关系是信与爱的运动。"

"公共关系就是争取对你有用的朋友。"

"公共关系是说服和左右社会大众的技术。"

"公共关系就是讨公众喜欢。"

"广告是要大家买我,公共关系是要大家爱我。"

……

(五)表征综合论

所谓表征综合,即将公共关系的各种表征综合起来概括为公共关系的定义。1978年8月,在墨西哥城召开的世界公共关系协会大会上,代表们对公共关系的含义达成共识:公共关系是一门艺术和社会科学。公共关系的实施是分析趋势、预测后果,向机构领导人提供意见,履行一连串有计划的行动,以服务于本机构和公众利益。

美国《公共关系季刊》将公共关系的表征综合为以下14点。

(1)公共关系是个完整的职能,目的在于增进公司利益和达到其整体目标。

(2)公共关系并不制定政策,但是可以帮助管理当局表白公司的政策。

(3)对于受公司措施影响的人们,公共关系人员注意他们的印象与可能反应,重大的措施虽然表面上与公共关系无关,但也应在出台前先向公共关系部门咨询。

(4)行动比空言有力,所有信誉都建立在行动而非语言文字之上,但如果要让公众知悉并了解公司的行动,就得借助于语言文字。

(5)公共关系虽然是管理部门的职责,但也必须配备适当的预算人员,至于其所担负的任务必须是限于公司公共关系范围以内的工作。

(6)公共关系人人有责,公共关系部门的最终目标,是使人人了解传播对于良好管理是必要而不可分割的。

(7)公司的形象是相对的,依某种公众对于公司的具体要求和兴趣而定,例如股东、金融界、政府、教育家及舆论界,就各有各的看法。

(8)人们往往根据不完全的依据形成对公司的印象,例如与公司某一位员工通信或偶然会晤而产生的印象,极易转化为对公司的印象。

(9)因为公司是在舆论所形成的环境下运营发展,因此对于任何人士所具有的访问权利均应尊重。

(10)人们通常对于不太了解的事物好猜疑,如果不提出理由并加以解释,人们就会更加猜疑,因此公司透露、传播资料、信息不要吝惜。

(11)不可歪曲和夸大事实,公共关系的主旨在于陈述事实,以便能使他人对公司公平评估,引起公众兴趣,进而对公众产生影响。

(12)少做但做得好,比多做但做不好要强。

(13)公共关系的一项基本任务就是要引起别人对于公司的好感和兴趣。

(14)公共关系艺术成分多于科学成分,这种艺术要以社会科学的新知识为基础,对于公众对象的组成及态度要做科学的评估,对于公司本身要有透彻的认识。

(六)上述五种代表性公共关系定义的启示

(1)公共关系定义的多样性源于公共关系含义的多维性,它说明了公共关系极其丰富的内涵,这巨大而又复杂的潜能有待我们进一步去发掘与深化。

(2)上述公共关系五种具有代表性的定义,均侧重于公共关系的某一种特殊功能,这五种功能在不同领域和不同的社会实践中必定都获得过巨大成功,因此成为公共关系理论构建的宝贵源泉。但也有一些定义具有相当大的片面性,导致观念的偏差和行动的失误。

(3)公共关系的定义尚待进一步完善,随着公共关系理论与实践的发展,公共关系定义的科学化与规范化、公共关系理论体系的丰富化指日可待。

(4)值得一提的是,公共关系内涵的丰富性与外延的扩展性是客观存在的。对公共关系的定义不必死抱教条,也没必要强求统一。在公共关系学母学科的基础上,根据其所应用的不同领域和行业的不同特点,形成具有行业特色并能指导行业公关实践的公共关系学说,可使公共关系理论体系更加丰富多彩。

二、公共关系的本质属性

科学的定义应该反映事物的本质属性。研究公共关系,揭示其最核心、最基本的东西,才能界定其与同类事物的区别,理解其内涵、确定其本质。

(一)构成公共关系活动的基本要素

构成公关活动的基本要素有三:组织(公关主体)、传播(公关中介)、公众(公关对象),任何公关活动都是由这三个要素构成的。

公共关系活动的主体是社会组织。以旅游企业为例,它是典型的经济组织,它的公关活动目的是按企业的总体目标,有意识、有计划地改善企业公关状态,为企业健康发展服务。在旅游企业这个公共关系主体中,一般都设有公关部,这是企业内部专门从事公关工作的机构,其工作目标是为旅游企业的公关目标服务。它所策划的各种公关专题活动都是为了树立企业信誉,提高企业的知名度与美誉度。活跃在公关部的公关人员,则是企业开展公关活动的主体核心。他们的素质、水平与能力,直接关系到企业公关工作的成败。与新闻界人士一样,他们被誉为旅游企业的"大脑、耳目、喉舌"。

公共关系的中介是传播。旅游企业公关传播包括语言传播和非语言传播。语言传播众所周知,而非语言传播则是指通过表情、姿态、眼神、色彩、服饰来说话。这种非语言传播既能刺激人、感染人,又能传情达意,所表现的恰恰是语言传播所不及或难以言状的一些领域和事物。旅游企业正是通过这些有效的传播途径传播企业信息,塑造企业形象的。

公共关系活动的客体是相关公众。根据旅游企业所处的环境,可以将与旅游企业关系最为密切的公众按内部公众(员工公众、股东公众)和外部公众(顾客公众、客源机构公众、社会公众、媒介公众、政府公众、国际公众)分为八大类。与这些公众的关系如何,会影响到旅游企业的生存与发展。旅游企业公共关系就是要与这些相关公众搞好关系,取得他们的支持、好感与合作,使企业处于一种"天时、地利、人和"的环境中,促使企业蓬勃健康地发展。

组织、传播、公众三要素中,组织和公众是公共关系的承担者,分别为公共关系的主体和客体。其相互作用的方式是传播。

(二) 形成公共关系传播特征的"双向沟通"

公关传播与同属组织传播行为的广告、推广、新闻、外交等活动不同,它不是单向的传播行为,而是双向的传播行为。所谓"双向沟通",即信息的双向交流。信息交流的"双向性"可以说是公共关系传播的最主要的特征,如图1-1所示。

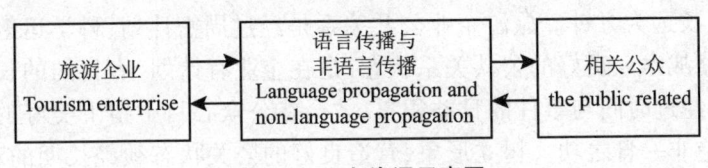

图1-1 双向沟通示意图

双向沟通是贯穿公关传播活动的主要特征,也是公关理论的精髓。它一方面将旅游企业信息实施调整与策划,向外开展强有力的传播活动,有效控制社会舆论、公众态度,引导公众对旅游企业进行良好评价;另一方面,当组织向公众进行传播时,这一过程实质上是一个双向交流的过程。公众反馈回来的信息经分析、归类、加工、处理之后,无疑是旅游企业改善形象、修正经营方针的一剂良方。

(三) 公共关系的一般特征与状态

公共关系自问世以来,根据公共关系的实践与理论概括,一般将普通公共关系的特征概括为六种,将其公共关系的状态分为静态与动态两种。下面我们将公共关系的一般特征与状态做简要介绍。

1. 公共关系的一般特征

(1) 以公众为对象。公共关系是指一定的社会组织,与其相关的社会公众之间的相互关系。如果说人际关系以个人为支点,是个人之间关系的话,公共关系则是以组织为支点,是组织与公众结成的关系。"公众"是公共关系的重要概念,旅游企业必须坚持着眼于企业公众,才能生存与发展。因此,只有建立一个和谐而完善的公共关系网络,才能促进旅游企业与相关公众间的双向沟通,为企业的生存与发展创造一个良好的人事与社会环境。

（2）以美誉为目标。"组织形象"是旅游企业公共关系的核心概念。在社会公众中塑造美好的企业形象，是旅游企业公共关系的终极目标。如果说搞好人际关系的目的是为自己创造一个良好的生存空间，那么在当今生产力、销售力、形象力三力合并的时代，旅游企业良好的社会形象，不仅是宝贵的无形资产，而且是竞争的有力手段。塑造形象是公共关系的核心问题，旅游企业公关活动自始至终都应在企业总体目标指引下，围绕企业形象的塑造与传播来展开。追求更好、更完美的企业形象，是旅游企业公共关系的永恒话题。

（3）以互惠为原则。公共关系主体与客体之间的联系，是以一定的利益为基础的。如旅游企业与员工的关系、旅游企业与股东的关系、旅游企业与顾客的关系等，正是利益把有着共同追求的公众与组织连接起来。旅游企业公共关系的价值取向，必须是将组织利益、公众利益与社会利益统一起来，形成共同的利益，在追求企业利益的同时，承担社会责任，要让旅游企业获得良好声誉，与相关公众合作长远，必须奉行互利互惠、平等互助的原则。

（4）以长远为方针。旅游企业公共关系是经过周密计划、科学运筹而实施的一系列战略战术。良好的公共关系状态，是在企业有计划、有目的的长期努力下形成的，要经过时间与事件的日益积累，才会在公众心目中留下美好的印象。所有这一切绝非一日之功。树立形象、营造良好的公关状态须经长期的艰苦努力，而维护形象、调整形象、改善形象更应有长远打算。旅游企业必须坚持不懈地开展公关工作，切忌一曝十寒、急功近利。只有进行持续不断的努力，才可能使企业的发展与社会发展同步，才可能谋求企业与公众的长久合作及组织与社会的共同发展。

（5）以真诚为信条。公共关系活动需要奉行真诚的信条。旅游企业组织的公关活动内容要真实，对待公众的态度要诚恳、守信。旅游企业的经营行为与公关行为要表里如一，并如期履行自己的诺言，在社会公众面前塑造一个诚实可信的形象，才可能取信于公众。另外，公共关系传播也必须贯彻真诚、实事求是的原则，不允许像商业广告那样进行夸张、渲染。任何虚假的信息传播都会损害旅游企业的形象，只有真诚才会赢得合作，因此真诚是公共关系的基本信条。

（6）以沟通为手段。公共关系以双向的信息沟通为手段，与企业的内外公众进行沟通，从而使公关目标得以实现。公共关系的信息传播是双向的，一方面旅游企业将本组织的信息经归类加工后及时、准确地传播给社会公众，使公众认识、了解企业并喜欢企业，对企业产生好感，拥护、支持企业；另一方面旅游企业要迅速、准确、及时地收集来自公众的反馈信息，了解舆论和民意，获取有价值的意见和建议，随时调整自己的行为，改善自己的形象。双向沟通既是实现企业内外信息交流的重要方式,也是公共关系活动的重要特征。

2.公共关系的一般状况

公共关系状态可分为静态公共关系和动态公共关系。所谓静态公共关系,即指组织与公众之间某种关系状态的反应程度;动态公共关系,则指一个社会组织为追求良好的公关状态而进行的一系列公关活动。

(1)旅游企业静态公共关系。旅游企业静态公共关系一般有两种现象:一种是自然状态的公共关系,另一种是理想状态的公共关系。自然状态公共关系是一种天然的、未经努力、未加修饰的状态。这种状态的公共关系,有的较为良好,与本企业无意识的公关行为相关,更多的则是一种不良状态。自然状态的公共关系不取决于企业是否进行了公关活动,是任何一种社会组织都具有的状态。理想状态公共关系,则是社会组织为了达到某种公关目标,通过有目的、有计划的、持之以恒的努力而创造出来的令人满意的状态。社会组织状态是否存在着有意识的努力,是区别二者的根本点,也是衡量社会组织是否从事公关活动与否的基本标准。

(2)社会组织动态公共关系。社会组织动态公共关系,是指社会组织为追求良好公关状态而进行的活动。这类活动分为日常公关工作和专题公关活动。

日常性公关工作,是指社会组织公共关系的基础工作,也是社会组织创造美誉度的基础。它包含公关部的日常运转,如接待、宣传、参观、访问、交流等,更重要的是社会组织全体员工的优良服务、尽善尽美的工作态度和健康美好的言行。

专题公关活动是指为了达到良好公共关系状态所进行的一系列的专题活动,在旅游企业中多表现为专题促销活动、专题公益活动、专题庆祝活动、专题宣传活动和专题交流活动等。专题公关是旅游企业传播形象、提高知名度的重要手段。专题公关活动一般由公关部的专业人员来组织。专业性的公关活动质量,直接影响企业的公关状态,因此是公共关系研究的重点。

(3)动、静公共关系之间的联系。静态公共关系与动态公共关系紧密相连,动态公共关系的效果直接影响静态公关状态;而静态公关状态又客观地反映动态公关工作的结果。当公共关系处于静态环境时,只有通过日常性公关工作奠定基础,同时开展丰富多彩、目标明确的专题公关活动,才能迅速改变社会组织的公共关系状态,达到理想的目标。

在动、静态公共关系中,动态公共关系始终处于主导地位,是社会组织公共关系由自然状态转化为理想状态的前提、出发点和归宿。通常意义上的公共关系,实际上是指动态公关活动。

动、静态公共关系之间的联系如图1-2所示。

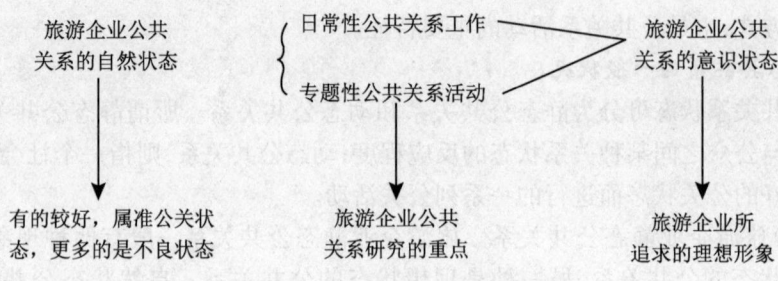

图 1-2 动、静态公共关系示意图

三、公共关系相关概念与实践领域

公共关系一词,就英文词义来讲有多种借代。如公共关系状态、公共关系活动、公共关系学等。公共关系在世界范围内广泛使用之后,又延伸出不少分支概念。这些分支概念从不同层面或不同角度阐述了公共关系。了解这些分支概念,一方面有利于我们全面认识公共关系,另一方面由于这些分支概念在公共关系学中使用频率很高,有的甚至直接用来诠释公共关系这一概念,如不界定清楚,将会混淆它们各自的内涵及其之间的关系。

(一)公共关系的分支概念

1.公共关系状态

公共关系状态,是指一个组织所处的社会关系状态和社会舆论状态。社会关系状态,是指组织机构与其相关公众之间相互交往和共处的状况;社会舆论状态,是指公众舆论对组织机构的反映与评价状况。组织的公关状态是客观存在的,它制约或促进着组织的生存与发展。因此,公关状况既是开展公关活动的出发点,也是公关活动的结果。

2.公共关系活动

公关活动也称公关实务。它是指一个社会组织为塑造良好的组织形象或和谐的公关状态,用传播沟通的方法来协调社会关系、影响公众舆论、塑造组织形象、优化组织环境的一系列实务工作。从旅游企业来讲,公关活动既是企业经营管理的一部分,也是现代旅游企业的管理职能。

3.公共关系思想

公关思想也称公关意识或公关观念。公关思想是现代企业的一种经营观念和管理哲学,是现代社会的一种文明观念,是影响组织行为和人们社会生活的一种准则和价值观。

公关思想包括:形象观念、公众观念、协调观念、传播观念、互惠观念、服务观念和信息观念等。形象观念,是指企业在自身的行为中高度重视声誉和形象,自觉进行形象投资、形象设计、形象塑造、形象传播和形象维护;公众观念,是企业十分重视公众利益,将满足公众的意愿作为自己的经营原则,按公众的需求随时修正自己的经营方针和经营决策;协调观念,是指企业重视和善于协调与方方面面的关系,广交朋友,为企业自身创造一种和谐的生存与发展空间;传播观念,是指企业具备强烈的传播欲望,持续不断地将企业内部的信息经统筹归类后传播给社会,积极利用一切机会去影响公众、感染公众、引导公众,争取公众的好感与合作;互惠观念,是指企业在与相关公众的交往中,将平等互利、互惠合作当成处理一切关系的准则,随时随地谋求与相关公众的共同发展;服务观念,是指企业应当对社会有责任感,通过对社会的奉献来获取信誉;信息观念,则是指企业应当重视对信息的采集,这不仅是经营工作的需要,也是现代管理的需要。

4. 公共关系学

公共关系学是一门应用学科。它是研究社会组织如何开展公关工作,以形成良好公关状态的学问,是研究现代社会组织与社会公众建立良好关系的原理、原则、方法、技巧及其规律的科学。

5. 公共关系职业

所谓公关职业,是指专门以提供公关劳务而收取费用的专门工作。

6. 准公关

类似于公共关系的行为称为准公关,它并不是组织有目的、有计划、有组织地开展公共关系活动,以求达到良好公关状态的有意识的行为。

7. 悖公关

违背公共关系原则,与公关思想和方法背道而驰的行为称为悖公关。这是指一些人为了行动方便或是为了迷惑他人,打着公共关系的旗号,实际上却干着见不得人的事。对于这样的人和事,绝不能姑息,必须揭露其实质,正本清源。

8. 关系

关系,从词义上解释,是指事物之间相互作用、相互影响的状态,也表示人和人或人和事物之间的某种联系。

关系是中性词,既无贬义也无褒义。

关系一词在公共关系学中,主要是指社会组织与相关公众之间相处和交往的行为与状态,是组织与公众之间的一种联系。它首先表明的是组织与公众之间的一种关系;其次是指组织与公众之间是一种运用传播手段相互作用的关系。

9. 公共关系模式

公关模式是以一定的目的、任务为前提,针对不同的环境和公众,有机地综合运用各种媒体、方法和技巧形成的具有特定功能的工作方法系统。

在旅游企业中,常用的公关活动模式有10种:按活动本身的主要特点分,有宣传性活动模式、交际性活动模式、服务性活动模式、社会性活动模式、征询性活动模式;按活动的功能或目的分,有建设型活动模式、维持型活动模式、防御型活动模式、矫正型活动模式、进攻型活动模式。需要说明的是,旅游企业在采取公关活动模式时,通常是以一种活动模式为基础,多种活动模式交叉运用,以使活动的效果更为理想。

(二)公共关系与相关关系的界定

1.公共关系与人际关系

人际关系(interpersonal relations)是指人们在社会活动中形成的个人与个人之间的关系,它属于社会心理学的范畴。人际关系与公共关系是社会关系中两种不同的关系形态,它们既有联系也有区别。

公共关系与人际关系的区别主要表现在:第一,两者的结构不同。公共关系是一种以组织为交点的,与所发生关系并相互作用的各类公众之间的关系;而人际关系是从个体的角度去概括人与人之间的各种关系状态,如父子关系、朋友关系、夫妻关系、邻里关系等,是一种个体关系。第二,两者研究的范围不同。公共关系研究的范围是社会组织与相关公众之间的关系,是一种组织的管理活动与职能;人际关系则属于社会心理学的范畴,是一种与组织无关的私人关系。第三,两者的传播方式不同。公共关系十分强调运用公众传播和大众传播方式作远距离、大范围的公众沟通;而人际关系则是个体对个体的一种面对面的交流方式。第四,公共关系与人际关系所追求的利益和目标不同。公共关系的目标是为社会组织的生存发展创造和谐的社会环境,塑造社会组织的美好形象,增进组织与公众之间的相互了解,相互支持,真诚合作,谋求最佳的社会利益与组织利益;而人际关系的主要目的是联络私人感情,谋求建立某种和谐的个人关系,旨在取得某种个人目的和个人利益。可见,公共关系不等于人际关系。

但是,公共关系与人际关系又有密切的联系。首先,公共关系的实现离不开人际关系。公共关系活动包含了组织中个人与公众的关系,公众对象中也存在着许多个体关系,于是组织与公众的关系也经常表现为个人与个人的关系。其次,人际交往是公共关系活动的重要内容,人际交往中的一些方法和手段,可以帮助组织与公众进行有效的沟通。

2.公共关系与人群关系

人群关系(human relations),是指群体内部活动和组织管理过程中人与人、人与群体的关系,属于管理心理学、行为科学的范畴。即从管理的角度,研究群体内人的需要、人的挫折、人的期待、人的动机、行为及相互关系对组织效率、群体活力的作用与影响。对于人群关系的研究,有利于提高管理效率及管理质量。

公共关系与人群关系的区别首先是公共关系除注重内部的传播与沟通外,更多的是大量的外部传播与沟通,要妥善协调好大量的外部公众关系。其次公共关系并不局限于组织内部的群体关系与个人关系,更注意与不见面的、远距离的公众进行沟通,重视对公众环境的监测,兼顾组织内部与外部、现在与未来的关系。可见,公共关系与人群关系虽同属组织管理的范畴,但公共关系比人群关系研究的外延更广泛、更复杂。良好的人群关系是优良内部公共关系的基础,而处理好内部的员工关系、股东关系,也要借助行为科学、管理心理学的理论和方法。因此,公共关系与人群关系有一定的联系。

公共关系学、人际关系学、人群关系学所研究的角度不同,各有侧重。人际关系与人群关系是从人的心理与行为变化的角度来探讨人与人的关系、人与组织的关系。人群关系将人际关系运用在组织管理中,帮助组织提高管理效能和管理水平。而公共关系则是从组织与相关公众的关系变化来探讨组织与公众的关系,是将人群关系与人际关系进一步发展,从个人、组织内部发展到组织外部。通过比较与界定,可以清楚地把握这三种关系学之间的区别与联系,深刻理解它们的内涵。

(三) 公共关系与相关实践领域

现代公共关系在理论上吸收了传播学、行为学和心理学等相关学科的知识;运作上侧重研究公众心理、公众舆论、策划公关工程、协调各种关系;方法上采用现代传播媒介和现代科学技术。公共关系理论的不断发展,导致公共关系实践功能的不断增加,实践中所涉及的一些范畴容易使人误以为这就是公共关系,所以将公共关系与相关的实践范畴进行界定是很有必要的。

1. 公共关系与交际

交际,指人与人面对面直接交往,借助于个人媒介进行的相互沟通。交际的主要目的是提高个人工作质量、增进身心健康、增加生活情趣、加深友谊等。交际即人际沟通,是公共关系传播方式之一,但并不是公共关系传播活动的全部,也不是公共关系的唯一手段。在公共关系传入我国之初,不少人将公共关系等同于交际、应酬,甚至认为陪酒、陪舞就是公关,这是一种非常错误且世俗和肤浅的看法。公共关系需要交际,公共关系人员了解交际常识,掌握交际技巧有利于促进公共关系活动的成功。但它只不过是公共关系众多传播手段的一种,并不等同于公共关系。

2. 公共关系与宣传

新闻宣传是沟通政府与大众的桥梁,公共关系是沟通公关主体与相关公众的桥梁,两者有相似之处,但公共关系传播并非就是新闻宣传,二者是有区别的。

(1)公共关系是从组织利益出发,传播的目的是在相关公众中形成良好舆论,塑造美好形象;传播的受众是公众,必须对组织的相关公众负责。而新闻宣传面对大众,是对社会负责。

(2)宣传是一种单向的心理诱导、行为影响和舆论控制的方式,而公共关系传播则是一种双向沟通、双向交流。公共关系一方面把组织的信息传播出去,另一方面又将公众的意见与要求反馈给组织。

3. 公共关系与广告

公关广告是广告的一种,与商业广告一样,也是一种付费传播,即花钱购买传播媒体(如报纸版面、电视播出时间)的使用权,利用媒体向社会公众进行自我宣传,以达到传播目的。不同的是,商业广告的目的是为了推销产品和服务,广告重点是销售;而公关广告则是希望在社会公众心目中塑造良好形象。商业广告由于推销动机强烈,经常使用倾向性、渲染性、夸张性很强的方法去刺激公众,以追求销售量的提高;而公关广告则必须真实、客观地介绍组织状况,通过感染公众来实现公关目标。两者检测广告效果的着眼点也明显不同,商业广告注重商品销售量的变化,公关广告则注重于组织形象知名度、美誉度方面的变化。

公关广告与广告的联系表现在:两者都具有传播功能,都要借助新闻媒介与其他媒介实现自身功能。公共关系可以借助广告的形式去实现其传播信息的职能,广告也可以借助公共关系去增强它的说服力。

需要说明的是,公关广告仅仅是公共关系宣传的一种方式。为了获得比较客观的传播效果,公共关系通常使用新闻传播的方法去影响公众,以提高信息的可信度。因此,公共关系不等于广告。

4. 公共关系与营销

所谓营销,是指企业以等价交换方式进行的市场推销和交易活动,即通过提供某种产品满足顾客的需求,以换取经济利益的行为。在现代市场营销中,由于竞争激烈,商品品质与销路已越来越难分高下,企业要占领市场份额,要生存、发展,其营销观念与方法就需要不断地进行变革,在大市场营销观中,公共关系是重要方面。

在旅游企业对外营销中,公共关系与营销紧密结合。公共关系通过塑造企业形象、产品形象,沟通公众、推广服务,引导消费、启动市场等途径来影响公众,为企业对外营销铺平道路,现正发挥着越来越重要的作用。但需要指出的是,公共关系虽然有助于市场销售,能够促进企业盈利,但公共关系的各种促销活动,增进的是企业与公众的相互了解、理解与信任,交流的是信息、观念与情感。公共关系本身并不直接推销产品,并不直接满足公众的物质需求,所以公共关系不等于营销。

第二节 公共关系的起源与发展

公共关系虽然诞生在美国,但公共关系的源头可以追溯到中国的古代和古希腊时期,这是一种客观意义上的公共关系,我们称它为"准公关"。而作为一种主观形态的公共关系,应该首推1888年的美国总统竞选。将公共关系当作一种职业,靠给人或组织提供公共关系服务而收取费用的是美国人艾维·李,他因此被誉为"公共关系之父"。将公共关系当作一门学问进行研究,使之成为一门较为系统、完善的应用科学的是爱德华·伯内斯,其标志就是1928年他出版了世界上第一部公共关系专著《舆论明鉴》,并以大学教授的身份在纽约大学讲授公共关系课程。

一、公共关系的起源与发展

(一)公共关系的萌芽

同其他学科一样,公共关系学也有其产生和发展的历史过程。虽然作为一门科学和一种职业的公共关系只有100多年的历史,但公共关系作为一种客观存在的社会关系和一种思想方法却源远流长。由于受社会历史条件的限制,人们在当时不可能系统地认识公共关系的客观状态并探究其一般规律。因此在人类早期没有严格意义上的公共关系思想与活动,只是在具体的社会活动中表现出一种自然的、出自本能的公共关系意识和趋向。

例如:早在2300年前(即公元前300年左右),古希腊著名学者亚里士多德就在他所著的《修辞学》一书中强调指出了传播的重要性。他主张要使用动感情的呼吁影响听众,并把修辞看作是争取和影响听众思想与行为的艺术。因此,西方有些公关学者认为亚里士多德的《修辞学》是人类历史上最早的公关著作。这种说法是否妥当暂且不论,但却可以说明在人类发展史上,很早的时候公共关系就已是一种客观现象或思想观念了。

再如:在我国春秋战国时期(公元前700年左右),各个封建统治集团为了巩固自己的政权,称霸中原,纷纷起用一些能言善辩者到处游说,宣传各自的主张。这些说客所从事的活动主要是协调各诸侯国之间的关系,以助其君主树立形象,富民强国。

东周洛阳人苏秦周游列国,宣传"合纵"主张,使赵、齐、楚、魏、韩、燕六国结成同盟。而魏国人张仪则反其道而行之,凭借雄辩的口才,说服六国废除其"合纵"的政治军事同盟,分别与西方强秦建立"连横"关系,导致秦国各个击破,最后统一了中国。无疑苏秦与张仪所从事的游说、宣传、劝服和沟通工作,在今天来说可以视为类似于公共关系的准政府公共关系。

又如我国古代有许多至理名言都渗透着朴实的公关思想:"得人心者得天下,失人心者失天下""水可载舟,亦可覆舟""天时不如地利,地利不如人和""路遥知马力,日久见人心""精诚所至,金石为开""偏听则暗,兼听则明""知己知彼,百战不殆""真不二价,童叟无欺"……

综上所述,人类早期的公关,就其性质而言是一种类似公共关系的"准公关";

就其历史归属而言,可称之为"公关前史"或"前公关"。其特点是:第一,从自觉程度上看,当时人们所开展的各种传播、沟通与协调活动,带有明显的盲目性;第二,从所发生的领域来看,主要在政治领域,带有浓郁的政治色彩与伦理色彩。这说明由于当时社会生产力水平低下,人与人之间的经济关系还比较简单,公关思想所涉及的领域还比较狭窄。只有在生产力水平提高,经济活动复杂,人际关系多样化的社会条件下,公关思想和活动才可能逐渐丰富与发展。

(二)公共关系的起源与发展阶段

现代意义上的公共关系起源于美国,开始时是利用宣传来筹措资金,促进事业的发展,助长商业冒险,出售土地,为名人捧场,但有组织的公共关系活动开始于19世纪末至20世纪初,并逐渐形成一门社会职业。根据国外文献和一些公共关系权威的看法,现代公共关系思想的形成经历了几个不同的发展阶段。

1. 巴纳姆时期

19世纪30年代,美国大众传播事业得到了迅速发展,在美国报刊史上出现了以大众读者为对象,大量印发通俗化报刊《便士报》的时期。深入到美国千家万户的《便士报》的能量非同小可,政府部门和商业巨子、企业巨头都不敢忽视舆论的作用,竞相收买具有重要影响力的传播媒介。报刊的大众化与商业化相辅相成,发行量大增,结果导致了广告费的大幅上升。为了节省昂贵的广告费,一些商家和财团雇用专门人员,炮制煽动性新闻,为自己做夸大和虚假的宣传。报社为了迎合读者,亦乐于接受这种虚假信息。他们相互利用、相互配合的结果,使美国在20世纪初兴起了一场声势浩大的报刊宣传高潮。菲尔斯·巴纳姆应运而生,成为这一时期最有代表性的报刊代理人。他奉行"凡宣传皆好事"的信条,为了招徕读者或者为了雇主的利益不惜欺骗民众,认为只要能提高知名度,不论公众是爱我还是恨我,只要越来越多的人知道自己的名字就能赚钱。巴纳姆绞尽脑汁,频出怪招,专门编造奇谈怪论来吸引公众的注意。其中最典型的是编造了"黑人女奴海斯"的故事,以此来制造轰动效应,扩大自己的报刊生意。与此同时,一些经济巨头收买报纸为自己炮制假新闻,经营管理上实行封闭保密政策,引起公众的极端不满。新闻界正直人士忍无可忍,率先掀起了"清垃圾运动""揭丑运动",辛辣的笔锋直指那些不顾公益而只求私利的不法巨头和政府的腐败行为,与此起彼伏的工人罢工运动相互呼应,给了那些政治巨头和经济巨头以沉重的打击。

这一时期的报刊宣传活动,不考虑公众利益,不择手段欺骗公众,与公共关系宗旨背道而驰,因此历史上的巴纳姆时期是愚弄公众的不光彩时期。"揭丑运动"和工人罢工运动的冲击,使经济界开始重视新闻与社会公众对企业发展的影响,开始注重自己社会形象的塑造。在杜邦化学工业公司开明经营的影响下,许多公司纷纷聘请新闻代言人,实行门户开放,采取参观介绍等公关措施,积极运用大众传播手段来修建自己在公众心目中的形象。在这场修建形象的热潮中,公共关系历史上一个著名的人物诞生了,他就是艾维·李。

2.艾维·李时期

艾维·李出生于美国佐治亚州一个牧师的家庭,毕业于普林斯顿大学。他曾是《纽约时报》和《纽约世界报》的一名记者。他深感社会关系的不协调,在1903年和乔治·派克合资成立了"派克和李公司",专门为社会公众提供公共关系服务并收取费用。这是公共关系史上最早的专业公司,正规的公共关系职业由此发端,艾维·李也因此被后人誉为公共关系之父。

艾维·李为洛克菲勒财团、杜邦化学公司提供过公共关系服务,并获得了巨大成功,使公共关系工作在社会上产生了很大的影响并获得社会承认。艾维·李在其《原则宣言》中全面阐述了他的宗旨:"我们的宗旨是代表企业单位及公众组织,就对公众有影响且为公众乐闻的课题,向报界和公众提供迅速而准确的消息。"这就是艾维·李的"门户开放策略"。艾维·李公共关系思想的核心就是说真话。他认为一家企业或公司,唯有将本身的真实情况告诉公众,方能赢得好声誉。如果披露真相对自身生存不利,那就应该及时调整或改变自身的行为。他的咨询事务所进行的业务,是专门为企业或其他社会组织机构提供传播和宣传服务,协助他们与公众和新闻界建立和维持一种较正常的联系。他反复向客户灌输如下信条:凡是有益于公众的事业,最终必将有益于企业或组织。

由于时代的局限,艾维·李的公共关系主要还是凭经验进行。跟着感觉走的艾维·李缺乏对公众舆论进行严密、大量的科学调查,因此有人认为艾维·李的公共关系只有艺术性而无科学性。但艾维·李作为公关职业的先驱,其地位是无可争议的。

3.伯内斯时期

爱德华·伯内斯是出生在维也纳的奥地利裔美国人,是著名心理学泰斗弗洛伊德的外甥,他为现代公共关系学奠定了理论基础,是公共关系科学化的先驱。

1923年,爱德华·伯内斯以教授的身份在纽约大学讲授公共关系课程,同年出版了被称为公关理论发展史上"第一个里程碑"的著作《舆论明鉴》;1928出版了《舆论》一书;1952年又出版了教科书《公共关系学》,使公共关系形成了较为完整的体系。爱德华·伯内斯对公关理论的最大贡献是将公共关系从新闻传播领域中分离出来,对其原理及方法进行系统研究,使之系统化、完整化,并作为一门独立的、完整的应用学科堂堂正正地站立起来了。加之其公共关系实践也相当优秀,为多位美国总统和实业界巨头进行过公关运作,为他们塑造了良好的社会形象,所以在公共关系史上,爱德华·伯内斯被称为"公共关系学之父"。

4.现代时期

在伯内斯之后,雷克斯·哈罗博士在斯坦福大学开设公关课程。1947年,波士顿大学成立了世界上第一所公共关系学院,培养公关专业的学士及硕士。20世纪50年代以后,公关的实践和理论有了更新的发展,美国人卡特利普和森特在1952年出版的被誉为"公共关系圣经"的专著中论述了"双向对称"公关模式。他们认为公共关系就是一个企业或其他社会组织为与公众建立良好关系而运用的传播原理和方法。一个企业或社会组织要与公众建立良好关系,除在利益上必须坚持等量齐观的立场外,在信息沟通上还应该进行双向对流,即一方面要把企业或组织的想法和信息向公众传播和解释,另一方面又要把公众的想法向企业或组织传播和解释,目的是使企业与公众结成一种和谐关系。卡特利普和森特的"双向对称"公关模式成为现代公共关系的重要标志。

(三) 公共关系在西方的兴起与发展

20世纪30年代,公共关系在美国广为流传。第二次世界大战结束后,世界经济进入一个相对持续、稳定的发展时期,公共关系开始由美国向西欧传播,影响越来越大,逐渐形成一股热潮。

1940年,公共关系传入加拿大。

1946年,公共关系在法国初露锋芒。

1946年,荷兰出现公共关系咨询事务所。

1947年,公共关系进入日本,由于公共关系机构举办了多种演习会、训练班,举国兴起了公共关系热,日本电通公司便是突出代表。1957年,日本成立了首家公共关系公司。

1940年至1950年的10年中,加拿大、英国、挪威、比利时、瑞典、芬兰、联邦德国相继成立公共关系协会。1950年到1955年,公共关系的种子在中美洲、南美洲、澳大利亚、新西兰和南非扎根。

1955年,国际公共关系协会(IPRA)在全球公共关系的热潮中宣告成立,公共关系教育也随之蓬勃发展。在美国,1955年有28所院校设立公关专业,招收学士和硕士生;66所院校开设公关课程。1970年,已有100所院校设置公关专业,约300所院校开设专业课程(其中:设博士学位的约10所、设硕士学位的有23所、设学士学位的近100所)。据统计,20世纪70年代以来,全美公共关系从业人员的54%以上具有学士学位,30%具有硕士学位。

公共关系在世界,尤其在西方的兴起与发展,不仅表现为理论的建树逐渐完善与丰富,而且呈现如下特征。

1. 公共关系职业化

现代公共关系诞生之初与新闻界不可分离,带有明显的附属性,"扒粪运动""揭丑运动"均与新闻界有关。艾维·李虽然是公关职业的创始人,但他的公关实践并未从根本上摆脱新闻界的范畴。现今世界的公共关系则是一个独立的行业,出现了大批的职业公关专家和专门的公关人员,公关机构也被认为是组织机构必不可少的设置。

2. 公共关系活动的规范化

公共关系刚刚兴起时,由于没有完整的理论体系和国际化专业机构做指导,所以在公关活动的范围、方式、对象和原则方面没有可参照的依据,因此,难以摆脱无序状态。1955年,国际公关协会成立。1959年,欧洲公共关系联盟组织问世,随之推出了公关职业准则、公关职业内容与职业渠道的统一标准,并倡导世界各地的公关活动计划化,会员之间的联系交流网络化、定期化、国际化。

3. 公共关系主体的多元化

早期的公关主体仅限于企业与公司,而当代公关主体分为三大类:一是政府、政界推崇的政府公关,以谋求社会效益为宗旨;二是经济实业界即企业公关,以良好的社会效益导致良好的经济效益为目的;三是文化教育界、宗教界、事业机构、军事部门等非营利性组织的公关,目的以追求社会效益为主。可以说,现代意义上的公共关系以独特的魅力作用于社会生活,已经渗透到了社会的方方面面。

二、公共关系产生的社会历史条件

在所谓的准公关时代,无论是古代中国还是外国,都曾有过公关思想的萌芽。这些朴素的公关思想在当时起到了推动社会前进的积极作用,但为什么公共关系首先在美国萌芽、生根、开花而逐渐成长为参天大树呢?

(一)美国的"国情"与公共关系

美国是一个多民族的移民国家,是资本主义国家中的后起之秀,经过独立战争、南北战争(废奴运动)直至20世纪初,美国的国体——三权鼎立的政治体制得到了较为稳定的确立。相对其他资本主义国家来说,美国具有更为民主的政治体制。

美国的建国历史不过200多年,19世纪末至20世纪初,美国已由自由资本主义向垄断资本主义发展,在社会生产结构与市场经济体系发生重大变化的同时,社会人际关系也出现了深刻的变化。美国经济的"托拉斯"化,标志着其经济活动已从以生产为中心转到了以市场为中心。在这样的市场经济条件下,企业的成败不仅取决于产品质量,更重要的是看企业是否有社会信誉,是否具有良好的形象,这一显而易见的道理已被越来越多的企业家所认识。

(二)政治气候——从专制到民主

在资本主义之前的自然经济社会中,封建统治的核心是专制,皇帝、国王享有至高无上的权力,所谓"君要臣死,臣不得不死",老百姓要做"百依百顺、逆来顺受"的顺民。这种靠高压政策维持的专制政治是毫无公共关系可言的。

历史进入到大工业社会后,民主政治取代了专制统治,民主政治的典型特点是依靠代议制、纳税制和选举制实现其管理。代议制是由各种利益集团推选出自己的代表来进行公共事务的决策与管理;纳税制促使民众关心并积极参与公共政治活动;而选举制一方面要求民众认真挑选能真正代表自己意愿的人员去行使政治职权,并有权监督选代表的行政行为,要求政治透明;另一方面被选举者为达到登上政权宝座的目的,也十分关注民众呼声,着力解决民众所关心的问题。由于代议制的民主政治在经济上靠纳税制支持,在政治上靠选举制保障,这就促使政府和当权者不能不关心舆情民意,不得不注意与社会各界搞好关系,并千方百计地取悦于民众,塑造自己勤政爱民的形象,只有这样才能赢得选票,保住官位。在这样的民主政治下,政府与公众的关系,更多地表现为民主协商、民主对话、民主监督,而且经常使用的手法是通过传播媒介促进沟通与交流。民主政治取代专制政治,为公共关系提供了孕育生长的温床,加之社会环境与政治制度对公共关系产生了迫切的需求,适应这一需要,现代公共关系迅速形成并发展起来。

(三)经济土壤——从卖方市场到买方市场

20世纪初,作为资本主义后起之秀的美国,经济得到了飞跃的发展,大工业的商品经济社会逐渐形成。商品经济的主要特点是市场交易,因此又称市场经济。在商品经济发展过程中,美国的市场经济经历了由"卖方市场"向"买方市场"的转变。由于商品供给的丰富,人们的消费水平也随之不断提高,消费者从温饱、安全等初级需求逐步转向满足个性、感情等各异的选择需求。为了广泛及时地了解不断变化的社会需求,调整生产以适应市场,工商企业必须积极增加横向经济联系,用相互合作、平等互利的良好横向网状关系来推动自身的发展。在以消费者为重心的"买方市场",消费者具有许多优势,可以根据销售商品的质量、价格、服务等多种因素去选择商品;而销售者则必须努力与消费者发展交换以外的情感关系,利用各种手段迎合消费者以维持自己的市场份额。

这种社会现实迫切需要用公共关系去增进企业与公众的相互理解与合作,需要用公共关系去塑造组织形象,提高组织的信誉,从而去争取市场、争取顾客、争取方方面面的支持。可以说,商品经济的发展需要以现代公共关系为武器。这些因素直接促成了公共关系的兴起。

(四)文化氛围——从理性到人性

美国民族的文化核心围绕着三个特征,即个人主义、英雄主义和理性主义。个人主义使美国人勇于进取,富于斗争精神;英雄主义使美国人崇拜英雄,富有典型的浪漫主义色彩;理性主义使美国人注重严密的法规,崇尚教条、数据和实效。

古典科学管理理论的创始人泰罗是理性主义的典型代表。其管理理论的核心是"以机器为中心",从不考虑作为活生生的人的需要。他的管理理论虽然较之以前的放任管理有了很大进步,但工作效率的提高把人变成了机器,人只是机器上的一个零件,完全颠倒了人与机器的关系。正如列宁所言:泰罗的科学管理理论既是一系列的光辉成果,又是资本家欺压工人的有力武器。泰罗的机械唯理主义,在取得显赫效率的同时,激化了阶级矛盾与劳资矛盾,使美国社会危机四伏、动荡不安。在严峻的现实面前,人文主义逐步抬头,其中典型的案例是哈佛大学教授梅奥20世纪20年代在霍桑工厂所做的"霍桑试验"。通过霍桑试验,梅奥提出了著名的"人群关系理论"和"行为科学"理论,强调在管理中要注重人的作用,注重人的生理需要与社会需要。这些人文主义的观念迅速得到社会大众的认同。

在社会文化意识上,美国人注重人性,尊重个人的文化观念;在管理上,资本家也认识到工人不是机器、不是"经济人",而是有情感、有需要的活生生的"社会人"。因此不得不在管理中重视工人的情感、尊严,与工人进行平等对话,改善劳资关系。应该说现代公共关系的兴起,适应了美国社会人性化和软管理的迫切需求。

(五)技术力量——超越时空的传播技术

社会的不断发展,各种各样的传播沟通技术与理论突飞猛进,印刷技术日益普及并提高;报纸杂志遍及千家万户,传递到世界的每一个角落;电子技术的不断进步,带来了广播、电影、电话、电视等电子传播媒介的普及;电脑进入人们的日常生活,人造通信卫星使地球变小了,人们虽远隔千山万水,但"天涯若比邻"。这些传播媒介传播的范围广、速度快,与早期人际间联系与沟通的方式不可同日而语。交通与信息传播手段的日新月异,为人们进行大范围内的交往提供了可能性,也为现代公共关系的产生与发展提供了技术条件。公共关系正是依靠传播技术的发展和完善而得以兴起与发展的。

第三节 逐步形成特色的旅游企业公共关系

一、公共关系在中国的兴起与发展

20世纪80年代初,随着中国政府实行改革开放政策,公共关系开始传入我国。30余年来,中国的公共关系事业蓬勃发展,已经由企业走向学府,再由学府延伸到各个领域。据不完全统计,目前开设公共关系课程的学校已经达到中国高校和各种专门学校的百分之七十左右,许多的企业和行政部门也设有公共关系部或者有专门的人员负责公共关系事务,重视塑造组织形象,重视自身的信誉,从政府到各种类型的社会组织,再涉及每一个现代中国人都耳熟能详,可以说公共关系理念深入人心。

回顾公共关系在中国的发展，应该说是从改革开发的前沿阵地开始的。20世纪的80年代初，公共关系先从东部的经济特区开始，呈扇状向内地发展。从实践的领域来看，首先是在一些中外合资、合作、独资的三资企业中立足，尤其是在改革开放最前沿的旅游企业中出现，因而有了世界独创并具有中国特色的称谓——"公关小姐"（饭店、旅行社女性居多，且大多端庄秀丽）。从公共关系学科化的进程来看，发展步伐也相当快，20世纪80年代初，一些学者开始积极引进国际公关理论；随之学习、了解、研究公共关系学的人数不断增加，各种版本的"公共关系学"图书陆续出版，一时间形成"千树万树梨花开"的局面，各个行业的公共关系理论迅速产生，至20世纪90年代中期，中国式的公关理论基本形成，且公关理论界少有门户之见，始终坚持相互切磋、相互借鉴，广泛吸收新思想、新观念，不断丰富着中国公共关系学理论。1985年起，国内大中专院校开始设置公共关系学课程或开设公关专业。从1986年开始，逐步建立起各省、市公关社团组织。1987年，成立了中国公共关系协会、中国国际公共关系协会，标志着公共关系在中国得到官方和社会的正式承认与接受。

我国公共关系职业化的速度更是惊人，20世纪80年代，许多大城市相继开展大型公关活动；一些大中型企业相继成立了公关机构；社会上也涌现了一些专业性公共关系公司。不过，中国的公共关系实践是个典型的"超常少年"，奉行的是"先实践，后理论""先实践，再学习"的方针，虽然一度满足了企业的需求，但大多数从业人员没有接受过专业训练，因此公关实践的水平基本停留在"浅层次公关"的层面上。到了20世纪90年代，由一些学者组织的公共关系专家团进行了一系列的公关实践，带动了全国公关实践层次的大幅度提高。在公共关系事业中，旅游业最为积极和前卫，如广州白天鹅宾馆是最早设立公关部门的旅游企业；广州中国大酒店最早从香港聘请受过专门教育与培养的人员担任公关部经理，主持酒店的公关工作；国有企业设置公关机构的当首推广州东方宾馆。迄今为止，85%以上的饭店、旅行社都设立了专门的公关部或公关销售部，负责塑造企业形象、协调内外部关系工作。可以毫不夸张地说，中国的公共关系事业首先是在旅游业中起步，并在对外开放中与饭店业的发展同步兴盛起来的。

二、逐步形成特色的旅游企业公共关系

（一）旅游企业公共关系的定义及其内涵

从20世纪80年代开始，我国改革开放的初期，公共关系首先进入旅游行业，在这一朝阳产业中发挥着独特而又充满魅力的作用。旅游企业是经济组织，它与政治组织、文化组织最明显的区别是它的营利性。它是以从事经济活动而获取经济效益的营利性机构，因此竞争与优胜劣汰是不可避免的，也是不以人的意志为转

移的。旅游企业公共关系的出发点和归宿是为企业的经济利益服务，通过为旅游企业塑造形象、改善关系、宣传招徕、开拓市场等一系列公共关系活动，来塑造旅游企业良好社会形象并赢得公众的信誉，从而获取良好的经济效益。

旅游企业20年来的公共关系实践，逐步摸索出了一套适应自身生存发展的公共关系模式，在这一模式基础上，经分析、归纳、提炼，可将旅游企业公共关系的定义概括为：公共关系在旅游企业中的主要目标是为旅游企业组织塑造形象、树立信誉，通过传播与沟通的手段影响相关公众的科学与艺术。

旅游企业公共关系具有以下三点特征。

1. 旅游企业公共关系活动的根本目的是塑造旅游企业形象

旅游企业是服务性企业，它是以出售服务劳动、提供服务设施而营利的机构，服务质量的好坏、企业形象的优劣，直接引起客人的感性体验，并由此形成对饭店、旅行社的评价。因此，塑造企业形象是旅游企业公共关系的首要工作。

组织形象即社会公众对于社会组织的总体评价，是社会组织的表现与特征在公众心目中的反映。旅游企业的组织形象由外显特征和内在精神两部分组成，其内在精神凝聚在企业的经营理念、企业文化之中，这是旅游企业的核心与灵魂。在此基础上显现的外在特征包括企业的建筑风格、装潢设计、色彩构思、设施设备、环境与环保、图像与标志语言、店歌、店徽、员工服饰、仪表仪容、服务语言与服务方式等。评价组织形象的基本指标有两个：一是知名度；二是美誉度。知名度是旅游企业被公众知晓、了解的程度，是评价旅游企业名气大小的标准；美誉度是旅游企业获得公众信任、赞许的程度，是评价旅游企业名声好坏的客观尺度。

2. 旅游企业公共关系通过传播、沟通的手段影响公众

旅游企业开展公共关系所运用的方式与手段是：双向传播与沟通，即将企业信息有效地输出，又将社会信息及时地输入，不断调整经营方针，不断完善企业形象。近十种公共关系活动模式使旅游企业的公关活动如火如荼。正所谓公共关系在旅游企业初创时，为其鲜花铺道；在旅游企业遇到危机时，为其雪中送炭；在旅游企业顺利发展时，为其锦上添花。

3. 旅游企业公共关系既是一门科学，又是一门艺术

从理论上讲，公共关系是一门科学；从运作上讲，公共关系却是一门艺术。它有定规但无定法，提倡积极创新、大胆想象，可以是张氏风格，也可是李氏韵味，是科学与艺术的统一体。从公共关系在旅游企业的实践来看，它具有更强的创造性和艺术性。例如以广州中国大酒店为原型创作的电视剧《公关小姐》，其公关部一年之间总共有五次大的公关活动，这五次公关专题活动分别为：借老虎（旨在扩大酒店的知名度）；为大熊猫募捐（旨在提高酒店的美誉度）；举办西南民族风景画展（弘扬少数民族文化，表现酒店的文化氛围）；搞美食节，推出孔府菜（目的是进行餐饮促销);照"中"字相(体现酒店精神与酒店文化)等。这五次公关专题活动,掀起一个又一个的高潮,为广州中国大酒店塑造形象立下了汗马功劳,但该酒店运用的公关风格和公关手段,其他酒店只能借鉴,从中吸取营养,切不可照搬照抄,只能按自己酒店的实际情况走自己的新路。

(二)旅游企业公共关系的核心概念

旅游企业公共关系是一门塑造形象的艺术,在日趋激烈的竞争中,为企业组织塑造形象、传播形象冲锋陷阵,它是旅游企业间竞争的排头兵。因而,组织形象是旅游企业公共关系的核心概念。

1. 组织形象的构成

旅游企业组织形象的构成主要有三方面。

(1)组织的总体特征与风格,是指组织最为显著的、最能代表整体情况的一些特点,是公众对组织及其行为的概括性认识。组织的总体特征与其他形象要素相比,具有时间长、信息适用面广、具有较大的稳定性和相对独立性等特征。组织的总体特征可分为两大类:一类是内在总体特征和风格,另一类是外在总体特征和风格。组织内在总体特征和风格,是构成组织形象的灵魂与核心,也可以称之为"软件"。组织外在总体特征和风格,是旅游企业外在的风貌,也可以称之为"硬件"。外在特征可以使人一目了然,在公众头脑中形成鲜明的印象。

(2)旅游企业的信誉,即企业形象在公众心目中的反映。评价旅游企业信誉的指标有两个,即知名度与美誉度。它们分别从量和质两个方面评价组织形象。

(3)旅游企业的形象定位,是指旅游企业在公众心目中确定的自身形象的特定位置。这个特定位置是旅游企业与同类组织相比较而确定的。它必须根据企业的自身特点、同类组织的情况和目标公众三要素来确定。比如,是面向工薪阶层的"价廉物美",还是面向富裕一族的"物有所值"。

2. 组织形象的特性

旅游企业公共关系是一门以塑造组织形象为己任的现代经营管理艺术,在塑造企业形象时必须注意以下特性。

(1)组织形象的差异化。差异化,即旅游企业必须有个性特征,对公众有鲜明的针对性。差异化首先是市场竞争的需要,目前饭店、旅行社在产品质量、服务质量上无太大差异。旅游企业的组织形象必须充分反映自身个性,有独特风格、有鲜明的针对性,这样才可能吸引、感染和感动公众。

(2)组织形象的有效性。有效性,是指所设计的企业形象既能满足公众的要求,又有利于组织的发展。企业形象的内涵,应反映社会公众对企业的要求和标准。公众所处的社会层次不同,要求也不同,因此对旅游企业有不同的权益要求,甚至会出现各种要求相悖的情况。旅游企业如不加权衡,不分轻重缓急,面面俱到,平均兼顾各类公众的不同要求,只能使旅游企业在社会公众中留有一种"平均形象"。任何一家企业面对的都是相关的客源市场,平均形象的提高,意味着企业在某部分特定相关公众心目中的实际形象降低。如果这部分公众又恰好是旅游企业的主要对象,那么该企业的"有效形象"降低便是毋庸置疑的了。

(3)组织形象的主观性和客观性。旅游企业形象反映在公众脑海里,必定会受到公众自身价值观、思维方式、道德标准、审美取向以及性格差异等主观因素的影响;但从公众对组织的总体评价来看,又具有客观性,公众心目中的企业形象是企业自身实力与风姿的展现,根据统计学上的大数定律,评价的人多了,主观偏见自然就会减少,因而公众的评价一般还是客观、真实的。

(4)组织形象的多维性。多维性,是指组织形象构成要素的方方面面,有外显的设施设备、建筑风格、环境环保等,也有内隐的企业精神、企业文化。它们随时随地向社会发出各种各样的信息,哪一个方面出现失误都会使组织形象受损。

(5)组织形象的稳定性和变通性。旅游企业形象一旦形成就会具有一定的稳定性。例如中国许多老字号企业和商店,几十年前塑造起来的形象至今仍令人难以忘怀。不论作为"硬件"的外在形象,还是作为"软件"的内在形象,伴随企业生命的全过程,在一定历史时期公众中形成的一些概念化的东西,造成一种心理定式,这是企业一笔宝贵的无形资产。但组织形象也不是一成不变的,它会随着主客体的变化而变化。旅游企业会因为产品、人员、政策、行为的变化引起形象的变化;而公众环境也处在不断变动的过程之中,公众的变化,尤其是重要公众的变化,必然对组织形象形成不同评价和印象,从而促使组织实际形象的改变。

3."组织形象"的作用

旅游企业公共关系有许多职能,如信息采集、咨询决策、传播沟通、社会交往、协调关系、解决危机等,这些职能的终极目标都是要为旅游企业塑造良好形象。因此,确立"组织形象"是旅游企业公共关系的一个核心概念。

组织形象这一核心概念的确立,首先使公共关系含义的界定有了基础,使公共关系活动、公共关系学与其他社会活动和相关学科区分开来;其次可以作为旅游企业公共关系的主线,构建旅游企业公共关系的理论体系和实务活动模式,从而完善公共关系学的学科体系。

(三)旅游企业公共关系的主要特色

1.以塑造形象为宗旨

旅游行业十分注重自身形象的塑造,饭店、旅行社不仅对代表"硬件"的外观形象颇为讲究,对代表"软件"的服务形象更为苛求,绝不允许有损企业形象的事件发生。旅游企业从塑造形象到维护形象、完善形象,家家都有自己的"绝招",其中原因主要有三点:一是市场竞争激烈,企业开拓市场必须靠形象力、销售力、商品力三力合并才能取胜;二是因为旅游业是窗口行业,自身形象的优劣直接影响客人对本地区及国家的看法和评价;三是由于旅游业是劳动密集型服务行业,服务过程无中介,员工的个体形象就代表着企业的整体形象,因此十分重视对员工素质的培养,绝大多数饭店都设有专门的培训部,将培训员工作为企业的重要工作。如由喜来登饭店管理集团管理的北京长城饭店的培训部,就年年有计划、月月有重点、周周有考核,贯彻着名副其实的"饭店即学校"的旅游教育宗旨。

2. 以改善环境为目的

旅游企业历来重视协调好方方面面的关系,力求建立一种"天时、地利、人和"的生存环境。因此公关部要与媒介经常联络,随时提供企业信息;要与政府加强往来,汇报工作,以获取信息和政策支持;要与社区保持良好关系并承担社会责任;要在企业内部激励员工,挖掘劳动潜能,与股东保持良好合作,为企业争取滚滚财源。饭店、旅行社改善环境的手段丰富多彩,如对外经常举办联谊会、恳谈会、记者招待会、舞会、工作午餐会等,对内经常开展员工生日晚会、员工节日聚餐、优秀员工旅游等,以此联络感情、增进友谊,争取各方面的支持、谅解与合作。

3. 以促进销售为目标

旅游企业公共关系的另一个典型特征是重视公共关系促销功能的应用。许多饭店都将公共关系部改为公关销售部,将公共关系的功能与对外营销、开拓市场、争取客源的销售功能合而为一。在旅游企业,公关营销理念早已生根开花,常常是公关鸣锣开道,营销粉墨登场;公关搭台,营销唱戏,构成了一道亮丽的风景线。饭店、旅行社公关营销的工作内容包括:立足优质产品、塑造品牌文化、美化企业声誉、开展造势传播、进行全员销售等方面。而采取的公关营销方法有:捕捉市场需求、选择目标公众、掌握宾客心理、了解竞争对手、进行信息传递等手段。

4. 以注重策划为途径

旅游企业的公关部为了配合企业组织目标的完成,经常开展公关专题活动。这些公关专题活动不仅具有鲜明的旅游特色,而且花样翻新、五彩缤纷,如星期二的"芝加哥30年代"、星期五的"蓝色夏威夷"、星期六的"烛光晚会"等,还经常举办美国文化节、加拿大文化节、法国文化节以吸引文学一族;举办各种类型的服装表演以吸引时尚青年;举办影视节吸引影迷、戏迷,这些专题活动如蓝天彩云,衬托出旅游这个朝阳产业的灿烂形象。

5. 以建立关系为基础

旅游企业为了自身的生存与发展,不仅重视协调好内外关系,更看重广交朋友。企业公关部精心编织关系网,在政界、传播界、教育界、商业界广交朋友,使企业左右逢源、畅通无阻。对政界,他们不断传播企业信息,加深政府对企业的了解,扩大对企业的资金投入与信息传递;对新闻界报纸、杂志、广播、电视的特征、宣传层面、媒体效能等了解得一清二楚,保持与媒体的联系,利用各种机会联络感情,不失时机地传播企业形象,争取舆论支持;注意与社区公民保持良好往来,平等待人,承担社会责任,为企业争得良好的口碑;与旅游教育界关系密切,通过旅游教育界获取人力资源和师资;与同行和商界更是来往频繁,经常举办工作午餐会、周末沙龙等活动,为彼此创造获取信息和争取合作的机会。

6. 以重视传播为特色

争取媒介的支持,看重舆论的力量是旅游企业公共关系的又一重要特征。旅游企业公关部除重视与大众传播媒介的合作,为企业传播形象而制造舆论外,还十分注重企业内部自控媒介的传播,以此传播企业理论,激励员工。如一些四五星级酒店,都建有自己的电视台、报纸、杂志与板报,持续不断地进行企业目标、方针的宣传,进行英雄人物、典型案例的教育,以此激发员工的工作积极性。除此之外,旅游企业还十分重视宣传手册、画报、服务指南、标志、徽章等一系列物品的信息传播功能,通过这些物体传达企业经营理念、经营特色,加深公众印象。另外,在运用非自然语言进行传播方面,也是其他行业无法与之相比的,饭店对居住、餐饮、娱乐、购物等环境,从色彩的搭配、物品的摆放、房间的布置到与周围环境的协调等方面都从不马虎,力求做到清新、典雅,既刺激人的感官,又和谐人的心境。

7. 全员公共关系意识与全员公共关系管理

在贯彻公关思想、强化公关意识、培训公关技能方面,旅游企业远远走在其他行业的前面。根据旅游行业经济性、服务性、窗口性、劳动密集型的特征,对员工素质要求高,必须进行全员公共关系教育与全员公共关系培养,使每位员工在本职岗位上能够自觉维护企业形象,通过每位员工的言行体现自己的企业形象,也利用每位员工的对外服务宣传自己的企业形象。

☞ 案例举要

詹姆斯先生的异国生日晚会

英国伦敦的詹姆斯先生第一次来到中国处理公司业务,时间正是2008年的6月6日,离开英国的时候他的妻子为詹姆斯不能在家里过生日而懊恼,没想到詹姆斯在中国度过了一次永生难忘的生日。

6月6日这天,詹姆斯先生奔忙了一天,回到饭店靠在沙发上休息,给远在英国的妻子打电话。忽然,响起一阵清脆的门铃声,詹姆斯先生说:"请进!"进来的是宾馆的礼仪小姐,她问道:"您是詹姆斯先生吗?我们经理有请。"詹姆斯先生忙站起来跟着礼仪小姐走,一边走一边思忖:我在中国无亲无故,有谁会找我? 莫非有什么其他意外? 他不敢想下去了。

穿过走廊步入大厅,詹姆斯先生听到了热烈的鼓掌声。詹姆斯先生看到大厅里灯光辉煌,礼仪小姐和服务员们整齐地站立两旁微笑鼓掌,一张大圆桌上有一块硕大的蛋糕放在中央,蛋糕上"生日快乐"四个大字分外夺目,蛋糕周围插着点燃的许多小蜡烛。詹姆斯先生感到困惑不解,这时天津宾馆的经理彬彬有礼地走上前来说:"詹姆斯先生,我们从您的护照上得知今天是您的生日,客人能在我们宾馆过生日,我们感到非常荣幸,请允许我代表宾馆全体员工祝您健康、愉快!"詹姆斯先生激动不已,电话中和妻子抱怨此刻烟消云散,他没有想到此刻在异国他乡,中国内地的一个饭店竟会为他开生日晚会。礼仪小姐走过来说:"祝您生日快乐!"并递上餐刀。詹姆斯先生眼含着激动的泪花,一口气吹灭了所有的蜡烛,切开大蛋糕请众人分享。此时,大厅里响起了欢快的"祝你生日快乐"的歌声。

在天津宾馆过生日的经历给詹姆斯先生留下了深刻的印象,也拉近了他与中国的距离,引发了他对中国文化的无穷兴趣,从那以后,他不仅常常向朋友们讲述这件美好的往事,而且他的儿子也来到中国的北京留学,一家人对中国这个古老的文明古国充满着善意和好感。

案例思考:为詹姆斯先生开生日晚会的主要公关目的是什么? 这属于哪种类型的公共关系活动?

本章小结

公共关系是一定社会经济条件的产物。公共关系从起源到形成经历了巴纳姆时期、艾维·李时期、伯内斯时期和现代时期。公共关系活动主要由组织机构、传播、公众三要素构成。其中,组织和公众是公共关系的承担者,分别为公共关系的主体和客体。两者之间的相互作用方式是"双向性"的传播。旅游企业公共关系虽起步较晚,但发展很快。在社会主义市场经济条件下,旅游企业的竞争不仅是旅游产品的竞争,更是品牌的竞争、企业形象的竞争,而公共关系无疑在树立旅游组织形象工作中发挥着极为重要的作用。要形成有特色的旅游企业公共关系,就要坚持以塑造形象为宗旨,以改善环境、促进销售为目的,以注重策划为途径,以建立关系为基础,以重视传播为特色的原则,不断强化全员公关意识并加强全员公关管理。

思考与练习

1. 什么是公共关系？它具有哪些内涵？结合实例谈谈公共关系的特征。
2. 构成公共关系的基本要素是什么？什么是公共关系传播的"双向沟通"？
3. 谈谈公共关系与相关实践领域的联系与区别。
4. 为什么说"企业形象"是旅游企业公共关系的核心概念？
5. 现代公共关系思想的形成主要经历了哪几个阶段？它们各有什么特点？
6. 旅游企业公共关系具有哪些特色？为什么旅游企业特别重视全员公共关系意识的培养？

第二章 旅游企业公共关系主体

课前导读

公关活动是由一定的社会组织来具体组织和实施的社会活动。它由主体、客体和传播三要素组成。公关的主体，一般是指在公关活动中居主动地位、起主导性作用的社会组织。旅游企业公关的主体由从事旅游业务的具体企业所组成，其中主要包括旅行社、旅游饭店、旅游景区景点和旅游交通等。

旅游企业是一个经济组织，也是一个服务组织，出售"服务"是旅游企业的基本职能。要树立良好的企业形象，有效开展公关活动，旅游企业必须科学设置机构，配备高素质的公关人员，以使公关工作经常化和职能化。本章将对构成旅游公关主体的企业组织机构设置及人员条件进行介绍。

教学目标

- 把握旅游企业的特征
- 了解旅游企业公关机构设置的模式
- 掌握旅游企业公关工作的主要内容
- 明确旅游企业公关人员的素质要求
- 熟悉旅游企业公关人员应具备的知识和能力结构

第一节 现代社会组织

一、现代社会组织

（一）现代社会组织的概念

社会组织（social organization）在社会科学中社会组织有广义、狭义之分。广义的社会组织是指人们从事共同活动的所有群体形式，包括氏族、家庭、秘密团体、政府、军队和学校等。狭义的社会组织是为了实现特定的目标而有意识地组合起来的社会群体，如企业、政府、学校、医院、社会团体和一种新型的社会组织形式：个人媒体群等。它只是指人类的组织形式中的一部分，是人们为了特定目的而组建的稳定的合作形式。社会学研究的社会组织主要指狭义的组织。

（二）现代社会组织的分类

当今社会关于社会组织的分类界定很多，我们列举三个应用最为广泛的分类方法。

（1）按照组织成员之间关系的性质，可划分为正式组织和非正式组织。

正式组织中组织成员之间的关系由正式的规章制度做出详细和具体的规定，如军队、政府机关；而非正式组织中组织成员之间的关系则无这种规定，比较自由、松散，如业余活动团体。

（2）按照组织目标和获利者的类型，美国社会学家 P.M.布劳等将社会组织分为互利组织、私有者的营利组织、服务组织和公益组织。

互利组织，如工会；私有者的营利组织，如商业组织；服务组织，如医院；公益组织，如政府机构。

（3）中国的一些学者根据人们社会结合的形式和人们之间社会关系的表现，将社会组织分为经济组织，政治组织，社会组织三种类型。

经济组织如旅游企业，它与其他组织最明显的区别是它的营利性。它是以从事经济活动而获取经济效益的营利性机构，因此竞争与优胜劣汰是不可避免的，也是不以人的意志为转移的。旅游企业公共关系的出发点和归宿是为企业的经济利益服务，通过为旅游企业塑造形象、改善关系、宣传招徕、开拓市场等一系列公共关系活动，来塑造旅游企业良好社会形象并赢得公众的信誉，从而获取良好的经济效益。

政治组织包括政府、政府各部门及下属各机构。

社会组织包括文化、教育、科研组织，群众组织和宗教组织等，它与其他组织最大区别是非营利性。

总之，组织类型的划分都是相对的，人们可以从研究和分析的需要出发，选择恰当的分类标准。但是纵观现今社会，人类的经济、政治和社会需要，大部分是通过社会组织来满足的。人们无论从生理上还是智力上都无法以个人的形式满足自己的需要，只能以群体的形式来加强满足需要的能力。建立在社会分工基础上的专业化组织，将具有不同能力的人聚合在一起，以特定的目标和明确的规范协调人的活动和能力，从而更有效地满足人们的多种需要。所以，现在谈到社会组织的分类，大多都是指的政治组织、经济组织、社会组织这种依据社会关系的分类方式。

二、现代新兴社会组织

党的十八届三中全会指出,全面深化改革的总体目标之一是:"推进国家治理体系和治理能力现代化。"首次出现在党的重要文件中"治理"一词无疑是个亮点。《决定》中指出:"创新社会治理,必须着眼于维护最广大人民根本利益,最大限度增加和谐因素,增强社会发展活力,提高社会治理水平……要改进社会治理方式,激发社会组织活力,创新有效预防和化解社会矛盾体制……"从"管理"到"治理"的转变中,社会组织的重要地位和作用被提到了空前高度。政府重视、政策扶持、经济及社会发展的需求,都为新兴社会组织产生提供了有利保障。

新兴社会组织主要包括社会团体、基金会、民办非企业单位、部分中介组织以及社区活动团队。比如2013年进入中国的由万豪酒店成立的"万礼豪程"基金会项目,愿景是通过打造世界一流的酒店行业教育平台改变青年人的职业生涯;再如"世界旅游组织"(World Tourism Organization, UNWTO)是联合国系统的政府间国际组织,是旅游领域的领导性国际组织。其宗旨是促进和发展旅游事业,使之有利于经济发展、国际间相互了解、和平与繁荣;又如"旅游行业协会"等业界组织,将行业大咖会聚,紧跟行业动态、把握行业命脉,指导行业稳步发展。

(一)新兴社会组织体制

党的十八大报告明确提出,要加快形成"现代社会组织体制"。那么何谓现代新兴社会组织体制?我们理解,现代社会组织体制首先是人类社会发展到今天,世界各国和地区在实践中不断积累、不断总结、不断完善所形成的社会组织体制,是在社会组织发展和规制方面具有人类理想价值的现代的、共性的、体制的和制度的结晶;其次现代社会组织体制也是中国人民在中国共产党领导下实现民族伟大复兴的历史征程上不断积累、不断总结、不断完善所形成的社会组织体制,特别是在改革开放40年来我们通过总结正反两个方面的经验教训,努力适应社会主义市场经济发展,不断探索改革创新,在社会组织发展和规制方面逐渐形成的有中国特色的各种新兴体制和制度的经验总结。

(二)新兴社会组织体制范围

新兴社会组织体制,至少包括如下五个大的方面。

1. 现代社会组织的监管体制

近年来,随着社会管理创新的实践,中央和地方各级政府正在按照"十二五"规划所提出的统一登记、各司其职、协调配合、分级负责、依法监管的要求,积极推进我国社会组织管理体制的改革创新,努力形成一种以组织发展为目标,以规范监管为手段,以风险控制为限度的现代社会组织的监管体制。

以组织发展为目标,就是国家以培育社会组织的规模,充分发挥社会组织的积极作用,促进社会组织发展为主要目标。改变以往对社会组织"不信任、不支持、不发展"的政策导向,构建培育扶持社会组织的政策体系,督促社会组织提高自身能力建设,引导社会力量支持社会组织的发展。

以规范监管为手段,就是国家以法律规范为核心对社会组织进行监管,完善社会组织法律体系建设,重视法律实效。改变以往以政策性、临时性和应对型的措施为核心的社会组织监管方式,从立法、执法、司法和法律意识培养四个层面去促进社会组织监管的法治化建设。

以风险控制为限度,就是国家对社会组织的各类监管仅以现实出现的政治与社会风险为管控的标准。改变以往将社会组织敌对化,以限制、控制、排斥为关键词的社会组织监管思路,切实落实以社会组织的日常行为管理为基本内容,以现实的政治与社会风险为管理基本标准的规范性制度构建。

2.现代社会组织的支持体制

在现代社会,各种形式的社会组织承担着大量公共服务、社会管理等公共事务,还有很多社会组织虽然不直接承担公共事务,但作为互益性或公益性组织参与社会治理,在公共领域发挥着重要的作用。社会组织的非营利性使得其中的绝大多数得不到来自市场体系的资源,主要依靠慈善捐赠等社会资源。为了推动社会组织的发展,许多国家和地区都建立了各种不同形式的社会组织支持体制,例如美国,各级政府每年用于向社会组织购买服务的开支高达千亿美元,占社会组织运作资金的30%~40%,在德国和北欧一些国家,这一比例甚至高达60%~70%。英国在慈善法的框架下建立了以慈善委员会为核心的慈善组织支持体系,将支持慈善组织列入各级政府行政职能的范畴。在我国,政府改革和社会转型的巨大压力使得社会组织的发展远远满足不了需要,支持引导社会组织发展成为各级政府面临的紧迫任务。

现代社会组织支持体制还包括其他社会力量对社会组织的支持,除了国家公权力之外,其他社会力量也会与社会组织之间形成各种关系,例如公民的志愿服务、企业和大型基金会的捐助与资助、社会力量创办的社会组织培育孵化平台等,这些社会力量对社会组织的支持也需要纳入法治化的轨道之中,使得社会组织的支持体制能够规范而健康运作。

3.现代国家与社会组织的合作体制

现代国家与社会组织的合作体制包括政府与社会组织在公共服务供求上的合作体制,政府与社会组织在政策制定及执行上的合作体制,以及公关部门与社会组织在相关政治话题上的协商互动、联合行动等合作体制。具体来说:①政府与社会组织在公共服务供求上的合作体制,主要是基于政府向社会组织购买服务等各种外包项目,形成的政府与社会组织之间围绕公共服务供给所建构的合作伙伴关系及相应的制度形式。②政府与社会组织在政策制定及执行上的合作体制,主要是在各级政府推进政策民主化、专业化、规范化和合理化进程中,社会组织利用其广泛的民意基础和深厚的专业基础,发挥政策倡导功能,积极影响政策的制定和执行,并与各级政府之间建构其制度化的各种恳谈会、座谈会、委员会等政策咨询机制。③公关部门与社会组织在相关政治话题上的协商互动、联合行动等合作体制,在现阶段主要是通过社会组织负责人加入各级政协、人大及党代会,积极建言献策、协商议政,也包括一些社会组织通过申请联合国咨商地位,在国际治理体系中与政府进行协调配合并采取合作行动等。

现代国家与社会组织的合作基础在于政府和社会组织都是具有公共性的组织,能够共享公共性价值,因而在很多涉及公共性话题的领域可相互协作,共同行动。例如环境保护、疾病预防与控制、普及法律常识等。共同行动是政府与社会组织达成合作的关键环节,也是政府处理与社会组织关系所采取的最为恰当的立场之一。例如,"26度空调节能行动"在开始的时候只是社会组织发挥政策倡导功能的一种社会倡导,后来随着政府部门的积极介入就成为政府与社会组织的共同行动。

4.现代社会组织的治理体制

现代社会是一种公民高度自治的社会,又是充满协商、对话、妥协的多元共治社会。社会组织一方面作为自治主体,是以公民为主体、独立于国家和市场体系之外的自治共同体;另一方面社会组织作为具有公共性的社会力量,又是诸多社会事务的参与者与实现社会共治的治理主体之一,具有公共责任和社会责任。基于自治和共治而形成的现代社会组织的治理体制就其内容来说,至少包括以下四个方面。

一是关于社会组织的自治与独立的制度及规范。社会组织的自治来源于结社自由,是国家基于结社自由保障社会组织进行自我管理、自我教育、自我服务的体制,也是社会组织基于结社自由保持自治及组织独立性的原则规范,这种独立性中既包括独立于政府的政治力量,也包括独立于企业等市场力量。社会组织的自治是社会力产生的重要源泉。

二是关于社会组织协同治理的体制及规范。协同治理强调的是社会组织以对话、协商、合作、倡导等各种机制参与社会公共事务。一方面要求政府建立适于协调治理的各种规章制度并通过转变职能、精简机构等推进政府的改革创新;另一方面要求社会组织具有参与协同治理的较高的公共管理与公共政策能力,并在此基础上形成政府与社会组织的合作伙伴关系。

三是关于公众参与和社会监督的制度及规范。尽管各种形式的社会组织彼此之间有很大不同,但一般而言,社会组织通过会员制、志愿者制度等形式形成广泛和开放的公众参与机制,并通过信息公开、财务透明等接受来自社会公众和媒体的广泛的社会监督。

四是关于网络化治理的模式及规范。社会组织的网络化治理模式强调的是社会组织作为网络化治理的参与方之一,在政府、企业等其他相关组织的深度合作中创造社会组织特色的网络化组织(群),这种组织(群)以项目为导向,以契约为联结基础,以跨部门协商、共同参与和共同行动为基本行为模式,努力实现公共利益、协调互动和互利互惠。

5. 现代社会组织的运行体制

现代社会组织的运行体制包括内部治理结构、信息公开制度、专业化能力建设和市场化、企业化去向等。现代社会组织的运行体制以公平、透明、问责和高效为四大原则,主要包括以下四个方面。

一是科学合理的内部治理结构。现代社会组织要求决策机构的组成具有专业化、民主化、高社会资本等特征,决策过程贯彻民主化、公开化等原则,监督具有公正化、外部化等特点,管理执行则具有职业化、高效化等特征。

二是高度透明的信息公开制度。现代社会组织的运行体制要求将组织信息、财务信息和活动信息,以及与公益相关的其他信息,以不损害捐赠人、受益人和合作机构等利益相关方的隐私和商业秘密为限,依法、真实、准确、完整、及时、便捷地进行公开,符合最大透明度的原则。

三是不断提高的专业化能力建设要求。现代社会组织运行体制对社会组织人才专业化、项目专业化和服务专业化的要求在不断提高,要求社会组织在领导人与工作人员、项目设置与服务提供等方面都具有专业化特征。

四是社会组织的市场化与企业化取向。在实践发展中,社会组织不仅越来越多地与政府、企业合作互动,而且在运行体制上越来越多地从市场体系中借鉴其高效、规范、可持续的各种机制,通过市场化、企业化的运作模式改变社会参与、服务提供的方式。一种运用市场机制解决社会问题的特殊社会组织——社会企业也应运而生。

总之,随着政社分开、权责明确、依法自治的稳步推进,一个包括监管体制、支持体制、合作体制、治理体制与运行体制在内的现代社会组织体制将逐步构建和完善起来,我国社会组织的改革发展必将呈现出前所未有的内生动力,在全面展开的社会建设中发挥主力军作用。

(三)新兴社会组织对国家的作用

在我国,新兴社会组织的兴起对治理结构和治理状况有着直接的影响,具体积极作用如下:

(1)影响政府决策并推动政府决策的民主化;

(2)民间组织的活动改善了政府的形象,增强了公民的政治认同感;
(3)民间组织的自治实现了社会利益最大化的社会管理目标;
(4)非组织性的基于共同利益之上的潜在利益群体的活动直接改变了政府的行为。

第二节 现代旅游企业组织

一、现代旅游企业的构成与特征

(一)旅游业的构成

旅游业,是以出游行为的消费为基础,由食住行游购娱等产业链紧密联系组成的一个完整的经济系统结构,属于内需型消费产业。从改革开放之前的"事业接待型"到2003年的"市场型"转变、2006年的"休闲化升级"、2010年的"战略性支柱产业确定"再到2016年的"迎接大众旅游新时代",我国旅游产业的内涵不断发展、形态不断提升、带动作用不断增强,已经成为各地打响品牌、促进内需、平衡城乡二元结构、解决民生问题的重要抓手。

在旅游业跨步发展的途中,旅游业的构成也有多种说法:

(1)根据联合国《国际产业划分标准》及对从事旅游业务具体部门的分类,旅游业主要由旅行社业、旅游交通业和饭店业三部分构成,属于这三个部门的企业因而也构成为三种类型的旅游企业。("三大支柱"说)

(2)根据近年来旅游业营运部门分为:住宿接待部门、游览场所经营部门、交通运输部门、旅行业务组织部门、目的地旅游组织部门。("五大部门"说)

(3)根据旅游"六要素"重要衍生作用分为:行、游、住、食、购、娱分类。("六大旅游活动行业"说)

综观以上构成的说法,旅游业作为一种经济活动,是产业的概念。它是社会经济发展到一定程度的经济现象,更多涵盖的是经济属性。我们可以清晰地认识到旅游业是以资源作为讨论中心,研究资源的开发、利用、价值、管理等一系列过程。其核心点是生产要素和经济效益。故我们围绕"六要素"将旅游业分为酒店企业、旅行社企业、交通和娱乐业几个板块,通过这几个板块的阐述了解企业的功能。

(二)旅游业的性质

旅游业对于世界经济发展而言,只是一个历史不太久远的新兴产业。旅游业作为一个产业,有着其自身的本质特征。

1.旅游业是国民经济的战略性支柱产业

改革开放以来,我国实现了从旅游短缺型国家到旅游大国的历史性跨越。"十二五"期间,旅游业全面融入国家战略体系,走向国民经济建设的前沿,成为国民经济战略性支柱产业。2015年,旅游业对国民经济的综合贡献度达到10.8%。国内旅游、入境旅游、出境旅游全面繁荣发展,已成为世界第一大出境旅游客源国和全球第四大入境旅游接待国。旅游业成为社会投资热点和综合性大产业。

另外,旅游业的主要构成要素是各类旅游企业,而企业必须进行经济核算,必须讲求经济效益,否则旅游企业就无法生存和发展。因此,旅游业是一项经济性产业,这是旅游业最根本的性质。

2. 旅游业是具有文化性质的服务性行业

前面谈到了旅游的经济性,现在重点讲述其文化性。从广义上讲,文化,是指人类社会发展过程中所创造出来的物质财富和精神财富的总和。旅游范围十分广泛,人们的每一种活动都可以成为专门的旅游项目。建立在观光消遣基础上的现代旅游,其性质与功能具有明显的文化属性。众所周知,旅游的重要目的是得到文化和精神享受。这种享受体现在旅游观赏景观的审美过程中,美的本质体现着文化性,因此旅游活动本质上是一种文化活动,是文化探寻、文化消费和文化享受,文化是旅游之魂。旅游的功能在于增长知识、陶冶情操、促进文明、开启智慧、提高素质和强健体魄,也主要体现了文化活动的功能。同时,无论是自然资源还是人文资源,之所以成为人们的旅游资源,就是能使游人获得知识和美感,得到文化和精神享受,没有文化内涵的资源一定不是优秀的旅游资源。总之,文化的内涵全方位体现在旅游主体、旅游客体和旅游介体之中,贯穿于食、行、住、游、购、娱的全过程,文化为旅游业注入了神奇的魅力,是发展旅游业的关键,也是旅游业体现的核心竞争力、吸引力之所在。

3. 旅游业是一项综合性行业

旅游业是由食、住、行、游、购、娱等诸多要素综合组成的多元性行业群体。它与社会、经济以及政府部门有着密切的联系,有着跨行业、跨部门、跨地区的特点。旅游业的存在和发展不仅由旅游企业为旅游者提供商品和服务,以满足旅游者的需要,而且有赖于社会各方面的支持与参与,如通信部门、电力部门、金融部门等。因此,无论是旅游业内部的各个行业部门之间,还是旅游业与外部社会相关产业或部门之间,都存在着不可分割的依存关系。

(三)旅游业的发展趋势

近几年来,国家对旅游行业发展的支持以及旅游业迅猛发展态势引起了各界的重视。大众旅游、全域旅游、"旅游互联网+"都是旅游发展全面化的创新体现。根据2016年国务院印发的《十三五旅游规划》内容,我国旅游业后期的发展将迎来这些趋势:

(1)消费大众化。随着全面建成小康社会持续推进,旅游已经成为人民群众日常生活的重要组成部分。自助游、自驾游成为主要的出游方式。

（2）需求品质化。人民群众休闲度假需求快速增长，对基础设施、公共服务、生态环境的要求越来越高，对个性化、特色化旅游产品和服务的要求越来越高，旅游需求的品质化和中高端化趋势日益明显。

（3）竞争国际化。各国各地区普遍将发展旅游业作为参与国际市场分工、提升国际竞争力的重要手段，纷纷出台促进旅游业发展的政策措施，推动旅游市场全球化、旅游竞争国际化，竞争领域从争夺客源市场扩大到旅游业发展的各个方面。

（4）发展全域化。以抓点为特征的景点旅游发展模式向区域资源整合、产业融合、共建共享的全域旅游发展模式加速转变，旅游业与农业、林业、水利、工业、科技、文化、体育、健康医疗等产业深度融合。

（5）产业现代化。科学技术、文化创意、经营管理和高端人才对推动旅游业发展的作用日益增大。云计算、物联网、大数据等现代信息技术在旅游业的应用更加广泛。产业体系的现代化成为旅游业发展的必然趋势。

以上趋势都是以推动全域旅游发展为主线，加快推进供给侧结构性改革为目标，努力建成全面小康型旅游大国，将旅游业培育成经济转型升级重要推动力、生态文明建设重要引领产业、展示国家综合实力的重要载体、打赢脱贫攻坚战的重要生力军，为实现中华民族伟大复兴的中国梦做出重要贡献。

二、现代饭店企业

（一）中国饭店业经营现状

饭店企业是旅游业的支柱产业之一，同时也是旅游企业公共关系的主体之一。现代饭店企业是一种不断现代化、复杂化、标准化的商业性、服务性接待企业。据调查，其经营现状表现如下。

1. 亚太地区整体发展平稳

截至2017年7月，亚太地区延续了之前的平稳发展，其入住率和平均房价呈现两个指标双双增长，同时每间可售房收入同比增长3.3%。尽管整个市场的新增供给量持续增加，相较整个市场需求量的大幅提升(+6.2%)，目前市场供给3.1%的增幅暗示着供给的投放已经处于健康水平。

2. 中国内地平均房价上行

同样是截至2017年7月的数据显示，中国内地酒店市场与亚太市场的走势一致，都表现为市场需求持续高涨而市场供给放缓增长的脚步，从而市场供需逐渐趋于良性发展，使其在入住率和平均房价分别呈现4.8%和0.5%的增幅，每间可售房收入指数也呈现"国八条"政策出台以来第一次正增长(+5.3%)。

3. 上海业绩日渐企稳

中国内地四大一线城市一直领跑整个市场，其中位于竞争激烈、吸金能力较强的长三角区域的上海,表现极为突出,发展愈发企稳。尽管上海市场截至2017年7月的每间可售房收入同比增长幅度(+2.0%)稍逊于中国内地,上海市场在该指数上的净值在四个一线城市中仅次于深圳。

STR将发展比较稳定的北京与上海业绩相比较发现,北京市场的增长速度一度不敌上海,即便北京市场的增速从2016年初开始赶超上海,从每间可售房收入净值角度看北京与上海仍有一段距离,存在很大的上升空间。

综上所述,从定量指标看出我国饭店业在现代社会组织发展新时期,正处于稳步发展阶段。飞速变化的时代让我们这一代人正处于时代变革的浪尖,酒店业也不另外。伴随着全球经济发展放缓和国内市场变化,2015年开启了中国酒店业风起云涌的起点。共享经济下的Airbnb是山雨欲来风满楼;酒店集团间的联姻与平台联盟共谋发展;云PMS、App、微信、支付宝等技术变革改变着酒店业的运营服务模式;经济型酒店的收益下滑与中档酒店品牌的投资热潮……

与此同时,酒店新常态、合并与收购、"互联网+"、战略联盟、跨界合作、分享经济、酒店资产证券化等热词成为业界关注和讨论的热点。酒店市场要通过变革和创新应对新常态下的增长减缓、结构调整以及动力转变等局面,首先要适应环境的快速变化,了解和判断行业走势,把握未来几年的行业热点,用以指导构建能够快速决策、快速执行的战略模式。

在这一系列行业现象的背后,其实是在新时代背景下,互联网已经成为各类产业的底层架构,这意味着不会再有纯粹的互联网行业、传统行业的存在了。因为所有的行业、所有的企业都将互联网化。

借用"文化旅游产业"微信公众平台语言:传统酒店业的从业者们,酒店业已不再是传统行业,经验主义已灭亡,你需要的是站到了十年后看自己的今天。酒店服务业,已从单纯管理走向经营时代。

(二)现代饭店业发展趋势

1.全球酒店业经营进入下降周期,中国酒店业经营进入调整期

过去10年,全球五星级酒店的每间客房平均收入年均增长率不超过2%,若考虑通货膨胀率,可以说是负增长状态。国内市场同样经历寒冬,2014年全国12803家占94.02%的星级酒店亏损59.21亿元,成为有史以来最大亏损年。2016年中国酒店业总体仍旧处于低谷,部分城市会有好转现象,但上升通道和下降通道取决于各地不一的供求关系。

2.酒店跨界合作模糊相关产品和服务之间的界限,生活方式酒店获得更大发展空间

共生共融已成为互联网时代的常态,而跨界融合也成为当前酒店企业创新经营的一条路径。酒店与其他行业的跨界合作越来越多,方式也越来越多样。在互联网时代,无论是产品形式还是服务方式的创新,从生活方式上探索客户的真正需求,才能成为客户的心头好。

3. 智慧酒店有进一步表现,人工成本和能耗预计有所降低

智慧酒店从互联网时代进入移动互联网时代,一项关键性的因素就是网络覆盖,尤其是 Wi-Fi 覆盖。当前酒店业,智慧化发展模型千差万别,有酒店独自发展的,如华住集团自己研发的自助入住系统,使入住由 3 分钟变成 25 秒;也有紧密牵手社交媒体发展的,如街町酒店的"自助选房、微信开门、微信客服、微信支付"生态闭环;更有抱团发展的,如由开元领衔的六大集团联盟。行业之间的跨界、联动与融合成为趋势。

4. 伴随着公民收入提高和旅游热上升,中国度假酒店建设出现新高潮

中国旅游研究院数据显示,2014 年旅游业实现平稳增长,国内旅游人次 36 亿,全年旅游总收入约 3.25 万亿元。据各省统计数据,十一黄金周排名前五名的省份旅游总收入均超过 200 亿元,全国人民旅游热情一片高涨。如何挖掘客户需求,是中国度假酒店持续需要关注的重点。

5. OTA 加速布局在线度假领域,预订系统重组是大势所趋

目前携程作为 OTA 平台领军者,不断进行大平台布局,从机票、酒店、度假进行平台化开发,推出景区酒店自由行方式推动度假业务发展。收购 Travelfusion 后,又加速布局海外市场,在海外拓展当地资源,抢占出境游市场;而首旅酒店已与阿里巴巴、石基实行战略合作,针对酒店 PMS 进行开发,布局酒店 O2O。面对利益空间不断压缩的困境,在线领域预订系统重组或是大势所趋。

6. 酒店管理模式选择方向多元化,逐步与国际接轨,本土品牌影响力持续放大

高星级酒店在中国发展的黄金十年,也是国际品牌在中国开疆扩土的黄金十年。伴随着国内房地产政策的收紧,开发商对引进高端品牌之后的酒店投资回报有了更理性的审视。于是,越来越多的开发商开始试探委托管理之外的其他模式,中国酒店市场环境的逐步成熟,也使得品牌集团开始考虑开放特许经营、策略联盟模式的可行性。

国内酒店集团自然也不甘落后,以万达、绿地为首的房企在跟大牌酒店管理公司合作多年后终于出徒,强势推出自主品牌并已拓展到海外。我们乐于看到本土酒店能够打造成令人骄傲的国际品牌,实现全球化扩张。

7. 旅游饭店业向住宿业过渡,饭店业态趋向多元化

行业新常态下,酒店市场需求发生了很大变化。需求结构的调整、消费主体的变化、消费诉求的升级、互联网渗透到消费习惯和消费方式的方方面面等趋势,都使得饭店业态多元化成为新常态下的必然要求。新一代的消费人群对个性化产品和服务的需求,催生了传统星级之外的业态,短租公寓和客栈民宿风头正劲,未来的酒店可能只有一间客房,也可能是"酒店+"。

8.行业协会改革将进一步推进,各地协会将会有更多的自主权

目前旅游行业协会会员单位已覆盖全国60%以上的旅游企业,成为旅游业发展的重要力量。"去行政化"改革将让协会有更多的自主权。

9.互联网并购越来越多,国内即将迎来产生国际性大公司的机会

携程收购艺龙在相当一部分业者心中是当之无愧的年度大事件,但携程的计划显然不止于此,从其战略投资途家、订餐小秘书、易到用车、一嗨租车、蝉游记、途风、鹰漠等一系列上下游产业链企业可以窥见一斑。相比国内集团之间的并购,万达、绿地、海航等已经把触角伸到海外多个城市和地区的企业,同样值得期待。

10.住宿业分享经济影响和覆盖的范围持续扩大,非标住宿规范发展

国务院办公厅2015年11月19日以国办发〔2015〕85号发出《国务院办公厅关于加快发展生活性服务业促进消费结构升级的指导意见》,提出"积极发展客栈民宿、短租公寓、长租公寓等细分业态",将这些业态定性为生活性服务业,为民宿客栈、短租公寓等非标住宿经营模式提供了法律支撑,同时也规范了其经营模式。需求多元化和消费诉求的升级将为分享经济的进一步发展培育了土壤,传统酒店集团也有可能会进入这个领域。

(三)饭店企业的公共关系目标

饭店的业务活动不是盲目的,而是有计划、有组织开展的,没有计划目标就谈不上饭店的管理和发展。在饭店的计划目标中,一类是由客房出租率、营业收入、人均消费额等组成的量化指标体系;另一类是由服务质量、管理水平及饭店的社会知名度等组成的定性指标体系。

饭店公共关系目标作为饭店发展总体目标的组成部分,主要是通过积极、主动的公关工作来协调内外部关系,在公众中树立企业良好社会形象,增加知名度,提高竞争力,以求得企业生存和发展。在确定饭店公关目标时,应处理好与饭店总体目标之间的关系,明确以下基本原则。

(1)饭店组织的总体目标决定着饭店组织的公关目标。

(2)饭店公关目标从属于饭店总体目标,是为饭店组织总体目标服务的。

(3)饭店公关目标的制定应有自己的特点,要强调实现公关目标的可操作性,注重公关活动的连续性和科学性。

三、现代旅行社企业

(一)现代旅行社企业的地位与作用

旅行社是旅游业的组成部分之一。旅行社从总体上代表了旅游产品的销售渠道,它沟通旅游的供需双方,为旅游业提供主要客源,自己则从中获取相应的效益。

旅行社在旅游业中处于中枢地位,它把旅游服务供应部门与其他机关部门联系在一起,其具体作用表现在以下几方面。

1. 为旅游者实现消费需要提供服务

第一,旅行社产品是组合服务项目,使游客省时、省力。旅游者对旅游服务的需要是多种多样的,主要包括食、住、行、游、购、娱等方面,而这些服务又是由饭店、航空、铁路、景点、商店等旅游企业和部门分别提供的,如果旅游者在旅行过程中一一购买他们所需的服务,那将极为费时费力。作为经营旅游业务的专门性企业,旅行社把旅游者所需的服务集中起来并进行组合,然后一次性销售给旅游者,从而使旅游者获得极大的方便。

第二,旅行社产品是批量购买,使游客降低旅行支出。旅游者从旅行社购买旅游产品,比起从旅游企业直接购买,增加了销售环节,按理应该增加支出。但事实上,由于旅行社具有批量购买的优势,可以把不同旅游者的分散购买量集中起来,利用批量购买和买方市场的优势,获取优惠折扣。旅行社将一部分优惠折扣作为收入留存下来,而将另一部分优惠折扣以降低旅游产品价格的形式转让给旅游者。因此,旅游者支付给旅行社的费用应该比自己直接购买要便宜得多。

第三,旅行社产品安排合理,使游客提高旅游质量。旅行社长期从事旅游业务,擅长组织旅游活动,知道如何合理安排旅游线路和日程,选择适当的旅游服务产品。同时,旅行社在竞争中为求得生存和发展,还不断开发新的旅游产品,努力提高服务质量,使旅游者感觉越来越方便、舒适。

2. 为旅游产品的销售提供服务

旅行社是旅游业重要的销售渠道,是沟通旅游产品供应者与旅游者之间联系的桥梁。旅游产品供应者可通过旅行社寻找到消费者,旅游者也可通过旅行社寻找其所需的旅游产品。

首先,旅行社是销售旅游产品的行家,特别是各旅行社之间也有着广泛的联系,它们组成了一个庞大的销售网络。

其次,由于旅游产品销售与旅游者的消费存在时间和空间上的较大差距,使旅游产品供应者无法广泛、深入地同旅游者逐个进行接触。尽管从旅游产品供应者以较低的价格向旅行社出售产品角度看,可能会有一定的损失,但从另一角度看,他们却可以获得充足而稳定的客源,降低销售成本,因而许多旅游交通企业、饭店、景点、商店等旅游产品供应部门仍把旅行社看作是最主要的销售渠道和收入来源,积极加强同旅行社的联系与合作。

综上所述,旅行社不仅是旅游业的龙头企业,而且通过其媒介和桥梁作用的发挥可促进旅游业的发展。

(二)现代旅行社企业发展趋势

随着人们生活品质的提高,旅游逐渐成为百姓日常生活中的热点名词。国家旅游局预计,2017年国内旅游人次有望提升到48.8亿人次,人均年旅游次数将超过3.5次。为了能在市场上掘到更多金,近段时间以来,掌握渠道资源的OTA、旅行社动作频频,包括携程、途牛、中国国旅、中青旅等,纷纷从聚焦国内到密集海外布子,从线上线下各自为战到融合发展,由此也带来整合行业的又一次蜕变。

1.资源整合与重组发展

在旅游业大发展的今天,资源的整合已经非常重要,对旅游集团性企业来讲更是迫在眉睫。国家旅游局已经公布了合资旅行社可以在异地开立分社的相关政策,之前,已有部分境外旅游巨头在国内开设了合资旅行社。境内的旅游大社、总社也早已利用多年来共享品牌的优势,对全国各地的同一品牌、名称的地方社进行了有选择的整合,通过资金纽带、资产重组、资本投入、业务重组、品牌共享等方式将其纳入旗下。

我国的公民旅游事业发展潜力可观,但我国的旅游行业与国际上的旅游巨头相比,无论是形式还是规模上,都存在差距。从全国近2万家旅行社来讲,利润率低微、规模效益也不可同日而语。无论是从对资产回报率的要求上、还是旅游业持续发展的要求上来衡量,都是不相适应的。因此,要想在旅游发展的大好形势下继续保持健康有效的生存和发展,迎接与世界旅游大亨的"共舞"时代,国内一些有资质、有品牌的旅游企业之间进行整合与重组是必然的,也是必需的。从国资委对央企的整合,包括国旅与中国免税品集团(简称中免集团)、港中旅与招旅总社、港中旅与中旅总社的合并,就可以看旅游业态的整合已是势在必行。大型集团企业在规模上的整合符合集团发展的要求,而细化到单一的旅行社,即业务的整合更是必要的。要通过有效整合内部的整体资源,才能共享整体利益的蛋糕,大有大的整合规模,小有小的整合效益。而通过无数个小的效益的整合进而达到最终的大的规模与效益的提升,才是整合的要求和目的。

2.线上到线下共融发展

互联网的发展不仅带动了实体经济的转变,更让旅游行业"闻鸡起舞"。随着价格战的平息,OTA的竞争格局已经相对稳定,为了抢占线下市场,不少OTA平台开始将目光转移到线下,"融合发展"已成为旅游行业的新趋势。

2017年6月,携程旅游宣布北京地区第一批近30家线下门店将正式开业,同时,成都、武汉等地的携程旅游门店也将开始试运营。携程旅游整合旅游百事通、去哪儿度假,全国门店总数突破6500家,覆盖全国20多个省市各线城市,并且今年计划在全国各地新增1000家线下加盟店。

OTA是互联网产物,互联网的基因赋予其灵活性和形式的多元性,而传统旅行社的优势在于长期积累的产品创造力和品牌生命力。综合来看,二者各有优势,OTA深受年轻人的喜爱,而中老年人则更加信任传统旅行社。

3.境外业务转型发展

在国内市场资源有限的大背景下,努力开拓市场,加快海外布局同样成为如今旅行社和OTA转型发展的重要举措。据中国国旅年报显示,主要从事旅行社业务和免税业务的中国国旅,正不断通过外延式扩张推动免税业务的发展。从去年开始,该公司就已经开始斥巨资加码这一领域。

中免集团已在柬埔寨展开首度海外扩张,截至目前在吴哥、西哈努克港和金边这三座城市开设了3家免税店。2015年柬埔寨接待国际旅客477万人次,其中中国旅客69.4万人次,同比增长24%。如今,中国旅客已经成为赴柬旅游的第二大客源国,而未来大量的中国赴柬埔寨游客,必将为中免集团带来丰厚的利润。

(三)旅行社企业的公共关系目标

旅行社企业公关目标,是指对内沟通上下左右之间的关系,调动职工的积极性,培养职工的向心力和归属感;对外广结善缘,创立良好的企业形象和社会声誉,以赢得充足的客源。旅行社公关目标的实现,有助于旅行社的生存和发展。首先,旅行社通过公共关系和优质服务树立良好形象,博得公众的信赖。其次,有利于吸引和聚集人才。旅行社因其自身的特点是人员流动大,因此,有着良好形象的旅行社都有着良好的人际环境。和谐的人际关系有利于员工实现其自我价值。最后,有利于得到经营伙伴的合作。旅行社良好的公关状态和企业形象不仅会得到旅游者的欢迎,也会获得经营伙伴的真诚合作。有着良好形象的旅行社,通常讲信誉、守信用,对经营伙伴互惠互利,因而能以很优惠的价格获得旅游产品。

四、现代旅游交通及其他娱乐设施

(一)旅游交通的概念

人们生活在地球表面不同的空间,随着社会生活的发展,人际之间需要联系和交往,需要空间转移,这种转移的方法和途径就是交通运输。旅游交通,是指旅游者及其货物从旅游出发地到旅游目的地,实现空间位移的载体和运动形式。旅游起讫地、交通工具与相应的设施、交通通道,旅游者与行李、货物及旅游服务等构成了旅游交通的整体。随着现代旅游的发展,旅游交通较以前外延有了些变化,不在仅仅代表旅游途中的交通工具,公共交通、新生景区特种旅游交通,都为旅游业发展增加了浓墨重彩的景象,具体表现为以下几个方面。

(1)旅游交通=公共交通+专业性旅游交通

公共交通的加入与改善是政府这几年非常重视的一项伟大工程,做好旅游交通发展顶层设计,发挥旅游交通大数据平台作用,改善旅游景区通达条件、推进乡村旅游公路建设、优化旅游航空布局等都是在2016年国务院"十三五规划"中重点提及的公共交通项目。这些交通工具的改善及优化为我国旅游业的大发展起到了良好的促进作用。

专业性旅游交通包括原有的汽车、铁路、航空、水路交通还增添了独具特色的低空旅游探险交通、邮轮旅游文化交通、景区特种旅游交通,其中景区特种交通是依据景区特色而生的,比如山景索道、草原热气球、水景漂流等,这些新兴专业旅游交通,为旅游业稳步发展增加了创新吸引力。

(2)旅游交通是通用交通的组成部分,一般情况下,通用交通和旅游交通很难区分,特别是运行线路和终始港站(旅游专线、旅游专用港站除外)均与通用交通共用。

旅游交通和通用交通在功能上的差异性,旅游交通除了运载旅游者实现空间位移的基本功能外,还要具备满足旅游者的游览、娱乐、享受,乃至炫耀身份地位的需求。

(二)娱乐设施

食、住、行、游、购、娱是构成旅游业的六大要素。娱乐业作为旅游业的重要组成部分,随着旅游产业的繁荣迅速发展起来,它从一个侧面反映了我国社会经济发展的程度和对外开放的水平。

1.现代娱乐业的作用

现代娱乐,主要是指在现代化娱乐设施条件和娱乐环境中开发设计的、符合潮流的娱乐项目。其主要作用包括以下几方面。

(1)寓教于乐。现代社会的许多休闲活动都强调寓教于乐。

(2)满足精神需要。文化生活可升华人的思想境界,而娱乐休闲活动能给人精神上带来愉悦和内心的满足感,使人的精神得到陶冶和放松。

(3)有助于强身健体。各种娱乐活动,动可以养身、静可以养气,可促使人的身心、情感、理智和谐健康发展。

(4)有助于人际交流。参与娱乐休闲活动不仅可以陶冶情操,了解各地风土民俗,学习各地文化,而且还可增进人们相互间的理解和信任,增加交往的机会。

(5)活跃文化气氛。娱乐活动的方式和内容是人们文化生活的反映,人类文明进步,文化生活的丰富多彩,主要是人们对休闲时间充分利用的结果。

2.现代娱乐业发展趋势

(1)特色鲜明的主题公园

国际主题游乐品牌引入,如迪斯尼乐园,推动本土主题游乐企业集团化、国际化发展。迪斯尼以童话故事为主题,我国本土品牌方特除了以畅销的动画片《熊出没》为主题外,增加了亲水主题乐园的设计,深受孩子们喜爱。国内外主题乐园齐开放的局面,提升了主题公园的旅游功能,打造了一批特色鲜明、品质高、信誉好的品牌主题公园。

(2)百花齐放景区娱乐模式

现代景区内娱乐设施越来越多,娱乐趣味也越来越浓,这能在一定程度上满足游客探新求异的心理需求。推广"景区+游乐""景区+剧场""景区+演艺"等景区娱乐模式,为景区迎来第二春做足了准备。

(3)高科技援手娱乐,打造别样效果

支持高科技旅游娱乐企业发展,是现今旅游娱乐的大势所趋。武汉万达"汉秀"以中西合并的方式,对娱乐文化作了最新的演绎,既传承了中国楚汉文化的精髓,又借助全球流行的秀文化为演出形式。汉秀糅合了音乐、舞蹈、杂技、高空跳水、特技动作等多种表演形式,整个剧场通过高科技声光电的运用,辅以量身定制的拥有可移动座椅的舞台建筑,形成了非常戏剧性的科技呈现。

五、现代旅游企业新兴业态

我国旅游业在政策支持和自身发展的双重作用下将步入又一个黄金发展期。数据显示,2016年上半年,中国国内旅游22.36亿人次,比上年同期增长10.47%;入出境旅游1.27亿人次,增长4.1%;上半年实现旅游总收入2.25万亿元,增长12.4%。12月14日,国家发改委公布的《关于实施旅游休闲重大工程的通知》(发改社会〔2016〕2550号)指出,要促进旅游供给的结构性矛盾逐步缓解。在政策支撑的背后,旅游需求的升级正为旅游业态转变的新力量,个性化深度游正在成为主流,一批创业公司也在扎堆抢滩市场。加快旅游产品开发,鼓励发展海岛旅游、体育旅游、邮轮旅游、研学旅游、温泉旅游、冰雪旅游、健康旅游等新兴旅游产品。

(一)旅游新业态概念及现状

旅游业已经成为当今世界一大成熟产业,在中国市场体系日趋成熟、产业规模逐步扩大、产业结构不断优化、产业能级不断提升的同时,旅游业中的各种新型业态也相应地开始大量涌现。这些新兴业态在原来传统旅游业态的基础上经过产业间不断发展、演变、融合、创新,逐渐成为构建整个"大旅游业"的新生力量和主力军。

新型旅游业态就是:在原有旅游业态的基础上,由市场需求作为动力而推动衍生出来的之前没有的一批新的旅游模式,而新型旅游业态就是对这些新出现的旅游模式的统称。

1.国际现状

现阶段在国内外特别是欧美等西方发达国家,诸如商务旅游业、会展旅游业、文化娱乐旅游业、旅游信息业、修学旅游业、邮轮旅游业、营地旅游业、租车旅游业、影视旅游业、医疗旅游业等众多新兴旅游业态都已经有相当的发展。除此之外,伴随着背包旅游、换房旅游、分时度假、科技旅游、军事旅游、数字旅游等众多新型旅游形式的出现而发展起来的产业形态也在逐步显现。

2. 国内现状

（1）旅游由观光游过渡到休闲游

中国旅游业统计公报显示，2015年中国国内旅游人数40亿人次，收入3.42万亿元人民币，分别比上年增长10.5%和13%；中国公民出境旅游人数达到1.17亿人次，旅游花费1045亿美元，分别比上年增长9.0%和16.6%；2015年全年实现旅游业总收入4.13万亿人民币，同比增长11%。2015年全国旅游业对GDP的直接贡献为3.32万亿元，占GDP总量比重为4.9%。完善提升观光旅游景区、乡村旅游景区，引导布局国家级、省级旅游度假区及自驾车房车露营基地、国际特色旅游目的地和低空旅游示范区，支持打造一批城市旅游休闲街（区）和环城市旅游休闲带成为现今国家旅游产业升级重心。目前，全国旅游发展方针调整为"大力发展国内旅游、积极发展入境旅游、有序发展出境旅游"，在国家提出大力发展国内旅游的背景下，包括实施国民休闲计划、进一步落实带薪休假制度、推行奖励旅游、提供居民旅游消费补贴、完善国内旅游消费服务、大力推广国内旅游产品等在内的系列扶持措施，将进一步增强国内民众旅游消费的信心。中国旅游业已经开始由观光旅游向休闲旅游过渡，休闲度假旅游将是新时期旅游发展的主旋律。

（2）休闲时代旅游业态预测

在21世纪，快节奏的生活与工作方式让越来越多的人倍感压抑和匆忙，他们十分需要旅游这一休闲方式来减压放松、舒缓神经、调剂心理。在过去20多年的旅游认知中，人们对那种"拉练式"的集中观光旅游很不满足，他们有钱有闲，更青睐那种休闲度假、娱乐购物、自驾自主的悠哉游哉的旅游形式。而且他们的消费理念也越来越与国际接轨，对休闲旅游的认知逐步成熟，出行动机也越发理性，于是旅游状态一改"人满为患"的假日旅游传统，旅游目的向追求舒适型、享受型方向转变，旅游形式向个性化、多元化、精品化发展。

休闲旅游跨越性的大发展将催生多样化的游憩方式，由于是旅游者自己选择自己支配的休闲度假旅游活动，所以旅游线路、旅游专题、旅游形式、旅游文化以及相关的旅游产品将会有一个很大的变革。

第一，旅游者消费行为与消费格局的改变将使传统组团旅游减少，常规的线路设计及促销手段被打破，而那些仅负责安排交通和住宿的半自助旅游需求可能会大幅度增加。

第二，在旅游景区景点那种以旅游团队为主要客源的观光性旅游产品受欢迎程度大大降低，而环境优美、功能齐全的城郊休闲度假地、温泉资源丰富和具有养生保健功能的特殊景区景点、具备运动要素的高尔夫球场和相关运动设施设备的度假地、国际颇具盛名的大型主题公园、闻名遐迩的文化历史景区和乡村旅游将成为休闲度假旅游的主要卖点。

第三，与之相适应的酒店等为旅游客人提供食宿的住宿业也会发展变化，很可能传统的酒店星级客户定位会根据休闲度假旅游的特征发生根本性的革新，如度假型酒店、经济型酒店、汽车旅馆、自驾车营地等个性住宿将会大幅度升温，过去以接待团队为主的传统型宾馆的服务理念、经营模式急需调整，取而代之的是从青年旅馆、经济型酒店、高端度假酒店到豪华度假别墅的多层级住宿系统和能够提供多功能合一的自助游客服务中心。

第四，按照国务院《关于加快发展旅游业的意见》中推动旅游产品多样化发展和培育新的旅游消费热点、提高旅游服务水平和丰富旅游文化内涵的指示精神，构建休闲旅游产品体系，提升民俗文化品位将会是今后旅游业界一项重要且长期的工作。我国目前休闲旅游的特征主要呈现为以家庭为团体、大众积极参与、多元化度假需求旺盛、青睐农家乐休闲产品和往高端休闲旅游产品发展的态势。旅游者的休闲度假旅游有明显的季节性和时间性倾向，参与对象从白发老者到牙牙学语的儿童几乎包含所有国民，他们对旅游产品的内涵和旅游环境的要求越来越高。这样的旅游消费趋势和旅游消费形式势必对传统的旅游服务业造成巨大的冲击。

（二）新业态下旅游新要素形成

一说到旅游，人们就会提及旅游"六要素"——"食、住、行、游、购、娱"，可谓无人不知、无人不晓。应当说，"六要素"精辟地概括了旅游活动，是直到现在对旅游业描述最简洁、最准确、传播最广的概念。

如今，激发人们旅游的动机和体验要素越来越多，需要拓展新的旅游要素。"旅游六要素"能涵盖现代旅游吗？国家旅游局局长李金早在2015年全国旅游工作会议上提出了这样的疑问。李金早在本次会议上提出了原有六要素基础之上的新六要素："商、养、学、闲、情、奇。"前者为旅游基本要素，后者为旅游发展要素或拓展要素。

新阶段既是我国旅游业的发展机遇期和转型攻坚期，也是矛盾凸显期。旅游业改革发展的使命光荣、任务艰巨，我们旅游行业迫切需要不断强化产业自信、行业自信、事业自信，增强责任感、使命感和敢于担当的精神，不断提升整合资源、统筹发展和引领创新的能力。

（三）各种形式的旅游新业态

1. 与第一、第二产业进行融合渗透产生的新业态举要

（1）乡村旅游

乡村旅游业俨然成了城乡和谐发展的动力。乡村旅游业在国外起步较早，多为高档度假，形式多样。主要体现在第一种是以爱尔兰和新西兰为代表的休闲式乡村度假；第二种是以日本和美国为代表参与式农庄旅游；第三种是与文化、生态

旅游相结合的综合型乡村旅游。

中国的乡村旅游业起步较晚,政府主导,多方推荐,近几年我国乡村旅游业进入了高速发展期。

(2) 森林旅游

森林旅游业主要是指林业与旅游业的嫁接而成的新业态。世界上森林旅游较早的是拉丁美洲,其收入占到整个旅游收入90%,我国也有丰富的森林旅游资源,加上旅游者的关注度越来越高,我国森林旅游业发展也在稳步提升。

(3) 滨海旅游

滨海旅游业是海洋经济的新增长点。比如亚太地区的夏威夷、印度尼西亚、马来西亚、泰国成为世界上最受旅游者欢迎的四大滨水旅游胜地。气候温暖的中纬度地区,是目前最重要的旅游场所。需求越来越大使得滨海旅游在我国也方兴未艾,沿海城市每年接待游客人数递增的速度,都标志着我国正迎来全方位、大规模开发滨海旅游的新阶段。

(4) 工业旅游

工业旅游是伴随着人们对旅游资源理解的拓展而产生的一种旅游新概念和产品新形式。工业旅游在发达国家由来已久,特别是一些大企业,利用自己的品牌效益吸引游客,同时也使自己的产品家喻户晓。在我国,有越来越多的现代化企业开始注重工业旅游。近年来,我国著名工业企业如青岛海尔、上海宝钢、广东美的、佛山海天等相继向游人开放,许多项目获得了政府的高度重视。

2. 与现代服务业交叉融合形成的新业态举要

(1) 商务旅游

商务旅游业是伴随现代商务活动兴盛起来的旅游业态。主要涉及交通、迁移、住宿、体育赛事、文化或者饮食活动和饭店行业的宴会。近年来,商务旅游是发展最快的旅游项目之一,从其规模和发展看,已成为世界旅游市场的重要组成部分,而且仍有巨大的发展潜力。

(2) 会展旅游

会展旅游业是会展业和旅游业相互催生的新业态,我国会展旅游业起步较晚,总体上还处于初级阶段。我国会展旅游市场总量还比较小,但发展非常迅猛,可谓是刚刚崛起的朝阳产业。

(3) 高尔夫旅游

高尔夫旅游业是高端休闲业与旅游业的组合,中国自改革开放以来,高尔夫球场发展迅猛,目前我国的高尔夫旅游方兴未艾,海南、云南等省份高尔夫旅游项目发展仍十分迅速,尤其是山东省针对近邻国家市场需求重点培育高尔夫旅游,现已迅速成为山东半岛旅游业新的增长点。

(4) 修学旅游

修学旅游业是教育与旅游业结合的典范，修学旅游业在国外发达国家十分盛行，主要是组织学生利用假期到国外进行修学、观光和学习。在欧美和日本，修学旅游已经成为一种传统，并被认为是素质教育的一个组成部分。我国修学游、夏令营也有广阔的市场可挖掘，但修学旅游市场的规模一直发展缓慢，针对市场开拓此新业态，是我国教育和旅游结合的一个突破口。

(5) 医疗旅游

医疗旅游，是将旅游和健康服务结合起来的一种旅游形式。是以发达国家的人到发展中国家寻求收费低廉、质量上乘的医疗服务为主的反向就医。如印度和新加坡已经成为美国人进行"康复旅游"的首选地。我国医疗旅游初显端倪，以香港为重要医疗旅游业开拓对象。

在经济发达、医疗技术先进、生态宜居型的城市发展医疗旅游，大有可为。

(6) "互联网+"旅游

"旅游互联+"由具有丰富旅游行业经验的资深人士和训练有素的业务人员组成，专业提供旅游目的地资讯及相关服务。旨在通过不断变化的景点组合带来不断变化的旅游产品，通过线上线下展示出产品的动态性与时效性，集欣赏性与商业性为一体，以互动的形式，搭建景点与旅游者及旅游企业之间的立体化认识交流、合作共享平台。

3. 旅游产业内各要素不断衍生分化的新业态

(1) 分时度假

分时度假是休闲度假的新潮流，在国外已是一种大众产品而被平民家庭广泛接受，形成庞大市场规模。在我国则刚刚起步，加盟的度假地多以产权酒店的形式出现，真正的分时度假地还很少，分时度假的市场还正在培育阶段。

(2) 旅游集散中心

旅游集散中心是旅游交通的新发展体现。国外表现形式较为灵活，以美国"灰狗巴士"和日本"鸽子巴士"为代表。国内以"旅游运输"和"旅游咨询"为主要功能的旅游集散中心在全国各地一线城市不断发展起来，上海、杭州、南京、无锡、温州五地的旅游集散中心还实现了联网，全面启动了长三角一体化进程。

(3) 购物旅游

购物旅游是旅游商业的新亮点。国外是通过将旅游和购物进行更充分的融合来深化旅游产业的价值链。世界知名的巴黎、新加坡等"购物天堂"凭借享誉世界的名特商品吸引着全球各地的购物旅游者，购物旅游业已经成为这些国家和地区旅游产业的重要龙头。国内旅游购物还有很大的潜力可挖，迫切需要建起各种形态的旅游购物中心以适应巨大的市场需求。

(4) 旅游娱乐业

旅游娱乐业是文化娱乐业与旅游业的并荣时代。在国外主要指主题公园等人造景点，其兴起和发展大致经历了小型流动式的文艺表演、户外游乐场所、游乐园和大型主题公园四个发展阶段，如"迪斯尼乐园"。随着中国旅游业入世承诺及市场准入承诺的加快兑现，多元化的投资主体，快速进入国内的国外资金、理念和技术以及灵活多样的经营管理模式使得游乐项目的更新换代和发展速度大大加快。如欢乐谷。

(5) 影视旅游业

影视旅游业是影视艺术活动与旅游业的交映。世界影响最大的国际性电影节，如柏林电影节、戛纳电影节和威尼斯电影节，在这些电影节期间举办地区吸引了成千上万的游客。国内目前举办较为成功的有上海国际电影节、上海电视节、长春国际电影节、四川金熊猫电视节以及落户长沙的金鹰电视艺术节等也吸引了不少游客。

(四) 新型旅游业态特征

1. 综合性

旅游业除了涉及旅游六大要素各方面的衍生业态、产业内部各行业之间的交叉渗透形成的业态，还存在着与其他产业融合而产生的新业态。相比之下，旅游业态所包含的内容更加复杂，表现形式也更加多样。

2. 动态性

旅游业态的发展过程是一个不断积累、探索、创新的过程。

3. 独特性

由于旅游服务本身具有不可感知性、不可分离性、不可储存性、不可控制性、不可转移性等特点，使得旅游业态拥有区别于零售业态的独特特征。旅游业态的发展更注重本行业的特点，以形成与众不同的特色。另外，新型业态与原有业态的竞争也促使了旅游业态独特性的塑造。

(五) 未来趋势

旅游信息化是未来旅游业发展的最显著特征。世界旅游发达国家在资源整合、设施建设、项目开发、市场开拓、企业管理、营销模式、咨询服务、电子交易等领域已经广泛应用现代信息技术，从而引发了旅游发展战略、经营理念和产业格局的变革，带来了产业体制创新、经营管理创新和产品市场创新，改变了旅游产业的发展方式。太空旅游、极地旅游、探险探秘旅游等市场初露头角，在未来一段时间内有一定的增长空间。

旅游业的科技化将逐渐成为旅游业发展的重要影响因素，不断为旅游业的发展注入新的活力和增添新的内容。日新月异的科技革命将加速旅游业的产业结构更替的步伐,提升旅游业的整体素质和发展水平。伴随着国力的增强、社会财富的增加以及人们生活水平的提高,高端化的奢华旅游将开始出现。

案例举要

新加坡航空公司的完善服务

新加坡航空公司在国际航空业群雄角逐的激烈竞争中独占鳌头,多年连续被国际民用航空组织评为优质服务第一名。新航的服务有很多独特之处,他们把西方的先进技术及管理手段与东方的殷勤待客传统有机地融合在一起,把"乘客至上"的公关思想贯穿于服务的全过程,给每一位乘客留下极为深刻的良好印象,使来自各国的乘客自然成为新航的义务宣传员,再加上通过新闻媒体做广告宣传,公司的形象就不胫而走,誉满五洲。新航的服务准则是:对所有乘客一视同仁地施以关心和礼貌,在一切微小的服务细节上给乘客留下难忘的印象,并树立公司的整体形象。这些服务准则通过每一位工作人员的良好举止体现出来。这些服务的措施有:①订票时可得座位号,登机时对乘客以姓相称;②殷勤款待,乘飞机如同做客;③照顾乘客休息用餐,将饭店服务方式搬进机舱;④纪念品加优待券,希望你再来光顾。以上这些及其他各项服务措施,构成新加坡航空公司充满活力的公共关系,使新航在国际航线上赢得了声誉,赢得了顾客,在激烈的国际竞争中胜人一筹。

案例思考:这一案例给我们什么启示? 在与顾客建立良好关系的过程中,服务起着怎样的作用?

 本章小结

旅游企业主要由旅行社业、旅游交通业和饭店业等旅游企业所构成。这些企业虽然功能和作用不同,但主要职责是为旅游者提供产品和服务,以满足其物质和精神的需要,因而它们也构成了旅游公共关系的主体。旅游企业公共关系工作是一项经常性、长期性的工作,必须有专门机构和人员来从事此项工作。旅游企业公关机构的设置要遵循专业性、协调性、权威性、服务性、灵活性的原则。公关工作要达到塑造企业良好声誉,做好内外沟通,扩大企业影响,促进企业发展的要求,就必须使用和培养思想素质过硬、心理素质良好、现代意识强的公关人才。本章着重介绍了旅游企业公共关系的主体构成、机构设置和公关人员的素质要求等内容。

思考与练习

1. 作为公关主体的旅游企业具有哪些特征？
2. 企业公关部、公关公司、公关社团各有什么职能？它们之间的关系如何？
3. 公关人员的含义是什么？应具备哪些素质？
4. 简介公关人员应具备的知识结构与能力。

第三章 旅游企业的客体
——目标公众

课前导读

公共关系也称作公众关系，旅游企业公共关系的工作对象就是相关公众。只有了解目标公众，才能制定正确的目标、策略和方法，从而使旅游企业的公关工作建立在科学的基础之上。

旅游企业的公关活动具有明确的指向性，它要求公关工作要围绕一定的对象来开展。其工作对象不仅有政府部门，还有其他企业组织、社区居民、旅游企业内部员工，甚至还有竞争对手。这些组织或个人是旅游企业赖以生存和发展的基础，没有他们，旅游企业公共关系就成了无源之水、无本之木。因此，正确认识旅游企业的公关客体，了解他们的特点、心理和需求，并通过有效的沟通与之建立良好关系，以营造有利于企业发展的内部和外部环境，为实现旅游企业发展目标而奠定良好的基础。本章将着重分析旅游企业目标公众的构成及其特点。

教学目标

- 掌握公众的基本概念
- 了解公众的一般心理和行为
- 认识确定目标公众的重要作用
- 熟悉饭店、旅行社企业目标公众的类别和特点

第一节 公众与公众分类

公众是公共关系学中的一个基本概念，它有着特定的含义，正确理解公众的含义，树立良好的公众意识，对于做好旅游企业公关工作具有指导作用。

一、公众的概念、特征及公众意识

(一)公众的概念

所谓公众,是指与特定的公关主体相互联系、相互作用的个人、群体或组织的总和。这里所指的公关主体,是指各类旅游企业组织。广义上说,凡是旅游企业组织信息传播、沟通的对象都称为公众。公众虽然与人民、群众、人群一样,同是由一定数量的人所组成,但公众概念的含义及应用却有着特殊的规定和意义。

(二)公众的特征

1. 群体性、广泛性

旅游企业组织所面对的公关对象均不是单一的,而是涉及比较广泛的公众群体。公众不仅是多样性的群体,而且也是与旅游企业组织有关的整体环境。旅游企业的生存和发展都离不开一定的公众环境。这个公众环境是指旅游企业组织所必须面对的公众关系和公众舆论的总和。其涵盖面非常广泛。如在公众群体中有商人、艺术家、教师等;在社区公众群体中有兄弟单位、社区居民等;在媒体公众群体中有报社、杂志、电视台等;在内部公众群体中有员工、股东等。公关工作不能只注意其中某一类公众,而忽略了其他公众。对任何一类公众的忽视,都可能导致整个公众环境的恶化,从而影响旅游企业的生存和发展。

2. 共同性、同质性

共同性是指在旅游企业的公众中,由于共同的目的、需求、意向、问题等,使一群人或组织有相同或类似的态度和行为。

例如:某饭店由于菜肴质量问题,导致在此进餐的消费者食物中毒,从而使这些本来互不相识的人面临一个共同的问题,即同质性的利益关系。他们共同关心的是饭店对此恶性事件的处理及对个人利益的维护,于是这一事故的受害者便成了该饭店某一时期的特定公众。

3. 层次性、多样性

旅游企业公共关系公众的存在形式是多种多样的,既可以是个体(如客人),也可以是群体(如社区居民),还可以是团体或组织(如报社)。公众对象的层次性、多样性决定了公共关系沟通方式和传播媒介的多样性。

4. 可变性、开放性

社会环境是一个动态可变的系统,处于其中的公众也是不断变化的。一方面,旅游企业由于经营管理、服务产品的变化,公众的性质、形式、数量、范围和存在形式也会随之发生变化;另一方面,由于公众的价值观念、消费行为、思维方式及社会环境的变化(如政府出台有关延长"五一""十一"休息日的规定,使有条件外出的旅行人数猛增)。旅游企业公关人员必须以动态的、发展的眼光认识自己的公众对象,根据公众环境的变化采取相应的对策。

5. 相关性、可导性

旅游企业的公众是具体的,与旅行社、饭店等企业组织密切相关的人群。公众的意见、观点、志向和行为,对旅游组织具有实际的或潜在的影响和制约,甚至决定着旅游企业经营的成败。但公众的动机、态度又具有可导性,企业公关工作可借助各种公关方式或手段,通过不懈的努力来影响公众的态度、改变公众的行为,防止不利于旅游企业组织的公众行为出现。这种相关性、可导性是旅游企业组织与公众形成关系的关键。没有这种相关性、可导性,公关工作就失去了存在的意义。

(三) 公众意识

在市场经济条件下,旅游企业的生存和发展有赖于政府的支持、相关部门的合作、顾客的理解和公众的认同。任何企业都不可能脱离社会而孤立存在,故而,也就不能漠视公众评价。

一个旅游企业要想长期、稳定发展,必须从目标的制定、产品的生产,以及经营管理活动等方面关注公众的利益、了解公众的意见、满足公众的需求,把企业利益与社会利益紧密地结合在一起。美国公共关系学者康菲尔德曾经说过:"在所有决策和行为上,均以公众的利益为前提。"特别是在旅游行业,"客人永远是对的"已日益成为一种信条。但仅做到这一点是远远不够的,从广义上讲,客人只是公众对象的一部分,旅游企业的管理者应具有长远的眼光,把企业目标同客人的需要及社会的要求统一起来。如酒店的经营项目,不能为顾满足部分客人的需要而开设违反国家政策法规的服务内容。所以,关注公众利益、加强与公众的沟通、争取公众的理解、赢得公众的支持,是企业公众意识的重要内容,是现代经营的重要标志。

二、公众分类的依据、作用及公众心理、行为分析

旅游企业公关工作如果没有目标公众,就是无的放矢,公关对象不明确,所制定的公关策略、方法也会因缺乏针对性而影响公关工作的实际效果。因此,公众的划分是开展公关工作的前提和基础。

旅游企业公众对象的构成是复杂的,在制定公关目标、策略和方法时,必须对公众的构成进行分析,了解公众分类标准和方法,从而正确认识自己的公众对象。

(一) 历史上对公众分类的一般依据

1. 根据公众对旅游企业的重要程度分类

根据重要程度分类,可将公众分为首要公众和次要公众。首要公众,即关系组织生死存亡、决定组织目标成败的公众对象,酒店中的 VIP 客人均属首要公众,如美国总统里根在长城饭店设宴、英国女皇在白天鹅宾馆下榻,对于这类公众,旅游企业组织必须高度重视;次要公众,一般是指兼顾的对象。首要公众和次要公众的

划分只是相对的,两者之间存在着相互转化关系,因而次要公众也不能放弃。

2. 根据公众对旅游企业的态度分类

根据公众态度,可分为顺意公众、逆意公众和中间公众三类。顺意公众,是指对组织的政策、行为和产品持认同、赞赏和支持态度的公众,一般来说,与旅游企业组织长期交往的客户均属顺意公众,是旅游企业赖以生存的基本公众;逆意公众,是指对旅游企业组织的政策、行为和产品持反对态度的公众;中间公众,一方面是指对组织的政策、行为和产品持中间态度和观点,或意见不明朗的公众。旅游企业的公关工作就是要尽量减少逆意公众,转变其敌对态度,即使不能使其成为顺意公众,也应争取其成为中间公众。另一方面要努力做好与中间公众的沟通工作,争取他们对企业组织的理解,引导他们成为顺意公众,防止他们向逆意公众转化。

3. 根据公众对旅游企业的认知程度分类

根据认知程度,可将公众分为临时公众、周期公众及稳定公众。临时公众,是指因旅游企业某一临时因素偶尔形成的公众,其多数是第一次知晓旅游企业的人群,公关人员一定要主动抓住时机向他们宣传自己,给这些临时公众留下良好的印象,赢得他们的信任和支持;周期公众,是指按一定规律和周期出现的公众,如度假村接待各国来访客人、旅行社接待节假日游客等,周期公众的出现是有规律、可预测的,其中的一部分有可能转化为稳定公众;稳定公众,是指与旅游企业组织有稳定、持久关系的公众,如酒店的长住客、回头客及旅行社的长期合作单位等,旅游企业往往对稳定公众采取一定的优惠政策和保证措施,以示关系的亲密。

4. 根据受旅游企业影响程度分类

根据受企业影响程度,可将公众分为非公众、潜在公众、知晓公众和行动公众。非公众,是指处在旅游企业组织的影响范围之中,但与旅游企业组织无关,其观点、态度和行为不受旅游企业组织的影响,也不对旅游企业组织产生作用的公众;潜在公众,是指由于旅游企业组织的行为而使某个或某些社会群体面临与其相关的共同问题时,他们却没有认识到问题的存在或问题后果的公众,由于潜在公众在一定条件下可能与旅游企业发生利害关系,因此公关人员要未雨绸缪,加强预测,做到防患于未然,将问题解决在萌芽状态;知晓公众,是指那些由潜在公众发展而来的公众,他们认识到旅游企业组织行为及其所引起的问题,并要求对这些问题有较全面的了解但尚未采取行动的公众,如当饭店、旅行社因工作、服务不周到而给客人带来不便时,客人对这一问题表示关注或表现出不满时,公关人员就应采取积极主动的姿态,及时了解问题,并将问题发生的原因及解决措施及时告诉客人,以满足其知晓心理,使客人对饭店、旅行社组织产生信任,从而化不利为有利;行动公众,是由知晓公众发展而来的公众,他们不仅意识到问题的存在,而且开始实施或采取行动来解决他们和旅游企业组织之间存在的问题,这时,旅游企业公关人员对客人提出的投诉、索赔等问题要及时解决,但这种反应不能停留在语言或文字上,而必须有实际行动,面对行动公众,旅游企业除采取相应的行动外别无选择。

5. 根据旅游企业所处的内外环境分类

我们通过长期的研究,认为根据旅游企业内外环境分类比较恰当。我们将与旅游企业相关的公众分为内部公众和外部公众:内部公众,是指与旅游企业组织具有最直接、最密切的利益关系的内部成员,他们是旅游企业公共关系工作中最基本、最主要的公众,与旅游企业组织是部分与整体的关系;外部公众,是指与该组织有着较密切联系和较主要利益关系的社会群体,其主要包括顾客群体、客源机构、社区、新闻媒介机构、政府部门、同行单位、金融界等,他们是旅游企业公共关系的重要目标公众。在现代社会里,旅游企业与社会之间存在着密切和广泛的联系,能否处理好与外部公众间的关系是衡量一个组织机构社会形象的重要标准。

(二)公众分类的作用

1. 为旅游企业公共关系调查研究和形象评估确定范围

旅游企业要了解自己的公众形象、寻找形象差距、确定公关方向,就必须找到相应的公众,确定公众范围,避免因公众环境不清而造成工作盲目性和不必要的浪费。

2. 为旅游企业制定公关政策、设计公关方案明确目标和方向

正确的政策和成功的方案是公关活动的灵魂。在实际操作中,公关工作总是针对一定的目标公众,由于目标公众的性质、特点、范围、问题不同,因此把握公众、了解公众便显得至关重要。

3. 为旅游企业公关活动的组织和运行打下基础

公关策划成功与否,要通过实际的公关活动来检验。只有通过对公众的细分,才能有效、合理地分配公关资源,使人、财、物的投入更为科学,进而使整个公共关系活动得到良好的控制和管理。

4. 为旅游企业科学评审公关工作的效率提供依据

只有细分公众,了解他们是否收到了与之有关的信息及其态度、行为的变化,收集公众的评价和反应,分析预期的形象效果与他们的实际评价还有多大差距等,才能准确判断公关工作的针对性、适应性、有效性,正确判断公关传播的效果。

(三)公众心理和公众行为简要分析

研究公众对象的一个重要内容,即对公众的心理和行为进行分析,使旅游企业的公关传播、沟通工作具有较强的针对性和科学性。

1. 公众需求与公众行为

所谓需求,是指人对特定目标的渴望与追求。它是推动行为产生的直接动力。人的行为总是直接或间接、自觉或不自觉地表现为要实现某种需要。了解公众需求,是为了满足其需求,从而引导其行为,实现公众对旅游企业组织支持的目的。

人的需求是多样化的。美国心理学家马斯洛在《调动人的积极心理论》一书中提出的"需要层次论",较为全面地分析了人类需求的内在结构和发展层次。他将人的需求分为五个层次:即生理需要、安全需要、归属和爱的需要、尊重需要和自我实现需要。这五个层次的需要是普遍存在的。他认为人只有低级需要满足后才会产生高一级的需要,对满足需要的追求是社会发展的原动力。高层次的需求虽然与生存并非直接相关,但其愿望更强烈,一旦满足将使人产生极大的心理上的幸福感和精神上的愉悦感。人可以在一定时期内同时存在几种需求,但其中只有一种是最强烈和最迫切的优势需求,人的行为受最强烈、最迫切需求的支配。人的哪一种需要最缺乏,其需要程度就会变得最迫切,对行为的影响程度就最强。研究人的需要,尤其是人的"优势需要"是饭店、旅行社企业公关工作的重要内容,应该把这一点作为制定公关政策的依据,并作为审核公关效率的标准之一。

2.知觉选择与公众行为

知觉是人脑对直接作用于它的客观事物的整体反映,一定的知觉会直接引发一定的行为。在不同的环境,人对同一事物会产生不同的知觉,从而导致不同的行为。旅游企业要使公关活动具有实效性,就应对公众的知觉进行研究,并根据公众的知觉状况来设计公关传播的内容、渠道和方法,以对公众的知觉过程施加影响。

知觉有其自身的特性,它会对人们认识世界的过程产生作用和影响。由于受主观因素的制约,人们对客观事物的知觉往往会产生认识上的变形或曲解,我们有必要对产生这种现象的原因加以分析。

(1)知觉选择。人们在面对客观世界众多事物时,习惯选择其中少数事物作为知觉对象以形成清晰的知觉,而对其他事物视而不见。造成这种知觉选择的原因有二。一是主观原因,人们往往根据自己的兴趣、知识、经验、偏好、价值观等,有选择地注意、理解、记忆外界的事物。如节假日打算出游的人,便对报纸、电视中的旅游信息特别关注。二是客观原因,由于事物的外在特征明显、与众不同,从而引起人们的注意并留下深刻印象。如色彩反差较大的图案容易引起人们的注意。

旅游企业在开展公共关系活动时,要分析、研究影响公众知觉选择性的主、客观因素,设法根据公众知觉的选择性来加强传播的针对性和有效性。

(2)知觉成见。所谓知觉成见,是指人们在知觉事物时所出现的一种片面认识,也称知觉偏见。造成知觉成见的因素很多,主要有以下几种。

①首因效应,即第一印象的强烈影响。第一印象一旦形成就比较难以消除。因此旅游企业的产品和组织行为要尽力通过公关传播给公众留下一个良好的第一

印象,以避免不良第一印象所造成的知觉片面性。

②定型作用,又称刻板印象。它是因僵化概念而对人的知觉产生的影响。在日常生活中,人们往往自觉或不自觉地凭借以往的知识、经验来评价人和事物。如认为年轻医生的医术不如老医生;洗衣机洗衣物不如手洗干净等。这种刻板印象一旦在人的头脑中定型就很难改变,并会使人在新的认识过程中出现偏差,妨碍对人、对事的正确判断。公共关系工作一方面要研究和改变公众的某些刻板印象,使企业形象与公众印象相吻合;另一方面也要努力传播新观念、新知识、新经验,以改变公众某些狭隘的成见和偏见以及由此而形成的误解。

③近因效应,即最近或最后印象的强烈影响。事物给人留下的最后印象往往非常深刻,并难以消失。对某事物或某个人接触时间延长,其新信息就会对人的认识产生新的影响,甚至会改变原来的第一印象。这种近因效应应引起公关人员的高度重视,注意用新信息去固定公众原来的良好印象或改变原来的不良印象。

上述几种知觉现象都是常见的心理状态,它们既有积极的定向作用、稳定作用,也有消极的误导和妨碍作用。公关工作必须分析、研究影响公众知觉的主、客观因素,设法根据知觉的特征来策划公关活动,并提高针对性和效能性。

3. 个体倾向与公众行为

个体倾向是个人心理特征和心理素质的总和。人与人在气质、能力、性格等方面的个别差异,体现着人的意识倾向性。如兴趣、爱好、需要、动机、理想、信念等个体的倾向性。个体倾向并非与生俱来、一成不变,而是受其环境与社会关系的影响和制约,具有一定的可塑性。

(1)价值观与公众行为。价值观是人们对于是非、善恶、好坏的评价标准;对自由、幸福、荣辱、平等这些观念的理解和轻重主次之分,是影响个体行为的重要因素。价值观是人生观的核心,人的价值观不同,决定了人们行为上的差异。旅游企业公关人员应认真研究公众的价值观,根据公众的价值观来设计和调整传播、沟通的方针、政策和形式。

(2)态度与公众行为。态度是个体对某一现象所持的观点和行为倾向的总和,它受价值取向的支配,对行为产生指导性或激励性,具有内在的影响力。

公众的态度,是企业形象和企业与公众之间的关系状态在公众心目中的反映,因此研究分析公众的态度,影响和改变公众的态度是公关工作的重要课题。

态度受三种要素的影响,即认知要素、情感要素和意向要素。认知要素是主体对某对象整体的了解和评价;情感要素是对某对象的心理体验和好恶情感的反应程度;意向要素则是个体对某对象的生理体验,即行为倾向。如对某人印象好(认知因素),就产生尊敬和喜欢的感情(情感因素),于是创造机会接近他(意向因素)。这三种要素通常是协调一致的。影响或改变公众的意图是一件比较困难的事情,因此对意向倾向的改变,要从对认知倾向和情感倾向的改变开始。可见,影响公众的态度包括同时影响公众的认知因素、情感因素和意向因素三个方面。公共关系工作需要研究如何通过宣传、教育、引导、参与活动来影响或转变公众的态度,使之对组织的发展有利。

4. 兴趣与公众行为

兴趣是人们力求认识某种事物或爱好某种活动的倾向。它表现为对某项活动或某种事物的热情和兴趣。一般来讲,直接需要引发直接兴趣,间接需要引发对本无兴趣的事物产生兴趣。如想出国深造的人会努力学习外语,也许他原来对外语学习并不感兴趣。兴趣与情感相联系,人们只有对事物有深刻认识,才会对该事物产生浓厚的兴趣,认识越深,情感越强烈,兴趣才会越深厚。公关工作一方面要根据公众的兴趣来设计、组织活动,以吸引公众的参与;另一方面也要创造条件来培养公众的兴趣,通过适当的形式把公众的兴趣引导到自觉需要的轨道上来。

三、目标公众确定的重要意义

公众环境是由各种不同性质、不同特征、不同类型的公众对象组成的。旅游企业的公关策略和传播措施要有可行性,就必须具有针对性,即确定具体的目标公众。目标公众确定的重要意义有以下几方面。

(一)有助于旅游企业确定公关调研和形象评估的范围

旅游企业公共关系工作是从调查研究开始的。要正确评估旅游企业形象,确定公共关系问题,首先必须确定目标公众。只有这样才能避免因公众环境不清而造成旅游企业公关工作的盲目性和不必要的浪费。

(二)有助于旅游企业制定正确的公关政策和设计成功的公关方案

正确的政策和成功的方案是旅游企业公关活动的灵魂。科学的决策和周密的策划是建立在对目标公众的了解和分析基础之上的,通过对目标公众的把握,可以为制定不同的政策、策划有针对性的方案提供依据并指明方向。

(三)有助于旅游企业公共关系活动的有效组织和正常运行

旅游企业公关工作的成功,要靠组织实际的公共关系活动来体现,而实际传播沟通活动的许多环节都离不开对目标公众的认真研究和分析,只有在此基础上才能使"说"和"做"具有更强的针对性。

(四)有助于旅游企业科学评价公关工作的效果

只有确定目标公众,才能准确判断公关工作的针对性、适应性、有效性,才能正确收集公众的评价和反应,才能准确分析公共关系传播的效果。

第二节　旅游企业主要目标公众

一、饭店企业目标公众举要

(一) 内部公众

内部公众是指饭店内部沟通、传播的对象,即全体员工和股东构成的公众群体。内部公众既是内部公共关系工作的对象,又是内部公共关系的主体,是与组织自身相关性最强的一类公众对象。加强与内部公众的沟通,实现内求团结的目的,可以有效增强企业组织成员的主体意识和形象意识。

1. 员工公众

(1) 员工关系的重要性

员工关系是饭店企业最重要的内部公共关系。良好的公共关系应从内部做起,而良好的员工关系是整个旅游企业公共关系工作的起点。

员工是与企业组织发生紧密联系而最接近的公众,他们是企业赖以存活的细胞,与饭店企业的目标和利益关系最为密切。饭店企业的一切方针、政策、计划、措施,包括其价值观和整体形象首先要得到员工的认同,才有可能出现"人心齐、泰山移"的效果。其次员工处于公共关系的第一线,饭店组织的整体形象必须通过他们在各自工作岗位上的良好行为表现出来。如饭店的门童、前台服务员、餐厅服务员等,都直接与客人打交道,是饭店无形的公关人员。他们的一言一行都代表着组织形象,对提高饭店知名度和美誉度起着重要的作用。

(2) 建立良好员工关系的目的

旅游企业内部公共关系的目的是"内求团结",围绕实现这一目标,企业建立良好员工关系的具体措施有四个:一是培养员工对企业的认同感,即通过信息双向沟通,使员工更好地理解和自觉执行企业的各项规章制度和措施;二是提高员工对本职工作的责任感,就是要使员工认识到企业重视每一位员工的贡献,珍惜每一个员工的创造性,从而调动广大员工的工作主动性和积极性;三是培养员工为企业工作的自豪感,就是要使员工知道自己所在的饭店企业在社会上、同行业中的地位,知道饭店所取得的成绩及对社会、国家的贡献,了解企业的发展远景,从而激励员工为维护企业的良好社会形象而努力工作;四是培养员工对饭店企业的向心力和归属感,关心员工福利,重视员工发展,充分发挥员工的才能,让员工体验到组织的温暖,强化员工与企业之间的感情联系。总之,员工关系是饭店企业内部组织成员之间的关系,做好饭店内部员工之间的公关工作,实质上就是加强了饭店的管理工作。因此,饭店企业领导和公关人员要注意研究和学习管理理论和方法,不断提高管理水平。

(3)搞好员工关系的策略

搞好饭店的员工关系可以采用以下几种策略。

第一,尽量满足员工的物质需要。物质需要是调动员工积极性、维持劳动热情的基本保证。饭店企业要通过工资、奖金、福利、保险等手段,满足员工在衣、食、住、行、安全等方面的基本物质需要,公关部应通过内部信息交流,随时了解员工的各种物质需求并及时反馈给决策层,对员工正当合理的物质需要,力求迅速解决,消除员工的误会,变消极情绪为工作热情。

第二,尽量满足员工的精神需要。精神需要是挖掘劳动潜能、调动员工积极性的重要手段。饭店企业首先要尊重、信任员工,把员工视为饭店企业最宝贵的财富。饭店是一个系统,每个部门、每个岗位都是饭店系统中的子系统,而每个岗位上的员工又是子系统中的一个要素,饭店管理者对每个员工要时时表现出上级的关心,不能对员工歧视或随意摆布;其次饭店管理者要重视对员工的激励,对员工取得的每一点成绩和进步都应给予及时、充分的肯定,予以表扬或奖励,大力宣传员工的成绩,树立先进典型。

第三,要重视信息的双向沟通。内部公关就是要充分利用信息的双向沟通,使饭店的管理者与员工达成相互理解。信息共享是形成内部良好公共关系的关键,如果员工对企业情况不了解,特别是对与员工切身利益相关的情况和高层管理者对员工的情绪、意见、要求、建议全然不知或一知半解,那就必将形成管理者与员工之间的隔阂。处理好内部公共关系就必须要做好信息的双向沟通,这就是我们常说的"上情下达"和"下情上达"。在注意保密的前提下,饭店应通过各种传播形式,如饭店杂志、小报、板报、宣传橱窗、传播媒介等,让员工及时了解饭店经营销售业绩、服务质量状况、管理层的人事变动、奖金福利政策、客人及外界对企业的评价等情况。了解是理解和谅解的基础,员工只有充分了解了饭店的情况,才能与饭店同呼吸、共命运。另外,饭店也需将员工的情绪、意见、愿望、要求以及合理化建议等及时归纳综合,反映给最高管理层或有关部门,以作为管理者决策的依据。这样既体现了管理者的民主作风,也有利于提高员工参与饭店管理的积极性。

第四,加强饭店管理者与员工的情感交流。感情因素是形成良好员工情绪和气氛、形成和谐人际关系的条件。为了满足员工在情感方面的需要,饭店管理者需想方设法促进员工之间、员工和管理者之间的情感交流。可利用员工俱乐部的形式,让员工在业余时间参加活动,加深彼此间的相互了解。还可适当组织一些集体娱乐活动,如郊游、运动会、联欢会等,为员工提供活跃业余生活和交流情感的机会。饭店管理者应以一个普通员工的身份积极参与集体活动,这无形中就架起了领导与员工感情交流的桥梁,使员工感觉到企业领导的平易近人,也使企业领导能及时了解普通员工的情绪与各种意见和建议。

第五,加强饭店的企业文化建设。这里所指的企业文化,是指饭店企业根据自己的特点,为达到一个共同认可的目标,为饭店生存和发展而建立的一种精神理念系统。企业文化的内涵很丰富,它包括饭店的历史、传统、目标、风格、精神、信念、经营理念、行为规范、职业意识、职业道德等。建立企业文化,树立企业精神,是培养员工认同感、归属感的重要途径。饭店精神与文化对塑造员工的个性、满足员工的心理需要、激发员工的自豪感和责任心,具有巨大的潜移默化的作用。

2. 股东公众

(1) 股东关系的重要意义

股东即投资者,股东关系就是饭店企业与投资者的关系。在资本主义企业中,股东关系是一种常见的公共关系。第二次世界大战后经济迅速发展,企业急需资金用于发展生产,而广大中产阶级的经济能力已由消费型转为投资型,正在持币寻找投资方向。随着资本市场的发展,掌握企业股权的不再是少数富人,而是逐渐形成了一支由中产阶级为主的阵营强大的股东队伍。他们占有企业的股权,分享企业的利润。我国改革开放以来,随着经济体制改革的不断深入,外资、合资饭店企业逐渐增多,一些国有饭店也开始转换经营机制,实行股份制。各类经济成分的饭店企业的诞生顺应了我国市场经济发展的客观需要,并以强有力的生命力,引领着新时期我国饭店企业的发展方向。因此,妥善处理好股东关系,已成为我国饭店企业公共关系的重要内容。

(2) 建立良好股东关系的目的

建立良好股东关系的根本目的就是通过加强饭店企业与股东之间信息的双向沟通,争取现有股东和潜在投资者对饭店的了解和信任,创造有利的投资环境,稳定已有的股东队伍,吸引新的投资者,不断扩大饭店的财源。

(3) 搞好股东关系的策略

通常,建立良好的股东关系主要采用以下几种策略。

第一,尊重股东的权力,及时与股东沟通信息。股东关心饭店的经营成果和发展目标,因此饭店企业应将信息以最快的速度传达给每一位股东,使他们优先获悉饭店的新动态,从心理上满足股东的"特权意识"。与股东沟通信息的具体方式是多种多样的,主要有:①每年定期举行股东大会,提供图文并茂、数据准确的年度经营报告,并由饭店总经理向董事会、股东会(或股东大会)汇报饭店目前的经营情况及下阶段的经营方针和发展计划,争取股东的理解与支持;②编制股东公共关系刊物,使股东随时了解资金运转情况和经营状况,以及人事变更的缘由;③举办股东座谈会,征询股东对饭店经营管理的意见与建议,增加透明度,让股东参与饭店大政方针的决策,充分调动股东的主人翁责任感;④随时通过信函和各类股东保持联系,不断向股东传达饭店信息,增强饭店与股东间的凝聚力;⑤适当组织一些联谊活动,邀请股东参观饭店,通过交流思想、联络感情,使饭店与股东之间形成一种情感纽带。

第二,发挥股东作为饭店主人的作用。股东与饭店之间的关系,不是一种单纯的金融关系。从公关角度看,不应将股东关系仅仅当作财务关系来对待,而应将他们视为饭店的主人,是饭店的内部公众和最可靠的顾客群。饭店应争取股东为饭店经营决策出谋划策,激励和吸引股东参加饭店的销售活动。股东生活在社会各阶层,他们消息灵通、各有所长,饭店应利用股东广泛的社会关系来扩大饭店的知名度与美誉度,争取扩大客源,提高社会效益和经济效益。

(二)外部公众

1. 顾客公众

(1)顾客关系的重要性

顾客是饭店企业主要的外部公众,顾客关系是饭店企业公共关系的重要环节,良好的顾客关系是饭店成功的关键。首先,良好的顾客关系是饭店的重要财源,顾客既是饭店的服务对象,又是饭店的衣食父母,没有顾客就没有饭店。其次,饭店产品的特点决定着饭店要有良好的顾客关系。美国饭店管理的先驱斯塔特勒说过一句名言:饭店所出售的东西只有一个,那就是"服务"。饭店企业的生产和消费在同一时间、同一地点同时发生,而且是由服务员面向顾客进行的。服务人员素质的高低、顾客关系的好坏,直接决定着饭店的服务质量。"宾客至上、服务第一"已成为一种公认的饭店企业经营管理思想,这种思想与公关精神是一致的。最后,激烈的市场竞争决定着饭店企业要有良好的顾客关系。随着社会主义市场经济的建立和发展,饭店业市场从过去的"卖方市场"转变为今天的"买方市场"。在经营管理上,各饭店企业都在千方百计争取客源以扩大市场占有率。饭店业的市场竞争主要是服务质量的竞争。顾客是饭店命运的主宰,建立良好的宾客关系,树立饭店的良好形象,提高饭店的声誉,对饭店的生存和发展具有重要意义。

(2)建立良好顾客关系的策略

建立良好顾客关系可能采取以下几种策略。

第一,做好市场调查,了解顾客消费心理。日本著名企业家松下幸之助认为:"强烈的顾客导向是企业成功的关键。"顾客需求是无限的、多样的,顾客消费心理和消费习惯受地区、性别、年龄、文化素养、经济能力、价值观念等多种因素的影响,不同层次的顾客具有不同消费心理和消费习惯。因此,饭店公关人员要熟谙消费心理学知识,善于根据顾客不同特点来推测其特殊要求,并将信息及时反馈给决策层,只有做好市场调查,了解顾客的各种消费需求,才能使饭店企业的经营服务得到社会的认可。

第二，确立"顾客就是上帝"的观念，强化为顾客服务思想。建立良好顾客关系的一个重要前提就是饭店要树立"顾客就是上帝"的经营观念。所谓"顾客就是上帝"，是指饭店的一切经营行为都必须以顾客的利益和需求为导向，把顾客放在首位，努力满足顾客的需要，同时，正确认识饭店与顾客间的关系，是饭店做好服务工作，树立良好组织形象，取得良好社会效益和经济效益的出发点。

第三，适应需要，不断创新，为顾客提供一流服务。在市场经济条件下，饭店必须以顾客需求为导向，不断创新产品，为顾客提供一流的产品和一流的服务。饭店一流的服务包括耐心、及时、周到、礼貌、安全等方面。在饭店企业公关工作中，对有特殊困难的顾客，如老人、病人、残疾人等应给予特殊照顾，为他们提供方便；对长住客、回头客、团队负责人、VIP客等，要建立档案资料并给予特别关注，可为他们免费举行生日庆典、结婚典礼、作品展览等服务活动，使其产生宾至如归之感。

第四，及时妥善处理好顾客投诉。处理顾客投诉是饭店企业公关工作的重要内容之一。投诉也是一种纠纷形态。纠纷未获解决或解决不满意，顾客常采取事后投诉的方法。面对顾客投诉，公关人员应按一定的程序，运用一定的技巧妥善解决。①明确专门负责处理投诉案件的机构，安排专人负责处理投诉案件；②热情接待投诉者，以积极的态度对待投诉，认真、耐心、诚恳地倾听投诉者的诉说，重要细节认真做笔录；③倾听完毕后，首先对投诉者表示感谢，感谢其对饭店业的关心和爱护，并表示对解决问题有信心及责任心；④了解投诉原因和客人的真实想法与要求，如有可能应及时找当事人核实。对不难办到的合理投诉要立即处理；一时解决不了的，可先向客人赔礼道歉，并及时向领导汇报。投诉事件处理后，及时与客人联系或向其通报；⑤对挑剔的投诉客人，本着"有则改之、无则加勉"的态度，礼貌、友善地接待；⑥对投诉信函，记下通信地址，及时转递给有关方面并提出处理意见。处理完毕，立即以公关负责人或经理的名义函告客人。

2. 客源机构公众

（1）搞好客源输送机构公共关系的基础

客源是饭店的生命线，旅行社是输送客源的重要机构。饭店为了保证稳定的客源，需要与国内外旅行社和对口接待部门等客源输送机构建立紧密的联系。客源机构在选择饭店时，主要考虑以下几个因素。

一是良好的信誉和形象，是获得客源输送机构信赖的基础，美誉度高的企业形象是饭店的无形财富。任何一家客源输送机构都愿意与讲信誉、守信用的饭店打交道，并以此来提高自身的信誉。

二是优质的服务是客源输送机构选择合作饭店的另一个重要因素。饭店服务质量的高低直接决定着旅行社客源输送的多或少。为了能让游客在旅途中休息好，客源输送机构会选择服务优良的饭店作为合作伙伴。

三是价格,价格是吸引客源输送机构的重要手段。价格是决定饭店和客源输送机构得以获利的关键因素。饭店的产品价格是客源输送机构的成本之一,饭店与旅行社双方均应本着互惠互利的原则处理相互关系,饭店应给客源输送机构一个比较合理的价格,并在不同时期上下浮动,以达到维持、改善与旅行社关系的目的。

四是地理位置,地理位置也是客源输送机构选择饭店的重要因素之一。一位著名国际酒店管理专家曾说,酒店的经营成功有三个因素:第一是地理位置,第二是地理位置,第三还是地理位置。优越的地理位置能方便客人出行,客源输送机构往往选择地理位置较好,如靠近闹市或旅游景点的饭店作为合作对象。

(2)搞好与客源输送机构公共关系的途径

搞好与客源输送机构公共关系可以采用以下几个途径。

第一,向客源输送机构提供各种促销资料,以让客源输出机构对饭店的特点、服务水平、管理能力有一个全面了解,从而做出有利于饭店的选择。

第二,通过函件、人员访问、放幻灯片、录像片、电影,在旅游杂志刊登广告等方法,使客源输送机构了解饭店的各种变化、计划、新的产品和服务及饭店所在地发生的特殊事件。

第三,为客源输送机构提供订房方便。可以采用通信新技术,设置订房专用电话或网上订购,并及时将订房规定通知客源输送机构,使客源输送机构能够直接向饭店订房。

第四,实行奖励。可免费为客源输送机构人员提供食宿,免费邀请客源输送机构人员到本饭店做客等。

第五,征询客源输送机构对饭店工作的意见,定期向客源输送机构了解客人的意见和反应,并积极协助客源输送机构进行推销活动。

真诚合作、互惠互利是饭店与客源输送机构合作所应遵循的原则。对各类旅行社和各级接待部门,饭店都应一视同仁。饭店企业应该本着真诚相待、友好团结的精神,把合作过程看成增进友谊、交流感情、广交朋友的过程,为下次合作打下坚实的基础。

3. 媒介公众

媒介公众是指新闻传播机构及其工作人员,如报社、杂志社、电台、电视台的编辑、记者等。媒介关系是旅游企业对外公关工作中最敏感、最重要的一部分。

(1)媒介关系的重要性

媒介能帮助旅游企业传播形象,创造无形资产。如大众媒介,具有传播速度快、覆盖面广等特点,对推销和塑造旅游企业的形象具有重要作用。许多企业往往通过电视、广播反复播放其广告或有关信息,使自己的形象在消费者心目中牢牢扎根。媒介能帮助饭店矫正舆论导向,排除误解与障碍。如新闻媒介,具有权威性、客观性、及时性、独立性等特点,通过新闻传播,能使某个人或某企业一夜成名,妇孺皆知;也可使某个人或某企业臭名远扬,一败涂地。

(2)搞好媒介关系的方法

"加强联系、密切合作、以诚相待、一视同仁"是维系良好媒介关系的原则。具体的方法有以下几方面。

第一,饭店企业公关人员要主动保持与新闻界的联系,及时提供有价值的信息材料,主动邀请有关记者来企业采访。公关工作不能滞后,只能超前,注意保持与新闻界的密切合作,寻找一些双方都感兴趣的话题,为彼此间创造良好的合作环境。对有利或不利于企业的报道都要以认真、友善的态度来对待。

第二,要了解各类新闻媒介的特点和特殊公众群,摸清各类新闻媒介的报道特色、编辑风格、发行时间和渠道、发行地区和数量,甚至要掌握一些记者和编辑的爱好,这样才能充分利用各类传播媒介为企业做有效的宣传。

第三,安排有专长的人员与编辑、记者保持经常联系,定期寄送有关资料,并经常组织一些参观、访谈、游览、联欢之类的活动。

第四,适时召开记者招待会、新闻发布会,向新闻界提供有关饭店的重要信息。新闻发布会、记者招待会场面隆重,影响力度大,是其他方法难以取代的。

4. 政府公众

政府是饭店企业的权力公众,政府关系,是指饭店企业与政府及其各职能机构、政府官员之间的沟通关系。任何饭店作为社会系统的组成要素,必须服从政府的统一管理。因此政府关系是饭店企业公共关系的重要组成部分。

(1)建立良好政府关系的重要性

饭店企业作为独立的经济实体,与各级政府职能机构有着不可分割的关系。饭店企业的发展只有与社会经济发展战略相一致,只有符合社会经济的发展要求,才能得到政府在财政、税收、信贷等方面的支持。政府还是一个有效的协调机构与信息库。它通过有效手段,协调饭店企业与其他社会组织在经营中发生的冲突与摩擦。在政府的帮助下,饭店企业可以寻找合适的合作伙伴,以加速饭店企业的发展。

总之,政府与饭店企业是一种行政领导、指导协调、检测监督、扶持与服务的关系。饭店企业协调好与政府关系的目的,就是为了更好地争取得到政府各职能部门的谅解、支持和帮助,以利于饭店企业的生存和发展。

(2)处理政府关系的艺术

第一,认真研究、准确掌握、坚决贯彻政府的政策法令,使饭店的一切活动在政策法令许可的范围内进行。还要注意政策法令的变动情况,随时调整饭店的目标、计划和公关活动。

第二，积极进行沟通，扩大企业的影响，争取政府的信赖。饭店企业应主动向政府有关部门提供信息、通报情况，呈报经济活动的各项数据、资金的运营情况、有关计划、总结报告，邀请政府官员参加饭店举行的重大活动等，使政府了解饭店企业对社会、对地区经济发展的贡献，以增强对饭店的信任度。

第三，熟悉政府机构的具体设置、职责分工、负责人员，以保证饭店企业有效地开展工作。饭店企业应设置专人负责与政府主管人员保持经常往来和密切联系。

5. 社区公众

社区公众是指饭店企业所在地的区域关系对象，包括当地的管理部门、地方团体组织、左邻右舍的居民等。社区关系也称区域关系、睦邻关系。

饭店企业生存于一定的社区环境，与社区有着千丝万缕的联系。因此必须讲究睦邻之道，争取社区公众的支持与合作，为饭店创造一个"天时、地利、人和"的发展环境，建立一个良好的生存空间。

（1）社区关系的重要性

社区是为饭店企业发展提供劳动力资源的基地，是饭店内部员工关系的延伸；社区能给饭店企业提供电力、水力能源及土地、原材料等资源；社区可为饭店提供治安、环保、商店、学校等各方面的社会服务；作为饭店企业生存与发展的直接环境，社区还具有一定的购买力和消费水平，是一个相对稳定的市场。

（2）搞好社区关系的方法

社区关系不同于饭店企业的其他外部关系，它是一种以地域关系为纽带而形成的较为稳定的关系。社区公众属多层次、多种类且分散型社会公众，要搞好社区关系，必须抓住共同利益这个根本。

第一，维护社区的环境。饭店企业所在的社区是社区公众居住、生活的区域，因此，要有效地控制"三废"，防止环境污染，这是社会公众一项最基本、最合理的要求。如果是饭店企业，社区公众还希望饭店建筑物外表典雅美观，周围环境美丽宜人，往来车辆不制造噪声，广告牌与社区环境协调而不杂乱。

第二，积极参与社区的社会公益事业，参加各种集资、捐赠、赞助活动，尤其对教育、医疗、体育、卫生、社区福利事业持热心态度，采取不同形式的支持方式，以获得社区公众的信任与好感。通过支持社区的各项活动，饭店企业应向社区公众显示，企业不仅仅是一个营利性的企业，同时也是一个尽力承担社会义务的优秀社会成员。

第三，当社区遇到危险情况，如火灾、车祸、暴力事件等灾难性事件时，饭店企业应挺身而出，配合社区有关部门采取各种应急措施，在"共患难"中树立形象。

第四，利用饭店企业自身优势，兴办附属企业，解决社区部分居民的就业问题，帮助社区居民改善生活,增加福利。通过附属企业开展职工培训,提高社区就业人员的文化素质和文明程度,促进社区的精神文明建设。

6.国际公众

国际公众,是指饭店企业的产品、人员及其经营活动,在涉外领域所面对的他国公众对象,包括对象国的企业、商人、旅游者等。

(1)国际公众关系的重要性

国际公众一般包括旅游者、外国驻华使节、外国驻华专业人员和来华投资的外商等。其中主要是旅游者。旅游者来华的主要目的是观光旅游。他们来自世界各地,具有一定的经济实力。从传播学角度讲,他们是积极受众,从公关的角度看,他们是饭店企业公共关系的行为公众,他们对饭店企业的印象决定着饭店企业在国际市场上的形象。饭店企业进行国际公关工作就是要争取国际公众对企业的了解、理解、认可和支持,为企业塑造良好的形象,创造良好的国际声誉。

此外,在华工作的外国专业人员、在华投资的外商及驻华机构的工作人员也是旅游涉外公关的重要对象。由于他们对我国了解程度较深,并具有自己的独到观念及看法,与他们打交道要谨慎、细致,注意把握政策的原则性与灵活性。与他们建立良好关系,饭店企业组织将从中受益。

(2)开展涉外公共关系的原则

在制订涉外公关计划与实施时,必须体现和服从我国的大政方针,以及其他各项政策、法规和原则。

第一,优化形象原则。涉外公关的主要目的是树立饭店企业的良好形象,扩大宣传,增强影响,争取国外公众的信任、好感与支持,为企业的组织目标服务。

第二,增进效益原则。饭店企业涉外公关活动主要是为适应开拓市场、争取客源而开展的,因此,要注重为饭店组织增进效益创造条件。

第三,针对性原则。涉外公关所涉及公众的所在国家、地区不同,历史、文化背景也不同。因此传播信息要有针对性,要尽量符合外国公众的语言、文化和风俗习惯,对不同国度的公众,解决问题要采取不同的措施,尤其注意不可触犯外国公众特有的风俗民情、宗教信仰禁忌,以避免引起反感,影响公关效果。

(3)开展涉外公共关系的方法

第一,组织开展别出心裁、别开生面的涉外公关活动。要把饭店企业的经营特色、技术力量、独到的经营观念和独特的外观形象,通过各种渠道和富有创意的传播手段,生动、风趣地亮相,以引起外国公众的注意,并留下深刻印象,使企业的知名度、美誉度得到提高,为今后的发展铺平道路。

第二,进行监测和预测。涉外公关活动包括监测所在对象国政治、经济、市场、社会舆论和公众需求的变化等,在监测的基础上进行分析、预测,为饭店组织制定总体目标和决策提供咨询依据。

第三，搜集信息，扩大宣传。随时搜集、汇总各种信息情报，编纂和印刷饭店企业专刊，制作和发行宣传材料，加强宣传攻势，可对外国公众产生一定的吸引力。

二、旅行社企业目标公众举要

旅行社公关对象同饭店公关对象一样可分为两种类型，即：内部公众和外部公众。旅行社和饭店公关对象既有共性，也有差异，下面简单介绍旅行社目标公众。

（一）员工公众

旅行社经营者与员工的关系是企业公共关系的重要方面。要树立良好的企业形象，必须有良好的员工基础。首先是培养员工对旅行社组织的认同感、归属感，才能创造和谐的人事环境。

1. 了解员工的思想和要求

了解员工思想和要求的目的，一方面是为了及时改进并解决存在的问题，另一方面是为了加强与员工的沟通。只有充分了解员工，才能采取适当方法，建立起员工对旅行社企业的信任和信心。了解员工的思想和要求，通常可以通过谈话、开会、出版内部刊物等形式。其中，旅行社领导与员工直接沟通是最有效的方式。

2. 对员工进行多种能力培训

社会在进步、知识在更新，旅行社管理者要有计划地对员工开展业务培训和技术培训，目的是为了提高员工的素质，挖掘员工的潜能，发挥其积极性，为员工个人的发展打下良好基础，同时也增强员工对企业和个人前途的信心。

3. 组织各种活动，提高职工福利

员工是旅行社最亲密的公众，旅行社的目标只有通过员工的努力工作才能实现。所以，旅行社应多组织旅游、联欢、参观等各种活动，以联络感情，融洽员工之间的关系，创造和谐的工作气氛。如有可能，旅行社还应尽力为员工家庭排忧解难，如为员工提供住房、提供用车方便等，为员工能专心工作解除后顾之忧。

目前我国的旅行社国有性质居多，合资、合作、独资的三资旅行社较少，与国外旅行社合资经营的就更少。我国加入 WTO 之后，旅行社面临着更大挑战，2003 年，国家将允许外国旅行社与中国旅行社进行合资经营；2005 年外国独资旅行社将进入中国内地；三资旅行社或股份制旅行社是今后旅行社业发展的趋势。

（二）旅游者公众

没有旅游者，旅行社就无法生存，因此旅行社的公共关系必须以旅游者关系为重点，一切其他方面的关系，如员工关系、媒体关系及社区关系等，都是为争取与旅游者建立良好关系而服务的。

市场经济条件下，旅游者就是市场。有了旅游者就有了市场，旅行社的经济效

益就有可能实现。因此,建立良好的旅游者关系是旅行社市场经营的生命线。

认真做好对旅游者的公关工作,首先要树立"游客就是上帝"的经营思想。旅行社的公关人员应运用各种传播方式,在旅行社管理的各个环节去培养和树立上述经营思想,并将其转化为全体员工的实际行动。

(三) 景点、交通运输、饭店、商场、娱乐等企业公众

旅行社是旅游活动的组织者,其接待工作主要依靠经营伙伴一起来完成。从旅行社与经营伙伴之间的关系而言,大家都是为旅游者提供服务的,因而在根本利益上是一致的。旅行社客源增加了可以刺激交通运输、饭店、商店、娱乐、景点的发展,而这些企业的发展,又会促进旅行社的兴旺,彼此间是相互依存的协作关系。因此,旅行社在对上述公众开展公共关系活动时,应本着"双赢"的思想求得互惠互利,并尽可能地让利于协作伙伴,以求得长久合作与共同发展。

(四) 媒介公众

公关工作信奉"做了好事就要说"的原则。旅行社有了卓越成绩,为社会做出了贡献,或有重大举措时,应通过新闻媒介广为宣传,以提高知名度和美誉度。在对新闻媒介开展公关活动时,旅行社公关人员应做好以下几方面的工作。

1. 坚持新闻材料的真实性

公共关系强调用事实说话,讲究真实性是公关工作的一项基本原则。公关人员提供的新闻信息必须真实、准确。

2. 了解和熟悉新闻界

旅行社公关人员要与新闻界搞好关系,一要做到熟悉新闻界,二要为新闻界的来访提供全面的合作。公关人员要对不同媒介的不同特点和要求有足够的了解,甚至掌握编辑、记者的工作范围、个性、爱好,要和编辑、记者广交朋友,经常保持联系,以使新闻界了解旅行社的近况。

3. 善于制造新闻

公共关系人员与新闻界打交道,最重要的是要有新闻线索、新闻素材。在某些情况下,公关人员应充分挖掘事件深度及宣传活动的新闻价值,从而创造新闻。

(五) 政府公众

旅行社的发展离不开政府的帮助和支持。在经营活动中,旅行社需要同政府有关职能部门和管理机构打交道,如工商、税务、海关、公安等。旅行社要与政府机构及其工作人员建立良好关系,争取政府对旅行社的了解、信任和支持,因为政府的认可和支持是最具权威性和影响力的认可和支持。

(六) 国际公众

在我国旅游业发展中,国际旅游者占有极其重要的地位。旅行社国际公众主要包括外国旅游者、外国旅游经销商和代理商等。由于国际公众所处的国别、地区

不同,社会制度不同,语言、文字、历史、风俗也不相同,因此搞好国际公众关系虽然具有跨文化沟通传播的意义,却给旅行社开展公关活动带来了困难。旅行社要建立与国际公众的良好关系;首先应守合同、讲信誉,做好对外国旅游者的服务工作;其次,在沟通传播中要尊重对方的宗教信仰、生活习惯,传播沟通的方式应有针对性。总之,旅行社搞好国际公众关系的目的,是争取国际公众和舆论的了解、理解、认可和支持,为旅行社塑造良好的国际形象。

三、其他旅游企业目标公众举要

除了旅游企业组织之外,还有一些非营利性的旅游组织也需要实施公共关系活动,如旅游行政管理部门和旅游社团组织。明确它们的目标公众,对于树立良好的社会形象,扩大社会知名度和顺利完成组织的发展目标都具有积极的促进作用。

(一)旅游行政管理部门目标公众

旅游行政管理部门是建立在旅游经济基础之上的上层建筑的核心部门,是对旅游活动进行宏观管理的官方组织,在旅游行业协调中发挥着重要的公共关系作用。从旅游行政管理部门的职能来看,其实施公共关系的对象主要包括旅游企业公众、旅游者公众、媒介公众以及国际公众。下面简单介绍旅游行政管理部门的目标公众。

1. 旅游企业公众

虽然社会主义经济体制的改革,使得旅游行政管理部门对旅游企业经营决策的干预大幅度削弱,但两者之间仍然存在着千丝万缕的联系。旅游行政管理部门作为旅游业发展在一线的管理者和组织者,其对旅游企业的态度直接影响着旅游企业的经营活动能否顺利进行,对旅游企业的生存与发展发挥着至关重要的作用,离不开旅游企业的支持。同时,旅游企业对旅游行政管理部门的支持也会促进当地旅游经济的良性发展。因此,旅游行政管理部门与旅游企业之间要建立互助互惠的良好关系。旅游行政管理部门在宏观调控,实施管理行为时,要本着为旅游企业服务、保护旅游企业合法权益的原则,为旅游企业的经营活动创造一个优良的环境。通过奖励、扶持一批信誉好的旅游企业,采取明确的奖惩措施,建立规范的约束机制和保障措施,维护旅游市场的良好秩序,促进旅游企业健康发展。

2. 旅游者公众

旅游者是旅游现象发生的主导因素,处于旅游活动的中心地位,也是旅游行政管理部门实施公共关系的重要对象。旅游行政管理部门作为公益性组织,其工作的开展离不开旅游者的认同、理解和支持。这就要求旅游行政管理部门取信于民,讲究信誉,提高美誉度,追求社会效益。

(1)完善沟通机制,疏通渠道。广泛开展各种类型的民意调查,倾听旅游者的意见,接受旅游者监督;及时准确地向旅游者提供各种信息,宣传工作方针和政策;开辟政民之间的多种联系渠道,尽可能地加强与旅游者的联系。

(2)多办实事,取信于民。旅游行政管理部门应牢固树立"一切为了群众利益"的意识,并在各项工作中体现出来,树立务实求真、开拓创新、办事高效的良好形象。

(3)加强廉政建设,纠正不正之风。各级旅游行政管理部门应增加工作的透明度,形成制度化、规范化;充分发挥舆论监督和社会监督的作用,勤政为民。

3. 媒介公众

公共关系工作信奉"做了好事就要说"的原则。旅游行政管理部门作为政府职能部门,追求的是社会效益。其社会效益来源于良好的形象和美誉度,而形象和美誉度的传播要依靠媒体。这就要求旅游行政管理部门与新闻界搞好关系。一方面要熟悉新闻界,主动保持与新闻界的联系与沟通,并及时提供相关的行业信息;另一方面要尊重新闻界人士,支持新闻事业的发展,为新闻界的来访提供全面的合作,并保证信息的准确性和可靠性。

4. 国际公众

旅游行政管理部门的国际公众包括外国旅游者、外国旅游企业以及外国政府机构。随着我国旅游业加入WTO,国与国之间的交往也越来越频繁。因此,树立一个良好的国际形象,争取更多的国际支持、理解、合作,对我国旅游业的发展就显得越来越重要。这就要求旅游行政管理部门要为建立与国际公众的良好关系制定一系列优惠政策,协调国际企业与本土企业在行业内的和谐发展。

(二)旅游社团目标公众

旅游社团组织主要分为两类:一是旅游行业组织,主要以协会形式存在;二是旅游学术组织,主要以学会形式存在。这两类组织均属于非营利性组织,其主要目的是提高旅游行业整体素质,促进旅游组织间的相互协调和保护行业内各组织及旅游公众的利益。它们对外代表本行业进行沟通协调时,以维护共同利益为基本任务;对内协调行业内部企业组织间的关系,解决行业内所面临的问题,为国家旅游业的发展创造条件。

虽然旅游社团组织是非营利性组织,但为了在行业中增进了解、建立信誉、影响社会、树立形象、赢得支持,也需要开展公共关系活动。随着我国旅游业的不断发展、对外开放范围的进一步扩大,各类旅游组织在面临机遇的同时,也会受到挑战。为了保证组织决策的科学性,为了树立良好的形象和声誉,旅游社团需要与各类公众建立联系,以获得各种可靠的数据信息,作为决策的依据;也需要运用公共关系技巧加强与公众的双向信息交流,使公众参与并支持本组织的事业;还需要运用公共关系来协调旅游行业内部各方的利益及相互关系,为建立健康的旅游市场秩序做出贡献。

1.旅游社团组织的目标公众

由于旅游社团组织本身不创造利润,其能否长期稳定发展,起决定作用的因素是有无足够的资金。一般而言,旅游社团组织的资金主要来源于旅游企业组织、政府组织和个人。可见这三者是旅游社团组织的目标公众。旅游社团组织要建立与旅游企业、政府和某些热爱旅游行业的个人的合作并取得支持,创造和保持筹措组织活动经费的有利环境,从而获得资金赞助。另外,旅游社团也要树立形象,扩大影响。通过宣传为旅游业的发展做出贡献以及致力于社会利益、公众利益等高尚目标,来确立一种高于一般社会认识和道德水准的组织形象,这样才能争取公众的理解和支持,以发展和壮大组织。

2.旅游社团组织建立良好公众关系的方法

(1)确立一种良好的社会认识和行业道德楷模形象

旅游社团在其目标公众中树立的形象目标是:担当促进旅游业发展的社会道义责任;具有强烈的行业奉献精神;表现较高的文化知识水平和行业道德才能争取公众的理解和支持,以发展和壮大组织。

(2)积极影响社会舆论,提高组织的知名度和美誉度

旅游社团成员在旅游行业内部各种利益关系的格局中处于较为超脱的位置,其组织成员应以身作则,在各类旅游组织中树立良好的行为榜样来促进良好行业风气的形成。

(3)积极组织和参加各种公益性的社会活动

旅游社团组织应积极组织和参与各种公益性的社会活动,并在其中起领导作用。这样,既可使广大公众受益,又可扩大自身的社会影响力,并能通过与各类公众的有效沟通得到更多的理解和支持。

案例举要

"爱中华、乘红旗、爱祖国、坐国车"

日前,中央党校的大礼堂前煞是热闹,一排排新的红旗轿车前围满了参加中央党校首期重点国企干部进修班的厂长经理们,红底白字的标语分外引人注目:"爱中华、乘红旗、爱祖国、坐国车。"原来,这是首期重点国企领导干部进修班的最后一天,精明的一汽人抓住这难得的机会,向即将返回各地的企业家们展出自己生产的新型红旗轿车。一汽人喊出的口号是:"中国人,坐中国的红旗车。"停车场前,这些来自中国1000家最大工业企业的厂长经理们热烈地议论着,争先恐后地试坐三种新型红旗轿车。四川长虹电器股份有限公司党委书记、副董事长余光银驾着红

旗轿车兜了一圈之后,兴奋地说:"坐红旗轿车,感觉非常好。中国人要创造我们自己的民族品牌,珍惜民族品牌。"余光银的话说出了许多企业家的心声,他们纷纷表示,我们要创造出更多的"中国造",打响更多的"中国造",让"中国造"走向世界。

案例思考:红旗轿车这样做依据何种公关理论?属于何种公共关系?给公共关系人员什么启迪?

本章小结

公众是公共关系学中的一个重要概念,它是指与公共关系主体相互联系和相互作用的个人、群体或组织的总和。在市场经济条件下,旅游企业必须重视公众的利益、了解公众的意见、满足公众的需求,树立公众意识。旅游企业公众对象的构成非常复杂,公关工作的首要任务是要区分公众类别、明确目标公众,在此基础上制定企业的公关策略和方法。饭店和旅行社的目标公众可以分为内部公众和外部公众,这些公众各有特点、各有作用,旅游企业只有协调好与各类公众之间的关系,才能赢得企业开展有效经营管理活动的良好空间。

思考与练习

1. 什么是公众?为什么说公众是公共关系的重要概念?
2. 为什么要对公众进行分类?一般有哪几种分类方法?
3. 饭店企业的目标公众有哪些?他们各自对饭店施加什么影响?
4. 旅行社企业的目标公众有哪些?他们分别发挥着什么作用?

第四章 旅游企业公共关系的中介
——传播

课前导读

　　旅游企业公关活动是通过传播进行的,传播媒介是沟通公关主体与客体之间联系的桥梁。没有传播与沟通,旅游组织就不可能建立良好的公共关系。因此,公关人员了解传播的基本知识和工作方式,掌握传播的基本原则,正确运用传播媒介,是十分必要的。同时,为了使公关工作更有成效,旅游企业公共关系活动还应有步骤、分阶段进行。本章将主要介绍旅游企业公共关系的传播方式和工作方式。

教学目标

- 了解旅游企业公共关系传播媒介的种类和特点
- 学会比较不同传播方式之间的长处和不足

第一节　传播媒介举要

　　饭店的公共关系工作,是将现代社会所提供的各种信息通过与新闻媒介的沟通来保证与社会公众的沟通。媒介是饭店与社会公众进行信息沟通的中介要素。了解媒介特征,掌握媒介功能,是进行公共关系传播的前提。

一、语言传播媒介

　　语言是人际交往中最基本和最重要的工具,人类社会活动一刻也离不开语言。语言本身就是一种媒介,开展公关工作应能熟练运用各种语言交流方式。

(一) 新闻发布会、记者招待会

　　新闻发布会是旅游企业与公众沟通的例行方式。它是由新闻发布人代表旅游

企业向新闻媒介传递企业宗旨、阐述企业意愿、发布某种消息、接受提问并回答问题的一种活动。其特征表现为两级传播：先将消息告知记者，再通过记者所属的大众媒介告知公众。新闻发布会可用于树立或维护组织形象、协调公共关系、引导舆论倾向。由于这种活动方式直接面对并通过新闻媒介进行传播，宣传力度大、受众范围广，是常用的语言传播方式之一。2010年10月，广州市政府召开新闻发布会，介绍亚运会期间的酒店、旅游接待设施的相关筹备情况，广州市旅游局副局长李志新在谈到亚运会对广州旅游业的带动作用时作如下表述："根据初步预测，亚运会带来的客流将为广州旅游业带来20亿元的直接效益，而带动相关产业的间接效益将高达80亿至100亿元！"使"动感亚洲，感动世界！"的主题得以实现。新闻发布会的工作环节包括：确定主题、邀请记者、会前准备、主持会议、收集反馈信息等。

记者招待会是新闻传播的另一种重要方式。当旅游企业准备举办一项重要活动时，或者将有一定社会影响的突发事件处理情况向各界公众通报时，或者有其他新闻价值的消息需要发布时，就需要举办记者招待会。记者招待会的最大特点是：气氛轻松、富有人情味，信息传播迅速、反馈快。记者可根据自己感兴趣的问题和自己所关注的角度提问。记者之间也可相互激发灵感，深层次挖掘消息。因此，这种新闻发布方式比其他形式的新闻传播方式在深度和广度上更胜一筹。

（二）录音、电话

录音是旅游企业公关人员在调查采访过程中，对有关重要人物的关键语言进行录制，以保证其真实性的一种方式。旅游企业公关人员在对被采访对象进行录音之前必须征求对方的同意。当对方不同意录音，而内容又确实对旅游企业公关工作有益时，则必须运用速记和心记的方式。公关人员在录音过程中，要尽量创造一种和谐、轻松的谈话氛围，从而使访谈和录音工作同时顺利进行。

电话联系是一种运用语言进行沟通的现代通信方法。旅游企业公共关系工作中的人际沟通和业务接洽，许多都是从电话联系开始的。公关人员需要经常使用电话与企业公众进行联络。

日本著名社会学家铃木健二先生认为："打电话本身就是一种业务。这种业务的最大特点是无时无刻不在体现每个人的性格。"旅游企业公关人员在打电话时，态度要热情、诚恳、友善、亲切，声音要明朗、吐字要清晰、用语要礼貌。接电话时，要先作自我介绍，然后搞清对方要找谁，并尽快将电话转给相关人员。如果当时此人不在，务必请对方留下姓名及电话号码，并请相关人员尽早答复，绝不可置之不理。如果需要，还应将对方所谈之事摘要记录下来，以便及时处理。这样不仅使话务员、服务员能给对方留下深刻而美好的印象，同时也会使旅游企业给对方留下深刻而美好的印象。反之，对方就会对话务员、服务员，乃至旅游企业产生不良印象。

（三）协商、谈判

旅游企业与公众关系既有协调、和谐的一面，也有对立、冲突之时。协商与谈判是解决旅游企业与公众之间矛盾、冲突的有效手段。其中协商是谈判的非正式形式,是旅游企业与某类公众就存在的问题共同商谈,以便解除矛盾取得一致的语言沟通方式。协商所解决的问题通常是非原则性的或利害关系较轻的矛盾。而谈判,则是有关方面就共同关心的问题相互磋商、交换意见,寻求解决途径和达成协议的过程。谈判,通常用于解决组织之间利害冲突较大的矛盾,是一种以协商为手段,比较注重形式的语言沟通方式。

（四）会议、会谈

会议和会谈均是有组织、有目的的语言沟通方式。其中会议是围绕一定目的进行的、有领导、有控制的集会。有关人士聚集在一起,围绕一个主题发言,可以插话、提问、答疑、讨论,通过语言相互交流信息、交换意见、议论问题并最终解决问题。策划和召开各种会议,利用会议的形式来传递信息、沟通意见,是公关工作常用的传播方式。而会谈,则是会议的一种形式,它是双方或多方相互会面交换意见的行为。组织会谈有一些具体的技术性要求,如主人和主宾及陪同人员的座位编排、合影留念的安排、对客人礼貌周到的迎来送往等。

二、文字传播媒介

文字是一种书面语言,是有声语言的符号形式,是辅助记录、传递、交流信息的工具,具有相对稳定的规则和方法。公共关系运用文字传递信息的一般形式包括以下几点。

（一）宣传册、产品推广手册

宣传册、产品推广手册都是旅游企业为让社会公众了解旅游产品和服务,向社会公众介绍、宣传产品信息的手册。宣传手册、产品推广手册不仅能向旅游者及社会公众提供旅游产品的详细介绍,同时还可为旅游者选择旅游产品提供服务、为旅游决策提供参考,还为宣传当地旅游形象、提高知名度发挥重要作用。

宣传册、产品推广手册在设计制作时应图文并茂、简明扼要,突出主题,集中反映当地旅游特色和本旅游企业的文化精神,制作力求精美、实用、大方。

（二）企业报刊、板报

为了弘扬企业精神、宣传企业文化,旅游企业一般都定期出版自己的报刊。同时,为及时反映企业经营决策、工作动态、职工生活等,许多旅游企业还在员工活动区域定期出版板报。

一个旅游企业要想在激烈的市场竞争中得以生存和发展,就必须充分利用企业报刊、板报。旅游企业报刊和板报能充分发挥其信息传播形式多样、灵活多变的优势,多层次、多角度地反映企业动态,促进旅游企业宣传自身、树立良好形象。

（三）企业书籍与杂志

书籍、杂志作为一种文字传播媒介,具有提供信息、教育劝导和娱乐服务等功能。书籍在信息处理方面有一定深度,且有一定资料价值和收藏价值。因此,这种媒介适宜对某一专题做深入探讨和介绍,具有信息全面、详尽、有深度,便于贮存、查阅等特点;杂志媒介可制造和影响舆论,宣传新风尚,向公众提供持续性的信息,以赢得社会支持。

三、电子传播媒介

英国作家约翰·克罗斯比说过,20世纪是喧嚣的时代,"物质之声、精神之声和理想之声——我们掌握着所有这些声音的历史记录。事情毫不奇怪,因为我们几乎所有令人惊叹的技术力量,都已投入到当前反对寂静的攻击中去了"。广播、电视和其他电子媒介这个"喧嚣"时代的产物,是现代公关的有效手段。

(一)广播、电视

广播和电视都是通过电波形式传送声音、文字、图像的一种电子类大众媒介。公共关系活动经常要运用广播、电视媒介播发新闻,以求及时、有效地影响社会公众。具体讲,广播与电视又有区别:

广播是通过无线电波或导线传送声音供大众收听的传播工具。广播分无线广播和有线广播,具有传播面广、传播迅速、感染力强、功能多样的优势,但也有难以存储、选择性差及没有直观图像等不足。

电视是用电子技术传送图像和声音的通信方式。电视将图像和声音组合起来,最符合人类感受客观事物的习惯,最容易为人们所理解和接受。电视报道逼真、形象、可信,能使观众产生身临其境的现场感和参与感。电视还具有传播迅速、覆盖面广、观众喜闻乐见的特点,也是当今娱乐性最强的一种传播手段,但其也有传播消息稍纵即逝,受场地、设备条件限制,节目成本较高等不足。

(二)电影、幻灯

电影将情景、声音、动作、色彩和音乐集于一体,是一种综合性艺术。为促进销售、培训职工,或开展公关活动,有时采用放电影的手段。运用电影进行信息传播的优势在于:它以运动的图像表现思想,对观众具有独特的"聚精会神"的吸引力。电影能显示平时肉眼无法观察到的某些过程,能把观众带到遥远的地方,或过去鲜为人知的时光,使观众能以自己的视觉去感知事物、认识事物。

幻灯,利用强光和透镜将图画或文字映射在幕布上,是电影的一种早期形态。

(三)企业自办电台或电视台

自控媒介是公关宣传的主要手段。随着现代科技的发展,旅游企业为了更好地传播、沟通信息,常建立自己的有线广播系统,有些还有自己的闭路电视系统。它们都具有可控性强、传播信息及时、迅速的特点,对于及时沟通组织内部信息,强化企业向心力和凝聚力起着很重要的作用。如长城饭店的"长城之声"广播电台,就是一家很有代表性的企业自办电台,在企业管理中发挥着积极的作用。

四、图像与标志传播媒介

视觉形象是最生动的语言,图像和标志就是以视觉形象为主要手段进行信息传播的一种符号。图像和标志能集中、生动地再现事物的某一方面,表现组织及其产品的某种特征,并以特定的视觉标志吸引公众的注意力,强化公众的记忆,帮助公众在众多商品信息中识别出该组织及产品。

(一)图片、照片

图片和照片都是通过平面构图造成视觉上的空间立体感,公关人员在公关活动中经常使用照片和图画,以强化传播效果。如在制作各类宣传小册子和举办各种展销会时,大量使用照片和图片,配以必要的文字说明,使读者、观众一目了然,留下深刻印象。为了设计和制作好图片与照片,公关人员应掌握一些美术方面的基本知识,文字说明要与图片、照片相互配合并形成互补,力求语言亲切、通俗、流畅、简练。

(二)企业标志

标志系列中的商标、品牌名称、徽记、门面包装与代表色,都是以特定的文字、图案、色彩等符号设计的,向公众提供自己组织或产品有别于其他组织或产品的有关信息,代表本组织或产品的形象标志。

1. 商标

通常,商标是以文字、图案或符号构成,具有标记、服务、传播、促销、保护的功能。商标反映了产品的质量和产品生产者或经营者的信誉。在设计商标时,必须突出产品的特征和优点,简练醒目、美观大方、构思巧妙、新颖独特、容易识别,同时还应考虑当地消费者的文化风俗。

2. 品牌名称

品牌名称即产品的牌子。在给旅游企业或产品定牌子、起名字时,一定要做到语感好、新颖独特、寓意美好,容易为消费者所接受。

3. 徽记

徽记是指组织的标志,即组织的"商标"。如中国旅游的标志源自甘肃武威雷台东汉砖墓出土的"马超龙雀",它集我国当时绘画、雕塑、冶炼铸造艺术于一身,堪称国宝,用它作为中国旅游的标志,象征着中国旅游业的奋进和前程似锦。

4. 包装

包装是产品的外衣,主要起保护产品使用价值和促进产品销售的作用。包装涉及产品形象,对顾客发挥"第一印象"的作用。包装设计应注重实用性和创意性。

5. 门面

门面是组织的包装,每个组织都会根据自身的特点来设计自己的门面。如饭店的大厅以及外装修就是饭店的形象和"脸面"。

6.代表色

即组织为其自身或其产品选定的有代表意义的色彩。在旅游企业中,产品、建筑、员工服饰、广告宣传等有传播意义的物品都应使用代表色。代表色一经选定就应相对稳定,设计时应注意其形象内涵、美学效果、情感象征、文化风格等因素。

五、非自然语言传播媒介

旅游从业人员在与公众沟通信息时,除使用语言、文字媒介外,还要使用非语言的动作姿态来进行交流。其主要是指体态语言和表情语言。这些体态语言是对"言不尽意"的有声语言的辅助与补充,使之表达得更生动、更形象、更有感染力。

(一)旅游从业人员的身姿、步态

身姿、步态,是指以身体的某个部位做出表达某种含义的动作姿态。旅游从业人员在与公众交往时,要注意自己的形体语言,以免误传信息或给对方留下不好的印象,同时,也需要注意对方的形体语言,以了解对方的内心感受,理解对方传递的信息。为此必须熟悉各种形体语言的基本含义。

立姿:背脊挺直,双手交叉于身前或背后,两腿垂直站立。它传递的是充满朝气、热情向上的信息。

坐姿:即挺胸、立腰、端坐的姿态。它表现对对方的谈话有兴趣,是对他人表示尊重的姿态。

步态:即走路的姿态。步伐矫健、轻松、敏捷,反映出年轻、健康和精神焕发;而步伐稳重则给人以庄重、稳健的印象。

旅游从业人员在工作中应做到:头部不宜抬得过高、目光平和、面带微笑、上身自然挺直、收腹、两肩不摇、步态轻快、两手前后摆动的幅度不宜过大、稳步向前。这些无声的形体语言可以帮助旅游从业人员塑造自身形象及企业形象。

(二)旅游从业人员的手势、表情

手势,是运用手和臂的动作变化来表情达意的一种体态语言。在交谈时,人们往往以手势配合谈话的内容,如激动时往往攥紧拳头;高兴之时情不自禁地拍手;遇到难题时抓耳挠腮或用手拍头等。手势的作用,主要是增强语言表达的效果,使对方通过视觉接收信息,还可帮助人们了解谈话对象的性格。正如弗洛伊德所说:"凡人皆无法隐瞒私情,尽管他的嘴可以保持缄默,但他的手指却会多嘴多舌。"

表情,是指人的面部表情。在非自然语言中,面部表情的"词汇"最多,眼神和微笑是最富于感染力的表情语言。劳夫·瓦多·爱默生说:"人的眼神和舌头所说的话一样多。不需要字典,却能够从眼睛的语言中了解整个世界。"汉语中关于描述眼神的词汇就有50多个,如兴奋、喜爱、悲哀、恐惧、愤怒、失望、怀疑、忧虑等,还有各种形容感情交织在一起时的眼神,如悲喜交加、爱恨交织等。

人的内心活动常常从面部表现出来。面部表情包括眼、眉、嘴、鼻、颜面肌肉的各种变化及整个头部的姿势等,而眼睛则为人们格外注意。"眼睛是心灵的窗户"。在与公众交往中,旅游从业人员要通过眼神让对方明白你的热情和真诚。

人的面部表情靠各个器官相互协调,其中微笑是旅游从业人员礼貌、修养的外在表现。被誉为商界之子、"旅游帝国"之王的希尔顿,当他母亲问他发大财的诀窍时,他的回答仅两个字"微笑"。微笑传达的信息能沟通、融洽宾主之间的情感,产生心理愉悦。因此,微笑是服务业的"常规武器",更是公共关系工作中的"常规武器"。微笑必须发自内心,笑得亲切、真诚、自然、轻松才具有永恒的魅力;假笑、苦笑、皮笑肉不笑只会令人厌恶和反感。

第二节　传播方式的选择与应用

"作为人,你不得不传播"是传播学中的一句名言。它说明传播是人类社会一种基本的社会行为,是人们社会活动中极为普遍的现象。在科学进步、科技发达的今天,人类传播活动已变得非常广泛,形式也非常复杂,所以旅游企业公关人员要科学地分析传播行为和方式,对人类错综复杂的传播形式进行归类,进而选择和应用最佳传播方式;要研究传播艺术和特点,探索其规律以指导公关活动。对于传播的分类,公关专家和传播界众说纷纭,但从旅游行业公共关系的角度可把传播划分为四种形式:人际传播、大众传播、群体传播和旅游企业自控媒介传播。

一、人际传播

人际传播,是指个体与个体之间的沟通交流,包括个人与个人之间、个人与群体之间的交往、沟通、交流、联络等,是最常见、最普遍、渗透到人类生活一切方面的一种最基本的传播方式。按传播者与被传播者所在时间、位置的不同,人际传播可划分为两种形式:一种是面对面的人际传播,即通过语言、动作、表情等媒介进行交流;另一种是非面对面的人际传播,主要利用书信、电话、电报等媒介进行交流。

(一)人际传播的优势与不足

1.人际传播的优势

(1)双方参与性。人际传播中,传播双方互为传播主客体,参与性强、针对性强,而且双方不断互换传播角色,既传播信息又接收信息。

(2)传播符号多样性。人际传播的交流手段十分丰富,传播符号多种多样,既有语言、文字图像,也有眼神、表情、动作、姿态、服饰等,从而使双方从感观上受到多种信息的刺激。

(3)反馈灵敏性。在人际传播交流中,双方不仅可以根据反馈信息及时表达自己的情绪或意见,有针对性地说明,而且能够通过观察对方的反应及时调整自己的传播内容、方式或符号,做出随机应变的处理,以便消除隔阂、减少误会、增加共识。所以,人际传播过程的信息反馈灵敏,易于相互调整和适应。

(4)沟通情感化。人际传播能使双方心理上相互影响,人情味浓,有利于达到以情感人的效果。目前世界各国都提倡要向旅游者提供感情化服务,即在标准化、程序化的基础上,注重细节服务、感情服务,满足旅游者的正当需求。因此,有效的人际传播沟通对感情化服务是一个积极的促进因素。

2. 人际传播的不足

传播范围狭小、传播效率不高是人际传播的不足。由于人际传播主要是个人与个人或个人与群体之间面对面的沟通,故信息传递受到时间和空间的制约,传播面较窄、传播速度慢。同时,由于个人素质、观念、态度、情绪、语言等因素的影响,可能使信息失真,形成人为传播障碍,这是人际传播的弱点。

(二)人际传播的选择与应用

旅游企业可选择与应用的人际传播方法有以下几种。

1. 旅游者传播

旅游者传播,是指旅游企业直接针对旅游者,及通过旅游者间接针对潜在旅游者进行的传播活动。旅游者是旅游活动的主体,旅游业在运用人际传播方式时,旅游者传播是最重要、最广泛的传播渠道,贯穿于日常服务与管理的每个环节、每个细节中。虽然面对面的人际传播范围较小,但从旅游业的发展来看,外出旅游获得满足的游客,回到家中就会对亲友、同事做宣传,由于其以切身体验现身说法,可信度较高,能在亲友、同事中形成极好的"口碑效应"。

对潜在旅游者主要是通过组织促销团赴海外推销、组织演讲团去各地进行现场或即兴演讲做宣传,还可举办或组团参加各种国际旅游交易会、展览会及博览会,开座谈会、研讨会等。现在我国旅游界都普遍加大了促销宣传的力度,并开始走出国门,拓展海外客源市场。

2. 政府组织传播

政府组织对旅游企业的评价具有较高的权威性和说服力,导向性很强。如在公关传播中适时、适度地转引政府组织的评价,有时会产生极佳的效果。因此,旅游企业必须重视对政府组织的传播工作,以获得政府组织的好感和信赖,可通过人际交往方式主动向政府组织汇报工作,介绍企业现状,邀请政府领导及有关人士视察本企业,对工作进行检查、指导等。

3. 特定人物传播

特定人物传播,即选择具有特殊身份和特定地位的人物进行传播的方法。目前国际上使用较为普遍的手段有:一是邀请外国旅行社代理人、旅游批发商来访。根据旅行社的经验,对这种客人接待得如何,常常影响一个时期的客源市场。二是邀请外国记者来访。这是一种花钱少、效果好的旅游公关传播手段。三是邀请政府首脑及名人,借助"名人效应"达到特定的传播效果。

二、大众传播

大众传播,是职业传播者通过大众传播媒介(如报纸、杂志、电视、广播等)将大量复制的信息传递给分散的公众的一种传播活动。它是旅游企业和组织扩大声誉、提高知名度、塑造良好形象必不可少的重要手段之一。

(一)大众传播的优势和不足

1.大众传播的优势

(1)传播机构和传播手段高度专业化。现代大众传播是一项非常专业化的工作,必须借助各种技术手段,由专业机构和人员进行。旅游企业利用大众传播媒介时,应遵循协助、配合的原则,注意与新闻单位建立密切的联系,并经常输送企业信息,争取多作有利报道。

(2)传播速度快、范围广、影响力大。无论从时间还是空间效果来看,大众传播是影响力最大的一种传播方式。一个信息可以传播到一个地区、一个国家,甚至全球范围,从而产生巨大的影响。因此,旅游企业要提高自己的知名度并赢得公众的注意,大众传播是最理想的传播方式。

(3)提高传播信息的价值。世界上每天发生的事件很多,而被大众传播媒介选中并予以传播的只有很少的一部分,一个信息被传播媒介报道出来了,就表明此信息的重要价值。特别是大众传播媒介做连续报道或特殊安排(如上报纸的头版头条、电视"黄金时间"播出等),更会形成一种公众心理,认为该消息在社会生活中占有重要地位。因此,大众传播对社会舆论有着巨大的导向作用。公关人员应掌握和了解这一点。旅游企业公关工作的目的就是要提高旅游企业的知名度和美誉度,使企业被社会认可。由此,旅游企业要争取大众传播媒介的注意,力求争先报道、连续报道或在显著位置报道。当旅游企业面临危机时,应不失时机地借助大众传媒公开事实真相,争取公众了解,维护本企业的社会形象。

2.大众传播的不足

大众传播的不足在于信息反馈困难和缺少人情味。由于大众传播受众面广泛而分散,对象不确定,针对性差,与传播者缺少直接联系,故信息反馈间接而缓慢,效果难以把握。大众传媒所面对的是广大受众,且缺乏面对面的交流,因此很难上升到情感层面。

(二)大众传播媒介的选择和应用

旅游企业开展公关活动的过程就是信息传播的过程,只有选择最佳媒介,才能保证公关计划的有效实施。传播媒介的选择和应用是一项复杂的工作,公关人员应掌握不同媒介的特点和适用范围,做出恰当的选择。如果旅游企业向公众传播的信息内容主要是视觉范围的,则不宜选择广播媒介,而应选择电视或电影及幻灯媒介。如果信息内容是听觉范围的,则应选择广播媒介。公关人员应从旅游行业的特点出发,将传播内容的特点与受众的特点紧密结合起来综合考虑,内容简单、时效性强的快讯,选择广播、电视等电子媒介;较复杂的内容,最好选择报纸、杂志等文字媒介;对于专题性大型公关活动盛况的报道,新开发旅游点、热线的介绍,宜采用电视、电影等传播媒介。总之,只有把握好信息、媒介、公众三者的特点,选择和应用最有效的媒介,才能收到最佳的传播效果。

三、群体传播

(一)群体传播的优势与不足

群体传播,是指传播者面对相对集中的相关公众进行的一种临时性传播,如开业庆典、星级评定、挂牌仪式、专题演讲与报告、新闻发布会、展览会、大型演出活动等。群体传播具有相对集中、面对面、可及时反馈等优点,便于传播者纠正、补充所传播的信息内容,易于制造热烈的气氛,有时还会形成轰动性传播效应,是企业组织对内、对外常用的一种有效传播手段。其不足之处主要是成本高,对旅游企业的组织能力要求较高。

(二)群体传播的选择与运用

旅游企业公关活动以追求良好的公关状态为目的,为扩大影响,提高企业知名度,公关人员可根据传播信息的内容要求,选择适当的群体传播方式。如旅游企业有重大喜庆之事,可通过举办各类庆典活动来增进与同业人员及社会公众的沟通;如旅游企业欲向社会公布重要事件或澄清重要事实,可举行记者招待会或新闻发布会。群体传播具有隆重、正式的特点,可充分展示公关人员的组织能力、社交水平及业务能力,往往能给公众留下深刻印象。

四、旅游企业自控媒介传播

(一)旅游企业自控媒介传播的作用

旅游企业自控媒介传播是公共关系组织传播的一种形式。它通过旅游企业会议、刊物、电子传播媒介等手段,进行"内求团结、外求发展"的教育,使企业员工的问题在企业内得到有效解决,从而取得树雄心、鼓士气、增强旅游企业组织向心力和凝聚力的效果。旅游企业自控媒介传播形式多种多样,如自办电台、电视台、报纸、杂志、书籍、板报、墙报、宣传栏等。其沟通的方式有两种:一种是下层与上层的垂直传播,如经理与员工之间的工作沟通;另一种是平行的横向传播,如旅游企业管理者之间、员工之间及部门之间的情感沟通。

（二）旅游企业自控媒介传播的选择与应用

旅游企业自控媒介传播的种类很多，每种媒介所发挥的作用各不相同，公关人员应有针对性地选用。如旅游企业自办的内部刊物主要是为了让员工了解企业政策、经营状况及员工的想法；旅游企业自办的电子媒介主要用于播发企业新闻、传达企业精神和丰富员工生活。

第三节　网络新媒体传播

一、第四媒体——网络媒体

（一）网络媒体定义

网络媒体和传统的电视、报纸、广播等媒体一样，都是传播信息的渠道，是交流、传播信息的工具，信息载体。

网络媒体，也叫第四媒体。人们按照传播媒介的不同，把新闻媒体的发展划分为不同的阶段——以纸为媒介的传统报刊、以电波为媒介的广播和基于电视图像传播的电视，它们分别被称为第一媒体、第二媒体和第三媒体。互联网被称为第四媒体。是将它作为继报刊、广播、电视之后发展起来的、并与传统大众媒体并存的新的媒体。它包含了人类信息传播的两种基本的方式，即人际传播和大众传播，突破了大众传统传播的模式框架。

1998年5月，联合国秘书长安南在联合国新闻委员会上提出，在加强传统的文字和声像传播手段的同时，应利用最先进的第四媒体——互联网（Internet）。自此，"第四媒体"的概念正式得到使用。

将网络媒体称为"第四媒体"，是为了强调它同报纸、广播、电视等新闻媒介一样，是能够及时、广泛传递新闻信息的第四大新闻媒介。从广义上说，"第四媒体"通常就是指互联网，不过，互联网并非仅有传播信息的媒体功能，它还具有数字化、多媒体、实时性和交互性传递新闻信息的独特优势。因此，从狭义上说，"第四媒体"是指基于互联网这个传输平台来传播新闻和信息的网络。"第四媒体"可以分为两部分，一是传统媒体的数字化，如人民日报的电子版，二是由于网络提供的便利条件而诞生的"新型媒体"，如新浪网、网易网、搜狐网。

（二）网络媒体的基本功能

一般认为，作为大众媒介，其主要的功能为监视环境，决策参与，文化传承和教育以及提供娱乐。

1. 监视环境功能

即及时向社会成员提供社会内部和外部环境的重要事件和最新变化。一旦上了互联网,报纸不再受到版面的和截稿时间的限制,突发事件发生时可以在第一时间发布信息。与此同时,互联网向公众提供了更为广泛的信息源,国际组织、政府机构和社会团体可以设立自己的网站发布自己的信息。

2. 决策参与功能

在传统的大众传播环境中,公众的知情权和告诉权是通过大众传媒来实现的。正如比尔·盖茨所说:"传媒上的每一次进步,都对人民和政府之间的对话有着极为重要的影响。"传统媒介固然可以反映民意,但是公众的直接反馈却不及时或者很少,互联网作为自由的信息平台,公众意见能够得到迅速、及时和充分的反馈。

3. 文化传承和教育功能

比尔·盖茨认为,由于有了信息网络,每一个社会成员包括孩子都可得到比今天任何人拥有的更多的信息,从而激发求知欲和想象力,网络时代给人们的教育观念和教育模式带来了极大的变化,是孔夫子两千多年前提出的"有教无类"得到实现。

4. 娱乐功能

随着宽带和流媒体技术的发展,传统大众传媒所能提供的各种娱乐形式都可以通过网络获得。对于许多网民来说,网络甚至成了他们主要的娱乐工具,他们通过MP3下载欣赏音乐,通过网络在线阅读文学作品,通过流媒体观看动漫、电视剧甚至好莱坞大片。此外其独特的交互功能给网民带来了全新的娱乐形式——网络游戏。

(三)网络媒体的主要特征

(1)网上信息极其丰富,世界有多大,网络就有多大;世界有多少信息,网络就有多少信息。

(2)网络表现形式丰富多样,随着技术的不断发展,网络具有的高速度、数字化、宽屏化,多媒体化和智能化将得到进一步发挥。

(3)跨越时空界限,迅速及时,无国界。

(4)在信息传播过程中可以自由交互,接受者可以即时与信息的传播者对话,共同完成传播活动。

(5)网络提供个性化服务,也就是麻省理工学院(MIT)教授、麻省理工学院媒体实验室创办人尼葛洛庞帝在《数字化生存》中早就提出了数字化网络的重要意义,并提出在这种新平台上可以个性化创造"我的日报","我的电视",开创个性化定制服务。

二、新媒体广告

(一)新媒体定义

Web2.0时代丰富多样的互动性网络媒介,新媒体广告经历了从Web1.0到3G的一个更精准、更智能时代。

所谓新媒体是相对于传统媒体而言的,新媒体是一个不断变化的概念(见图 4-1)。只要媒体构成的基本要素有别于传统媒体,才能称得上是新媒体。否则,最多也就是在原来的基础上的变形或改进提高。新媒体的广告投放是专指在新媒体上所进行的广告投放,广告主在新媒体进行广告投放比例一般在 20% 左右。

图 4-1　新媒体表现形式

(二)新媒体广告典型表现形式

1.电子菜谱

电子菜谱(智能菜谱)和电子菜谱点菜系统是一种结合无线点菜系统和触摸屏点菜系统为一体。通过 Wi-Fi 或 433 协议无线传输所实现的一种可视化餐饮业点菜工具。

标准的电子菜谱使用流程和纸菜谱的流程相同,跟传统点菜方式一样,将菜谱递给顾客,顾客可以自助完成查菜、选菜流程。在最后一步下单的时候,服务员需要过来进行确认,确认完毕在下单,厨房即可以打出小票。而不是像传统点菜软件一样需要先开台,再点菜,毕竟电子菜谱是给顾客用,而不是给服务员使用。只有这样,才能节省服务员的工作量,从而进一步减少服务员数量,降低人力成本。

不需要先开台就可以使用的电子菜谱还有一个非常重要的好处,那就是简便易用,因为电子菜谱一般使用 Wi-Fi 信号和服务器连接,在 Wi-Fi 信号不好的地方,因为不能开台,非标准电子菜谱将无法正常使用。

2.户外媒体

户外新媒体:目前在户外的新媒体广告投放包括户外视频,户外投影,户外触摸等,这些户外新媒体都包含一些户外互动因素,以此来达到吸引人气,提升媒体价值的目的。

如果一座城市就是一个人,那么户外广告就像城市的衣裳,它在提升城市文化品位、宣传城市形象、招商引资政策、开展大型展示活动和宣传报道,利用户外广告强大而独特的传播力和影响力,为城市物质文明和精神文明建设服务,发挥着不可替代的作用。

户外广告遵循的原则如下。

(1)整体性与多样性相结合原则

城市景观需要整体统一协调,户外广告则追求多样性与个性化。城市景观与广告设置两者之间有内在联系,也存在冲突和矛盾。若精心设计、认真处理来化解这对矛盾,就能使城市视觉环境达到协调统一中兼有丰富变化的完美效果。所以,要使城市户外广告设置与城市整体环境真正和谐统一,对城市户外广告设置的规划应当以城市规划为依据,从城市整体的市容环境出发,在追求广告设置丰富多彩的同时,服从和服务于市容市貌的建设发展需要,以提升城市整体形象的统一性为根本原则。

(2)低碳环保与环境协调性原则

城市空间环境的性质、尺度、天际线、建筑立面、绿化、色彩、公共品等因素的变化都会直接影响户外广告的设置。如何协调环境因素与广告设置之间的关系,做到低碳环保,是该项目规划设计中必须强调的问题。户外广告设置规划应以城市空间环境为参照,应当以适应环境、美化环境为基本原则。

(3)注重视觉美学原则(注重美化亮化城市原则)

户外广告视觉效果与视角、视距、造型、照明及广告的间距等有关。在规划设计过程中,应根据现场实际视角和视距的不同,选择最佳广告位置和最佳造型、照明方式,以期达到最佳视觉效果。视觉效果往往决定人的第一印象,而第一印象又恰恰能客观地反映出人们对城市印象的好坏。所以,注重视觉效果是项目规划设计中应坚持的美化原则。

(4)实事求是和可操作性原则

此项原则就是要求在规划过程中,注重因地制宜和主动引导相结合;注重运用科技和现实操作相结合。在总体规划设计上,要特别注重把握城市的历史特点和文化特色,注重人文元素和文化内涵的展示。要根据不同区域、不同路段、不同功能、不同建筑物特色,考虑不同文化内涵的展示,规划出与之协调的"新户外广告形象"。同时,还要考虑到广告设施承载体的业主意愿(如通风、采光和行走等),体现人文关怀和实际可操作的可行性原则。

3.移动新媒体

移动新媒体:以移动电视,车载电视,地铁电视等为主要表现形式,通过移动电视节目的包装设计,来增加受众黏性,便于广告投放。

目前在国内,早已有了诸多移动新媒体的尝试。

(1)IPTV(交互式网络电视)

IPTV 网络电视,是一种基于宽带网通过机顶盒接入宽带网络,实现数字电视、时移电视、互动电视等服务的网络电视。

IPTV 网络电视除了具有基本的电视直播功能外,还可实现随心点播直播、时移回看和娱乐互动等功能。随着技术的发展,IPTV 网络电视也朝着更高品质的视听体验不断进步,最新发布的 IPTV 4K 超高清机顶盒,支持超高清 4K 节目、蓝光高清视频、3D 游戏等。

(2)4G 网络

4G 是第四代通信技术的简称,G 是 generation(一代)的简称。4G 系统能够以 100Mbps 的速度下载,比目前的拨号上网快 2000 倍,上传的速度也能达到 20Mbps,并能够满足几乎所有用户对于无线服务的要求。而在用户最为关注的价格方面,4G 与固定宽带网络在价格方面不相上下,而且计费方式更加灵活机动,用户完全可以根据自身的需求确定所需的服务。此外,4G 可以在 DSL 和有线电视调制解调器没有覆盖的地方部署,然后再扩展到整个地区。

(3)客户端软件信息媒体

主要指通过在手机安装拥有联网功能的客户端软件,经由 GPRS、CDMA 等 2.5G 网络远程访问新闻信息服务,并进行充分互动的新媒体形式。

(4)移动数字多媒体广播业务

CMMB 是英文 China Mobile Multimedia Broadcasting(中国移动数字多媒体广播)的简称。它是国内自主研发的第一套面向手机、PDA、MP3、MP4、数码相机、笔记本电脑多种移动终端的系统,利用 S 波段卫星信号实现"天地"一体覆盖、全国漫游,支持 25 套电视节目和 30 套广播节目。

(5)移动博客

移动博客是互联网博客业务的延伸。旨在通过 WAP 和客户端软件等形式,让用户通过手机就可以完成对博客的内容生产、发布、阅览、管理等工作。

移动博客带来的影响,主要在于其极大增强了人民群众自发采集、制作、复制、传播各种多媒体新闻素材的能力,并进一步削弱新闻传播中各个"把关人"的力量。

(6)移动搜索引擎

随着移动网络上资讯内容的极大丰富,源于传统互联网的信息搜索引擎,也将在手机平台上得到迅速的普及。

新的移动媒体体现了如下新趋势。

趋势 1:移动新媒体进入发展年

2014 年,移动新媒体进入发展年。当年中国的移动互联网用户规模已经超过

8亿。PC用户加速向移动互联网环境下的"智能移动终端+App"的移动新媒体模式迁移,几大门户纷纷发力,布局移动互联,其中搜狐、网易、腾讯三家新闻客户端先后宣布用户数破亿。跨过元年,移动新媒体的商业化闸门必将打开并全面加速。

趋势2:传统媒体进入深刻转型期

近几年来,新媒体强势倒逼传统媒体变革。以智能移动终端为特征的移动新媒体元年,更为困顿中的传统媒体再次提供了一个变革与重生的机会。未来的两到三年,传统媒体尤其是市场化运作的媒体再不抓住移动化、数字化和网络化的大趋势,必将丧失最后的优势和资源,面临生死存亡的大问题。

趋势3:微信+微博+App 三驾马车主导舆论场

新媒体发展带来的新营销思路和传播方式早已深入人心。2014年依托当今中国智能手机用户的两大杀手级应用,微博与微信将依然火热。可以预见的是未来以APP为代表的移动互联终端将成为舆论争夺的主战场。

趋势4:视频迎4G+Wi-Fi东风,必将成为舆论场中最具传播力的工具。

4G时代来临,受惠更多的无疑是移动视频与手机游戏。3G时代,各家视频网站对移动端用户的争夺已经日益激烈,音画同步的生动体验使得视频类新媒体在舆论传播中必将成为最具体传播力的工具。

4. 手机新媒体

(1)手机媒体概念

手机媒体,是以手机为视听终端、手机上网为平台的个性化信息传播载体,它是以分众为传播目标,以定向为传播效果,以互动为传播应用的大众传播媒介。在数字媒体时代,手机作为媒体的角色越来越受到人们的关注,被称为第五大媒体的手机有着和互联网、电视、广播、报纸相比获取信息更加方便的特点,它具有可携带性、针对性强以及受众准确等特征。尽管原本只是作为一种通信设备,但是手机能通过技术手段来精确定位和细分受众,作为信息处理终端,用手机刊登和播放广告,这使得手机作为一种新媒体的特征更加凸显。手机极有可能成为一种颇具竞争力的广告平台,与传统媒体展开合作与竞争。

(2)手机媒体优劣势

手机媒体广告作为一种新兴的媒体广告形式,其自身存在着明显的优劣势。首先,他的优势在于,手机媒体覆盖面广、用户群体众多、直接面对有消费能力的用户群体;而且即时性强,立即发送立即就能到达用户手中,从而能够更容易地捕捉到商机;而且他还可以及时地进行反馈,商家可以快速地了解消费者的想法,增强了双方间的互动性。更重要的是,手机媒体广告是一种不可回避的信息传播方式,广告到达率高,受众无法回避。其次手机媒体广告的劣势也很明显。手机媒体广告作为新兴媒体形式,用户的市场认可度比较差,这要明显低于其他传统的媒体形式;与此同时相应的法律法规尚不健全,广告效果监测制度不完善,一些人利用短信广告传播迅速,定位准确,费用低廉的特点大肆做违法违规的事情,很大程度上给手机媒体广告蒙上了一层阴影。而且,手机媒体广告表现形式单一,目前只有文本和彩信等形式,形式太过单一,不像报纸和电视能从色彩和听觉上吸引消费者。

(3)手机媒体价值

手机媒体广告虽说优劣势明显,但是其有着不可估量的价值。首先,传统广告是单方面的"下向型"的传达方式,在激发阅读广告者有一定的局限性。相反,网络媒体广告和手机媒体广告则很大程度上弥补了传统媒体欠缺的"上向型"交互过程,这样能够引起消费者更活跃的参与意识,做出即时的反馈。因为手机能够传达符合时间、地点、个人特性的广告,与网络媒体广告相比,更能通过明确目标、设定目标来实现效率极大化。其次,手机媒体广告具有利用个人媒体,也就是利用手机的特性。这与无特定目标群体的多数传统媒体广告或网站上的条幅广告有明显的区别。因为以无线互联网为基础,具有针对个体性、情境性、互动性等优点,以及在特定时间、特定地点,向特定客户提供所需要的信息或广告。此外手机媒体广告还有提供声音、视频、文字等多媒体的阅览方式,而且可以同消费者进行双向的交流。因此,根据商品特性和客户特性,达到差异化的广告效果。

总而言之,手机已经成为人们每天接触最多的物品,无论何时何地,用户都可以查看到通过手机传递的广告信息。人们无法像避开电视广告那样避开手机广告,存储在手机上的广告可以被用户反复阅读。此外,手机媒体可以说是一种"亲媒体",作为一种随身携带的终端设备,用户都是一个人独立使用一台,这样用户对手机上的内容总是会产生一种亲近的、可信赖的感觉,似乎这些内容是专为他们自己定制的。但是,其手机媒体广告未来发展道路依旧漫漫,与电视观众不同,移动电话用户不习惯商业广告的打扰。为了向他们投放广告,广告公司必须开发非常有吸引力的内容,以吸引移动电话用户。

(三)新媒体传播原则

1.价值

就媒体本身意义而言,媒体是具备价值的信息载体。载体具备一定的受众,具备信息传递的时间,具备传递条件,以及具备传递受众的心理反应的空间条件。这些综合形成媒体的基本价值。这个载体本身具备其价值,加之所传递信息本身的价值,共同完成媒体存在的价值。这个也就是媒体存在价值。即便理念上新形式上新科技进步也具备一定受众,但是媒体成本远高于受众所带来的商业效益,亦不能形成媒体的有效价值。比如近几年来由于媒体的发展,各类媒体风暴市场,但是经过市场考验的留下来的却少之又少。其中有一些就是因为其没有深入调研媒体核心价值所在而盲目复制别人的理念导致失败的。或者是由于理念过于超前不能被市场认可,没有深度分析消费者形态而强加细分难以体现媒体的基本价值,或者基本价值与市场不协调导致失败的。原因诸多,在此不一一赘述。

2. 原创性

新媒体之所以称之为新,就新在这里。应该具备基本的原创性。这里的原创性,区别于一般意义上个人或个别团体单独得原创性,应该一段特定的时间内时代所赋予的新的内容的创造,一种区别于前面时代所具备的内容上形式上理念上的更革新的一种创新。更具备广泛意义的创新。比如,分众传媒就是一种新媒体,具备原创性,它之所以可以称为原创是因为它把原有的媒体形式嫁接到特定的空间上,形式上是嫁接,理念上却是原创。但是当时的聚众或者现在更多家类似媒体,都是新媒体典范,他们或者是不谋而合或者是复制,这个原创是这个特定的时间内时代的原创,仍可称其为具备原创性的一面。而这个原创是理念上创新的典范。当时兴起的分众传媒、聚众传媒、框架传媒等细分受众的媒体都是在媒体理念上具有一定意义的原创性。以及后起细分到社区的安康、细分到医院的炎黄、互力等媒体,虽然复制了分众的细分概念,也不失为理念上创新应用成功的典范。

3. 效应

效应是在一定环境下,因素和结果而形成的一种因果现象。新媒体必须具备形成特定效应的特性。或者说新媒体必须具备形成一种更新的效应的特性。新媒体必须具备影响特定时间内特定区内的人的视觉或听觉反映的因素,从而导致产生相应的结果。网络在20世纪90年代中期接入我国,属于一种新型的信息载体,而且形成了巨大的效应,在特定区域特定时间内几乎改变了人的生活方式。这种效应必然产生特定的结果。由于这个效应得变化发展,不排除新媒体可以发展成为主流媒体的可能,也就是新媒体在一定的时机也可以脱离新媒体概念限制。所有的概念都是随着发展而变化。

现代营销学之父科特勒指出营销进入新媒体时代,在未来企业都会转向新媒体进行营销,特斯拉电动车成为未来耀眼的明星,它成功借势互联网新媒体进行全面的整合营销。

4. 生命力

新媒体作为媒体而存在,必须有一定生命力。或长或短必须有其存在期间的价值体现,而这个价值体现的长短,就是生命周期。由于近几年我国媒体的发展迅速,新媒体的发展日新月异,由于各类细分性媒体这种细分思维的影响,各种形式的创意嫁接层出不穷。但是就其形式新技术新并不能决定其存在的价值,在无情的市场面前,折戟沉沙的数不胜数。就其原因就是他们没有把握住新媒体的核心价值是什么,而盲目生搬硬套,导致媒体不具备一定的生命力。因而这些在混乱中夭亡的媒体不能算是媒体,更不能称其为新媒体。

三、经典旅游企业公共关系新媒体传播案例举要

近年来,国内很多旅游城市做推广还是停留在办推介会和放风景片的阶段,鲜有见到眼前一亮的创意营销活动,而后者借助社交媒体的病毒式传播势必有效提升景点品牌知名度。这已然是个该用巧劲四两拨千斤的新媒体营销时代了,旅游城市营销者们是否可以从以下这 5 个优秀的案例中找找灵感,或许下一个城市就会在你手里惊艳。

1. 通过文化感触韩国

一般的旅游目的地网站会以呈现观光景点为主,但韩国观光公社却设计了一个互动网页"感触韩国 Touch Korea",人们可以通过上边的互动小游戏来实际地体验韩国美食、传统文化、日常生活等各种韩国文化,将文化与观光细致地结合起来,帮助游客大大提升了体验深度。虽然说目前我国游客依然以风景观光为主,但诸多具有深厚文化底蕴的目的地难道不可以推出类似的网上平台供潜在游客来完成一次眼睛与心灵的双重旅途?

2. 全民出动聊瑞典

瑞典旅游局在 Twitter 上开放一个官方账号,邀请具有创新、时尚感或深度社会参与度等具有代表性的瑞典人来运营,因为没有谁比他们更了解瑞典,他们呈现出来的会是最鲜活、最有趣、最直击人心的瑞典片段,这个计划取得了空前的成功,吸引了许多国家的旅游局效仿,我们的城市或许也可以借来本土化一下呢。

3. 以探索日本精神来驱动行动

日本观光厅在 2013 年的推广中以"探索日本精神"为主题,以体验独特、神秘的日本精神;邂逅日本人民谨小慎微的创造;享受日本日常生活的简单快乐为宗旨,提炼出不同的侧面,并用 160 支视频集中来介绍游客所不知道的那部分日本。这种以明确的"精神"为主线,以文化、风物点滴为线条来勾勒城市的方式,应该能使越来越多注重旅行品质的游客产生出行欲望吧。

4. 百万澳元大奖邀你全公司游昆士兰

昆士兰继提出"全世界最好的工作"之后再次发起一波极具话题性的推广,这次活动面向全球所有企业,不管你是多大的公司:三五人或上千人,参与办法也很简单:只需上传一段 60 秒的视频,阐述为何你的公司是最棒的,以及为什么你觉得昆士兰是最好的旅游目的地,完成后提交到活动的网址上即可。获胜公司的员工将收获价格 100 万澳元的个性化深度旅游体验。这样的活动对无数劳苦大众将起到多大的提振作用呀,UGC 产生的内容还可以作为二次传播的利器,皆大欢喜!

5. 与爱同行,用爱触动你的澳大利亚

澳大利亚旅游局在中国以名叫"再一次心跳"的系列微电影开启了他们的新

一轮营销活动,该系列微电影由台湾明星罗志祥及杨丞琳领衔主演,讲述发生在澳洲最浪漫的爱情之旅。这个案例通过闪耀的明星加上用情感连接起来的情节来表现一个清晰的旅游目的地形象定位,相信比直截了当的风景片来得吸引人。

随着人们消费水平的提高,生活压力的加大,更多的人需要旅游去释放压力,去感受不一样的异国风情。未来数年内国内旅游页将达到一个顶峰,旅游经济将会持续增长。而面对如此巨大的市场,作为城市旅游营销者的我们,不能错过当下新媒体时代的传播途径。

案例举要

餐厅危机公关要遵循"二明主义"

今天和大家谈谈餐饮危机公关,这已经不是一个新的话题了,自2006年"蜀国演义"发生福寿螺事件至今已经过去了十多年了。如今,餐饮行业面对危机已经不像以前那样惊慌失措,有了一些处理方法和经验。

餐饮业是一个以服务为主的行业,因为客户的需求不同、性格不同经常会遇到一些突发事件,这就要求服务人员在平时有危机意识,并有处理危机的能力。危机概念是指由意外引起的危险和状态,所谓餐饮危机,是指一切对公司的人员安全,声誉形象,公司资源及财政收益等方面构成无可预计的负面影响并需要立即处理的事情。它包括一些人为的事情和一些自然发生的事件,而危机管理的任务就是不仅把每一次危机造成的损失降到最低点,而且把每次的危机转化为公司发展的良机。

对于一个餐饮企业来说应该如何面对和处理这些危机呢?

其一,态度"明确"。餐饮企业对待危机的态度要明确,而且要在第一时间表明,不能采用任何手段来逃避危机事实。这是餐饮企业危机公关的第一要义。例如,中国百胜餐饮集团在《有关"苏丹红一号"问题的声明》中居然称:"我们虽然多次要求百胜的相关供应商确保其产品不含'苏丹红一号'成分,并获得了他们的书面保证。但是非常遗憾,昨天在肯德基新奥尔良烤翅和新奥尔良烤鸡腿堡调料中还是发现了'苏丹红一号'成分。"这是什么样态度?暧昧?狡辩?这明摆着是要把责任全部推卸给供应商,以求转移媒体和消费者的视线。媒体和消费者能够满意这样的话语吗?显然不会。这样做终究是无济于事,肯德基的管理方首先应该"将心比心",明确表白自己的态度,承认肯德基在质量监管方面的不力,而不是去寻找替罪羊,为自己开脱罪名。

再如,蜀国演义出现危机后,其董事长瞿传刚先生对于"操作不当"给出了这样的解释:螺肉具体做法参照了《四川烹饪》2006年第三期中关于怪味田螺的做法。言下之意,这个危机和《四川烹饪》是有关的,《四川烹饪》应该担负一定的责任。事实上,这种说法与肯德基如出一辙,于事无补。既然瞿传刚已经代表公司向消费者公开道歉,并表示承担责任,那么这个时候完全不必再提《四川烹饪》之事。即使真的是受《四川烹饪》的误导,这句话也不是现在可以说的,也就是说,出面澄清这一点的人、时间和场合都错了。而且,北京市卫生局最终依据《中华人民共和国食品卫生法》和《中华人民共和国行政处罚法》的相关规定,对其造成广州管圆线虫病的违法行为做出了处罚决定,黄寺店罚没款共计人民币 315 540 元,劲松店罚没款共计人民币 100 084 元。

其二,信息"明朗"。餐饮企业发出的信息不能含糊,不能朝令夕改,让人去猜疑或猜想。连锁餐厅则必须表明是哪一家分店,以降低对品牌的整体伤害,否则,遭遇"株连九族"就十分冤枉了。例如,新浪财经总结出麦当劳在面对"薯条危机"时有"三变":一变反式脂肪酸的含量,2006 年 2 月 8 日,麦当劳公开承认,每份麦当劳薯条中,不利于身体健康的反式脂肪酸含量从过去的 6 克增加到 8 克;二变油的品种,麦当劳中国公司 2 月 8 日晚发出紧急声明称,目前麦当劳中国内地餐厅的炸薯条使用的是"橄榄油",2 月 9 日上午,前一份声明中的"橄榄油"则改为"棕榈油";三变薯条的成分,2006 年 2 月,麦当劳在公司的官方网站上悄悄地增加了炸薯条"含有小麦、牛奶和麸质成分"等字样,一周后,麦当劳公开宣布,其薯条中含有过敏成分,而此前,麦当劳却一直宣称所售薯条中没有上述潜在过敏原,对乳制品过敏的消费者可以安心食用。麦当劳发出的信息,失去了一个国际品牌应该有的"稳重",十分"轻浮",前后不一致的信息只能会导致社会公众更多的质疑和猜测,加深危机的程度。

案例思考:旅游消费是最易引起顾客投诉的,不测事件的发生,引起餐厅的危机,有时既非餐馆的过错,也非顾客的刁钻,而是因为外部环境发生了变化或发生了客人的不自主行为。在危机发生时我们应该怎么去处理?

 本章小结

公共关系活动的过程,其实主要就是组织与公众之间的一种信息传播和交流过程。传播能影响公众的感受和态度,是促进公众了解和信任组织的一种重要手段。旅游企业要有效地选择和利用各种传播媒介,运用人际传播、大众传播、群体传播和旅游企业自控媒介等多种方式。

思考与练习

1. 分析大众传播和人际传播的优势与不足，并谈谈在旅游企业公共关系中如何选择与应用传播媒介？
2. 简介旅游企业自控媒介传播的种类与作用。
3. 什么是旅游企业的标志系列？它包括哪些内容？
4. 形象调查对旅游企业有什么作用？在进行旅游企业形象设计时要注意什么问题？

第五章 旅游企业公共关系职能与"四步工作法"

> **课前导读**

公共关系是一种组织行为和职能,是一门现代经营管理科学。它在经营管理过程中发挥着独特的作用,渗透于经营管理的各个方面。随着商品经济的发展和公关活动的推广,公共关系领域日渐扩大、内容日益丰富,深刻影响着企业的决策、经营、服务和管理。旅游企业公共关系就是要利用企业与环境间的相互依赖、相互影响和相互作用机理,帮助企业趋利避害,适应环境的变化和发展,从而提高企业的社会效益和经济效益。

旅游企业公关工作是以树立企业良好形象为目标的,围绕这一目标所开展的具体活动和工作便形成了它的职能范围。旅游企业公关工作要实现"内求团结,外求发展"的要求,就必须充分发挥公关工作的职能作用。如收集信息、咨询决策、对外交流、传播沟通、促进销售、协调关系等。公共关系正是以其独特的职能引起旅游企业的欢迎和重视,这也是它得以迅速发展的根本原因。本章将围绕旅游企业公关职能展开论述。

> **教学目标**

- 了解旅游企业的公关职能
- 掌握旅游企业咨询决策功能的实现途径
- 认识旅游企业对外交往的重要性
- 掌握公关工作在旅游企业产品形象设计中的作用
- 熟悉旅游企业策划产品促销的方法

第一节　旅游企业公共关系职能

一、采集信息的情报职能

（一）采集旅游企业形象相关的信息

信息即情报，是旅游企业提高竞争力、占领市场的前提条件。采集信息是旅游企业公共关系的重要职能。必须通过有效手段，在全国乃至更广阔的领域采集有关企业的信息，经过分析处理后，选择有价值的信息作为调整和完善企业经营决策的依据，确保企业目标的准确性和科学性，确保企业在强手如林的竞争中立于不败之地。

公共关系首先要注意收集与本企业形象评价有关的各种信息。这些信息涉及对企业硬件设施和软件服务的印象、看法和意见，公关人员要通过各种渠道将收集来的意见提供给本企业管理部门参考。

旅游企业公共关系需要收集的信息主要包括以下方面。

1. 硬件设施形象信息

硬件设施是旅游企业（尤其是饭店）外显的总体特征，是饭店形象的直观反映，是给公众留下的第一印象。因此，公关人员应在收集公众对饭店企业总体评价的同时，关注对饭店建筑艺术、设施水平、布局结构、装修工艺等方面的评价，为提高饭店整体档次服务。

2. 软件服务形象信息

软件形象是旅游企业内在的总体特征和风格，主要是公众对企业服务质量、管理水平、信誉程度、员工素质等方面的评价。

（1）服务质量。服务是旅游企业工作的中心，经营旅游企业就是推销服务。服务质量包括服务宗旨、服务态度及对顾客的责任感等。旅游行业要特别注意无形的服务感受，努力使顾客感受到企业无微不至、真诚亲切、周到细致的服务。

（2）管理水平。企业管理水平的优劣主要表现在：决策方针是否正确、决策目标是否合理、决策方案是否科学、市场预测是否准确、经营是否灵活、选才用人标准如何等。公共关系人员要多方收集公众对企业经营方针、决策目标、决策过程、生产管理、销售管理、人事管理等方面的评价。

（3）公众对企业人员素质的评价。这些评价包括：人员素质、工作能力、业务水平、精神面貌、工作效率、服务水平、思想品德等方面。人员素质客观显示员工的精神面貌，表现旅游企业的凝聚力、向心力程度，是企业形象优劣的最好体现。

（4）公众对企业信誉的评价。企业信誉即旅游企业的知名度和美誉度，它是评价企业名气大小、名声优劣的尺度。良好的信誉不仅能提高企业的效益,增强员工的集体荣誉感,而且对竞争对手具有强大的威慑力量。

(二)采集旅游企业内、外公众的信息

旅游企业员工既了解外部公众的意见,又因其特殊身份而站在与外部公众不同的角度评价自己的企业,那么,这些意见也是值得管理者重视的很有价值的评价。

外部公众信息包括市场信息、竞争对手信息和政治环境信息等各种社会信息。旅游业是国民经济战略性支柱产业,市场的盛衰与企业紧密相连。旅游企业经营决策必须在了解客源市场、顾客要求、民俗民情、新闻舆论等方面的动态信息基础上,摸清消费者心理,正确把握市场脉搏,根据此依据调整经营方向。

竞争者情况、投资者动态、合作者意向、时尚和潮流等,也是公共关系人员应详细了解和掌握的信息。只有更多地掌握这些信息,去粗取精、去伪存真并及时做出预测和分析,才能采取相应的应变措施。

社会政治、经济、文化、科技、军事等方面的信息也是非常重要的政治环境信息。一方面要了解政府的决策、国家的立法信息,根据国家的大政方针制定旅游企业的长期目标和近期措施;另一方面,由于旅游是涉外企业,因此还要了解国际政治形势,尤其是客源国的经济政策、对华方针及法律变动等情况,及时掌握由于政治形势变化所导致的国际市场的变动情况,分析各种直接或潜在信息的影响,趋利避害,及时确定相应对策,可使旅游企业决策与社会环境变化保持相对的平衡状态。

二、咨询决策的参谋职能

(一)咨询决策的内容

在市场经济条件下,旅游企业所面临的市场环境是复杂多变的。企业要生存和发展必须适应外部环境的变化,寻找有益信息,以便做出正确的决策。所有这些工作,单靠个人的学识水平和思维能力是难以完成的,必须由旅游企业的公关部来承担。公关部是一个"智囊机构",它通过收集、分析、归纳信息,向企业决策者和各管理部门提供公关建议,对企业领导做出正确判断和决策起着重要的参谋作用。

1.旅游企业外部公众对企业形象的评价

一个企业在不同公众心目中的形象往往不一致,这是因为公众与组织的接触不可能是全方位的。它会因时间、地点的不同及个人主观因素的影响而有所差异。此外,组织对自我形象的感觉与公众评价也常常有一定距离。企业公关人员应本着实事求是的态度,客观了解并分析各方面的意见,对企业形象作出正确的评估。外部公众对企业形象的评价一般包括两个方面:一是企业的知名度,即公众对旅游

组织知晓的深度与广度,对旅游企业产品、经营特点知晓的深度与广度;二是企业的美誉度,即社会公众对企业的信任和赞誉程度,是通过旅游企业的优质服务和良好信誉体现的。因此,提高知名度与美誉度是旅游企业公关工作的核心目标。

2. 企业内部公众对企业经营管理目标的评价

在激烈竞争的市场环境中,企业经营决策的正确与否是企业经营管理是否成功的关键。内部公众是与旅游企业组织联系最密切而又最接近的公众,是旅游企业赖以存在的基础,是企业服务与管理的操作者。因此,内部公众对企业经营管理目标的评价是极其重要的。企业经营管理目标既要对广大员工有激励作用,又不能脱离现实条件,必须将企业的经营管理目标同员工的个人发展目标统一起来。只有这样,内部公众才可能对企业经营管理目标产生真正的认同。

3. 公众心理分析预测与评价

公关工作的对象是公众,公关人员应时刻注意分析研究公众的心理活动,把握公众的态度和意向。公众的心理需求是多方面的,而且随着社会环境的变化,公众心理也会发生变化。这些变化会直接或间接影响企业的各项经营活动。因此,公关人员必须了解公众,把握公众的不同需求,及时将公众的心理信息向企业决策层反映,使之成为旅游组织在制订方案时的重要参考依据。

(二)咨询决策的原则

1. 提供的信息要系统和完整

信息是判断决策的依据,其是否及时、准确、全面,直接影响旅游企业的判断和决策;零散、错误的信息会导致决策者做出错误的决定。公关部门应广泛收集市场信息,把握市场动态,通过提供系统、完整的信息,为科学决策提供依据。

2. 专业性原则

旅游企业的公关决策不应是包罗万象的,而应是围绕有关公关问题进行的决策。

3. 不可替代性

公关决策是一种参谋性工作,它只是围绕公关向管理者提供信息和建议。企业公关部门不能代替其他业务部门和职能部门在规划、决策上的作用。

(三)咨询决策的方法

1. 编写企业内外信息动态

公关部应派专人整理各种渠道反馈回来的各类信息,确定信息的类别,并分门别类加以整理和保存。信息分类是按照一定标准进行的,即根据具体工作的需要来确定,一般情况下反馈信息可按照公众的类别分为两大类:

(1)外部公众信息:国内外政治动态、经济发展状况、市场动态、客源流向、政府机关信息、新闻媒介信息、竞争对手信息等。

(2) 内部公众信息：员工思想状况、人员流动状况、管理状况、服务质量状况、财务状况、设施设备变更、现有问题及造成问题的缘由等。

2. 定期举行信息反馈会

公关人员在掌握大量信息的基础上，应适时举行信息反馈汇报会，将整理过的有重要价值的信息进行分门别类向决策层领导和中层管理人员陈述，同时还可通过计算机进行统计、分析，并作出科学的评估和判断。

3. 组织视听材料

为使旅游企业决策者对重要信息全面了解、加深印象，公关人员可利用幻灯、录像、照片、录音等视听手段，将收集来的材料直观、生动地展示出来。

4. 论证会与辩论会

科学性讲求严密，反对主观臆断。一项重大的经营决策需进行多方论证才能保证其科学性、完善性。因此，根据企业的决策目标，可以开展两方面的论证工作：一是请有关专家就企业决策方案进行可行性论证；二是请内外公众代表参加评议，经过集思广益、群策群力，也能相对保证旅游企业经营决策的科学性。

三、传播沟通的宣传职能

(一) 传播、沟通的作用

美国《幸福》杂志在介绍公共关系的特点时曾说："良好的表现因为适宜的传播而受到大家的赞誉。"国内学者对公关工作的传播、沟通职能是这样形容的："付出的努力让社会知道，面临的困境求公众理解。"公共关系在旅游企业组织经营管理中发挥着宣传推广的作用，即通过各种传播媒介，将企业组织的有关信息及时、准确、有效地传播出去，争取公众对企业的了解和理解，为企业创造良好的公众舆论。因此，作为企业组织喉舌的公关部，进行对外宣传是其职责的一项重要内容。

沟通是公关活动的核心，是组织与公众之间联系的纽带、桥梁。公共关系传播、沟通的作用主要表现在两个方面：一是迅速、准确、及时地收集来自外部公众的信息，为调整旅游企业的经营管理、改善形象提供依据；二是及时、准确、有效地将企业信息向公众传播，争取公众的了解与好感，提高企业的知名度。旅游企业组织如果在经营活动中不重视传播、沟通的作用，而是死守"酒香不怕巷子深"的信条，缺乏对公众意见的了解，忽略对企业产品的宣传，则很难适应现代社会发展的要求。因此，传播、沟通应贯穿于公关活动的全过程中。

(二) 传播、沟通的内容

1. 制造舆论，告之公众

公共关系的宣传沟通功能，首先在于"告之公众"，即向公众说明和介绍旅游企业产品、设施及经营管理等方面的信息，争取公众的了解。特别是在旅游企业开业之初或在推出新产品之前,公关人员要通过新颖独特的创意及强有力的宣传,努力造成轰动效应,以给公众留下深刻、强烈的第一印象。让公众知道并了解企业组织是建立良好公众形象的基本前提,缺乏了解就谈不上理解、好感与合作。因此,"告之公众"、形成舆论是公关宣传的最基本的职能。

2. 完善舆论,扩大影响

当企业组织具有良好形象和声誉之后,仍需注重公关宣传,继续保持和维护组织的形象,扩大知名度和美誉度。此时,企业领导与公关人员如果沉迷于自我陶醉,放松传播、沟通工作,公众对旅游企业组织的印象就会逐步淡漠,良好的企业形象就会因传播失误而受损。因此,持之以恒、锲而不舍地保持和维护企业的形象与声誉,是这一时期公关宣传的重点。公关宣传不能只图一时的舆论轰动,需要通过长期不断的传播、沟通,潜移默化地加深并巩固公众对旅游企业及其产品的良好印象。

3. 引导舆论,控制导向

当公众对旅游企业的评价处于观望或旅游企业组织形象受到损害时,公关部需要发挥"观念导向"的作用,引导公众舆论向有利于企业组织的方向发展。当企业遇到危机,如客人大量投诉,或由于公众误解、他人诬陷、伪劣商品对企业声誉造成伤害,或由于国内外环境变化及突发事件导致客人流失,企业知名度、美誉度蒙受损害时,企业管理者及公关人员应迅速查明原因,及时向公众做出解释、道歉,并向公众介绍旅游企业组织处理危机的措施。通过采取灵活多样的宣传沟通,设法将消极影响减小到最低限度,尽快恢复企业的声誉,重塑企业的形象。

(三)传播、沟通的方式

传播、沟通是人类的一种基本的社会行为。在旅游企业中,公共关系传播的方式主要有如下三种。

(1)人际传播,即人与人之间的直接传播,是最常见、最广泛、对象明确、沟通便捷的一种传播方式。其常见形式有:电话联络、书信往来、会见、交谈等。人际传播具有大众传播、组织传播不可替代的特点,是现代旅游企业大量的公关活动必不可少的传播方式。

(2)大众传播,是职业传播者通过报纸、电台、电视等大众传播媒介,将大量复制的信息传递给分散的公众。大众传播方式也是旅游企业和组织扩大声望、提高知名度、塑造良好形象的必不可少的重要手段之一。

(3)组织传播,指组织系统内部以及组织和其所处环境之间的传播,它分为组织内部传播和组织外部传播两种形式。

以上介绍的三种传播方式既自成体系,各自具有不同的结构、要素、形式、功能和特点,又互相联系、交叉、重叠、补充,公共关系人员应根据不同的需要灵活运用。

四、对外交往的交际职能

(一) 对外交往的作用

对外交往是旅游企业公关的重要职能,它强调企业要广交朋友,保持与公众的良好关系,成功地编织各式各样的"关系"网,以促进各项经营活动的正常开展。国外有关专家形象地指出:优秀的企业公关工作＝正确的公关意识＋科学的公关活动。这说明,公关人员不仅要具备正确的公关意识,还要通过有计划的、持久的努力,才能为旅游企业营造一种"天时、地利、人和"的公关环境。

广泛的社会交往有利于信息传递,而信息是可以增值的。通过扩大社会交往,公关人员可收集更多的信息,把来自不同方面的信息相互印证,使之逐步趋向准确与完善,就可以成为有价值的信息。有价值的信息是旅游企业的宝贵财富。

广泛的社会交往能协调旅游企业与合作者的行为,调节各种关系,得到社会公众的理解、信任与支持,提高企业对社会的适应能力。

广泛的社会交往能促进旅游企业与相关公众之间的情感交流,增进友谊,结交朋友。社会交往常常是先由组织交往关系开始,逐渐产生融洽的个体交往关系,进而使交往顺利发展。

广泛的社会交往有利于在互相切磋、学习、影响中使旅游企业经营管理的各项目标和措施趋于完善。

(二) 对外交往的原则

旅游企业公关人员在进行社会交往时,应遵循以下原则。

1. 良好的品德修养

品德是指个人品质和道德的简称,它是依据一定的道德观念,在行为中表现出来的带有一定稳定倾向的素质特征。道德是一种意识形态,它是人类社会千百年来在共同生活中形成的,对社会成员具有约束和凝聚作用的准则。品德是社会道德在个人身上的体现。高尚的人格和品德是广交朋友的前提。而在个人高尚品德中,最本质的因素是真诚、正直、谦虚、善良和同情心等。高尚的品德既是中国传播优秀道德观念的结晶,又是人类精神文明在个人素质方面的集中体现。因此,良好的品德修养是公关人员塑造美好的交际形象,为旅游企业也为自己赢得真挚友情的基础。

2. 谦虚、谨慎和自尊、自信

谦虚、谨慎是中华民族的传统美德,也是寻觅知己、获得友情的必由之路。古人云:"自知者明,自信者强。"自信,是个人行为的精神支柱,是实现目标的内在动力,只有自信才能面对挑战而无畏,只有自信的人才有坚忍不拔、百折不挠的毅力。自尊,是人格的体现,保持人格尊严,不丧失立场的人能使交往对象肃然起敬,同时也塑造了其所效力旅游企业的良好形象。那种趋炎附势、缺乏人格或妄自尊大、盛气凌人的人,定会失去优秀的朋友。

3. 热情真诚的态度

公关工作充满想象力与创造力,没有热情的性格和全身心的投入,是不能胜任这种需付出大量智力、体力的艰辛工作的。与人交往,热情能够沟通感情、结交朋友、拓展工作渠道,但要注意不能丧失立场,拿原则做交易。

4. 端庄大方的外在形象

公关人员在对外交往中,应注重个人的外在形象,因为他们代表的不仅仅是个人,更重要的是代表旅游企业的组织形象。

外在形象包含端庄的仪容仪表、大方的仪态、礼貌的举止和得体的谈吐。这些外在美的和谐统一,形成高雅的风度和充满吸引力的个性色彩。完美的外在形象可以让人充满自信,自然从容地与人交往,会给交往对象留下清新、深刻、愉快的印象,有助于社交活动打开局面。

(三) 对外交往的方法

公关人员与社会进行交往,一般按如下层次逐步推行:首先是向交往对象传播他们感兴趣的信息,并通过各种形式的活动联络感情、结交朋友;其次是通过旅游企业实施的行动和公关人员的努力来影响交往对象,使他们转变观点、改变态度、密切合作,成为企业值得信赖的朋友。公关人员可采用的交往方式多种多样,如:组织参观、举办庆典、郊游野餐、进行专访、举办联欢会和信息交流会等。公关人员进行社会交往应注意以下几点。

1. 注重交往频率与沟通渠道

交往频率是指交往中相互联系、接触与交流的次数。沟通渠道即联络感情、增进了解的途径。一般来讲,交往的次数越频繁,建立友谊的成功率就越高。因此,对重要交往对象的交往频率要高。沟通的渠道应具有较浓的人情味,如可借适当的机会赠送礼物、宴请对方来沟通双方的情感,从而建立牢固可靠的友谊。

对于那些暂时不是旅游企业重要合作伙伴的交往对象,也不要冷落、忽视,适时的一声祝福、重大节日的简短问候,都会使对方感动并留下深刻的印象。

2. 交往过程中的尺度把握

交往过程中,由于双方兴趣、爱好、价值观的一致,或因彼此欣赏而产生好感是正常的,但须处理好热情与稳重的关系。热情是使对方接受自己的基础,也是发挥个人魅力的前提。稳重则是自尊、自爱,体现人格尊严的尺度,同样也是个人魅力的重要组成部分。然而,热情不等于献媚,稳重不等于矜持,热情过度会显得轻浮,而过分矜持,又会使交往气氛一落千丈,从而丧失合作的机会。

3. 设计具有创意的活动

震撼人心的悲壮、热烈的欢乐和意料之外的惊喜都具有感染力,感染力能给对方留下深刻印象并可能终生难忘。公关人员与人交往,如果能经常变换交往方式,以崭新的姿态出现在交往对象面前,是维系友谊、升华情感的重要方式。

4. 注重交往过程中的感情培养

人是情感的交织体,人是需要友爱的。一个缺乏爱、缺少友谊的人,即使身居闹市亦会倍感寂寞和凄凉。公关人员与人交往,虽然许多是利益上的朋友、生意上的伙伴,但如不注重感情培养,今后可能就会丧失继续合作的机会。培养感情方法很多,如当交往对象获得成功时及时祝贺;遭遇挫折时及时关心并给予帮助等。于细微之处见真情的努力,必将赢得信誉与好感,也会为今后的继续合作奠定良好的基础。

五、解决纠纷的协调职能

(一)协调内部关系,增强组织的凝聚力

协调员工与领导的关系,保持上下同心、众志成城,是实现旅游企业目标的基石;协调内部各部门之间的关系,同心同德、步调一致,是实现旅游企业目标的保证;协调旅游企业与外部公众的关系,避免和减少不必要的冲突,是实现企业总体目标的条件。

重视内部的协调和沟通,即通过建立和完善组织内部的各种传播、沟通渠道和协调机制,促进组织内部的信息交流。协调内部关系包括协调管理层与全体员工的关系,协调组织内部各个职能部门之间的关系,在信息交流的基础上使组织内部保持和谐状态,以促进思想上和行为上的一致,提高组织的向心力和凝聚力。

1. 协调管理层与员工的关系

旅游企业管理层一般都具有丰富的经验、科学的态度和判断决策的能力,但管理者与被管理者,客观上是一个既矛盾又统一的联合体,产生隔阂是不可避免的。如果管理层做出的重大决策,得不到员工的理解和支持,后果是不堪设想的。因此,协调企业管理者与员工的关系是企业总体目标得以顺利实现的关键。公关人员应在管理层与员工之间随时沟通信息,切实发挥桥梁作用。

2. 协调旅游企业内部各部门之间的关系

效能,是衡量旅游企业各个部门管理水平的标准。要达到有效的管理,就需要企业内部各部门之间做到密切配合。因此,协调好饭店内部各个管理环节之间的关系至关重要。企业各个部门面对的公众及工作特点、运作规律等都各不相同,如果沟通不够,往往会引发这样那样的矛盾,化解不及时,全优服务就可能会因某一环节的失调而功亏一篑,使企业形象受损。要协调好企业内部各管理部门之间的关系,首先应明确职责、权限,严明规章制度,既分工负责又协调配合,避免产生不必要的误会。

(二)协调外部关系,建立和谐的公众环境

在对外交往方面,公关部承担着旅游企业的外交任务,要运用各种交际手段和沟通方式,热情地迎来送往,积极地对外联络,为企业拓展关系、广结人缘,为企业的生存和发展减少各种社会障碍,抓住各种有利契机,创造和谐的公众环境。协调企业与外部环境的关系,主要包括以下内容。

1.协调旅游企业与政府部门的关系

政府是国家的职能机关,是旅游企业的权力公众。协调旅游企业与权力公众的关系,就是要妥善处理好旅游企业与政府各权力部门之间的关系。公关人员要协助企业经营者理解、领会、掌握国家的政策、法令和法规,争取主管部门的支持,最大限度地用足、用活、用好政策。要不断地将旅游企业信息反馈到有关政府部门,争取支持。要善于把握时机,加强与政府部门的感情联络,以加深他们对企业工作的了解,使之成为旅游企业发展的积极支持者。

2.协调旅游企业与竞争者的关系

竞争者之间既是同行,又是合作伙伴,遇到问题应通过诚挚的协商来解决,冤家宜解不宜结,要尽量避免产生不必要的误会,善于取人之长、补己之短,不断完善自己。竞争的规律是优胜劣汰,同行之间既是对手又是朋友,竞争中应避免使用不正当的手段。

六、鲜花铺路的促销职能

(一)信息传递策略

公关的促销作用,是指宣传、说明和展示具有促使潜在顾客向现实顾客转变,促进旅游企业服务和产品销售的功能。促销的关键是信息互通,促销工具是通信手段,公关活动通过信息传播感动公众,促进销售,但公关并非等同销售。

传递旅游企业信息的目的,是影响潜在顾客的购买行为,而要有效地向潜在顾客传递信息,公关人员必须了解和研究信息传递的决策过程,并对下列问题做出决断。

1.确定接收信息的对象

接收旅游企业信息的对象当然是潜在的顾客,但潜在顾客又可以细分为多种类型,因此旅游企业应根据各个阶段的促销计划,选择并确定向哪一类潜在顾客提供信息。

2.预测信息引起的顾客反应

旅游企业传递信息的目的是促使潜在顾客购买企业的产品和服务,但是购买行为是客人购买决策的结果,因此旅游企业应了解顾客目前正处于哪个待购阶段,判定通过信息传递能引发顾客产生何种反应。旅游企业希望顾客产生的反应大致

有知晓、了解、喜爱、偏爱、信服、购买饭店产品等。这几种反应从程度上来说是不断加深的。旅游企业向公众传递信息一定要有针对性,要有明确的目标。

3.信息的选择与反馈

旅游企业传递的信息应引起接收者的注意,引发兴趣,激发购买欲望,促使购买行为的产生。这就要求旅游企业对信息的内容、反馈形式等加以认真考虑。

(1)选择媒介。不同传播媒介各有特点,旅游企业应根据需要选择运用。

(2)选择信源。信源,是指公众获取信息的来源。为提高信息的可信程度,旅游企业往往请社会名流来传播企业信息。

(3)信息反馈。旅游企业传播信息之后,应调查对信息接收者的影响。

(二)促进销售的公关手段

促进销售的形式、方法是多种多样的,旅游企业管理者在经营活动中积累并创新了不少经验,下面从公关角度介绍几种促销手段。

1.形象促销

形象促销,是指能通过树立企业良好的、具有吸引力的形象,诱发顾客的购买动机。企业以形象促销方式策划、制造并向公众输送企业的正面形象信息,以促进产品销售,这是成功的公关手段之一。

2.质量促销

质量促销,是指旅游企业通过优良的服务质量和精良的产品质量达到促进销售的目的。质量是旅游企业的生命,质量的优劣是促销成败的关键和前提。弄虚作假、以次充好只会给旅游企业带来负效应。

3.口碑促销

口碑促销,是指旅游企业通过尽善尽美的优质服务赢得住店客人的赞誉,再通过他们对其交往对象的宣传,给企业引来新客人。这是一种活广告,能有效扩大企业的声誉。

4.价格促销

价格促销,是指旅游企业通过价格优惠让利给客人,以求更多的客人光顾,达到促销目的的促销方式。客人对直接关系切身利益的价格非常敏感,当其认为得到了实惠的时候,必会刺激消费欲望。

5.特色促销

特色促销,是指通过开发一些人无我有、人有我新、人新我特、人特我奇的消费产品和服务项目吸引客人,以达到促销的目的。

6.广告促销

广告促销,是指旅游企业通过媒介传播企业的产品和服务信息,以求促进销售。这就要求公关人员必须学会巧用媒体,同时,广告内容应以客人的需要,特别是心理需要为焦点,注意广告的定位。

以上几种促销手段都与公共关系有着十分密切的联系,并经实践证明是行之有效的,但如果没有公关意识或公关意识不强,再好的促销手段也难以奏效。

七、造福社会的服务功能

(一) 服务功能分析

公关工作本身就是一种服务工作,其工作成效也须以服务质量的优劣作为衡量尺度。公关人员所开展的一系列公关工作,都是为帮助旅游企业实现组织目标服务的,因此具有很强的从属性和服务性。

在旅游企业经营管理中,公关部的工作内容、日常业务带有十分明显的服务性质,具有不同于其他职能部门的特征。

(1) 旅游公关业务不像其他部门职能那样,只负责服务接待工作中的某个环节,它既游离于企业其他工作部门,居于各部门工作之上,又渗透于整个旅游企业经营管理过程的各个环节之中。

(2) 旅游企业公共关系的工作方法是通过信息性、传播性、协调性、支持性、辅助性的服务,使组织内部的运转更加顺畅,组织外部的环境更加和谐。

(3) 旅游企业公关部门的负责人直接对总经理负责,对内可与各职能部门对话,了解工作进程;对外可代表旅游企业与各类公众保持接触与联系;还可以参加旅游企业的决策会议,为重大经营决策提供咨询。

(4) 旅游企业其他职能部门涉及的公众是有限的,而公关部门则要面对旅游企业内、外部所有公众。在内部,负责下情上传、上情下达,做员工的知心朋友、领导的得力参谋;在外部,要为旅游企业广交朋友,做企业对外排除干扰、减少障碍的润滑剂。

(二) 服务功能举要

在旅游企业组织内,公关工作不直接参与人、财、物等资源的管理,不直接生产和推销产品,而是运用各类传播、沟通手段为各部门服务,协助处理那些需要多方面介入和配合的纷繁事务,执行那些需要宏观协调和控制的边缘性职能,将企业信息有效地输出,为企业树信誉、造声势、扩大影响。例如:可通过举办美食节弘扬饮食文化;通过开展服务明星大赛,传播旅游企业服务形象;通过反馈公众评价,为提高服务质量提供参考依据;通过提供客源动态信息,为旅游企业调整经营方针提出建设性意见;通过处理投诉来维护旅游企业的良好形象;通过加强横向交流,使旅游企业内部各职能部门配合更加默契,工作更加协调,每个环节都处于良性运转的最佳状态。

在旅游企业外部环境中,公关部作为企业中一个社会性、公众性、服务性最强的工作部门,不仅要用语言、文字,而且要用行动为企业树立形象。公关活动是获取信誉的最好方法,服务是最好的公关行为,多做好事、善事是用行动去打动公众、影响公众,树立旅游企业形象的艺术。树立旅游企业形象,如企业为所在社区提供各种公益性、环保性的服务;为发展文化、教育、科学、艺术、体育等事业提供必要的赞助和服务;举办各种旅游企业知识培训班,引导消费等,使社会公众从企业的服务行为中感受到旅游企业对社会的爱心和责任感,由此产生对企业的好感。

公关部还应协助领导建设企业精神和企业文化,这是激发员工主人翁责任感、归属感、自豪感的动力,也是旅游企业向心力、凝聚力的源泉。优秀的旅游企业都拥有自己的办店宗旨、工作目标和服务规范,有代表企业精神的店歌、店服和店训。

另外,公关部还应注重员工公关意识的培养,加强公关技能、技巧的培训,包括交际能力、语言表达能力、思维能力、组织能力、宣传能力、营销技巧等。这样才能使员工在与工作对象交往时,很容易找到共同语言,进行信息和情感的交流。

公关部应教育员工树立开拓精神,增强创新意识,敢于积极探索;教育员工与人为善,接受各种与自己性格不同、风格不同的人,从而迅速搞好公众关系。现代科学早已证明,每个人都蕴藏着巨大的潜能,大多数人平时只发挥了其全部潜能的10%。如果旅游企业员工都能充分挖掘自身的潜能,熟练掌握公关技能、技巧,无疑其所形成的强大能量,将给旅游企业带来巨大的社会效益和经济效益。

八、凝智增益的教育功能

(一)公关教育有利于塑造旅游企业良好形象

"形象"是旅游企业的无形资产,在市场竞争日益激烈的环境中,唯有开发、塑造和营销企业形象,才是赢得优势、占领市场的制胜法宝。所谓旅游企业形象,是指旅游企业内在文化理念和外在行为表现在公众中获得的总体评价。企业形象是旅游企业公共关系和舆论状态的总和。它表现为公众对旅游企业历史背景、领导者资历、员工素质、组织结构、行为准则、产品及服务质量及内外环境状况等要素接触了解和认同的程度。旅游企业形象源于旅游环境的需要,是特定的企业文化和公众信念的显现,具有真实性、多维性、相对性和复杂性等特征。

我们强调的旅游企业公关教育是将旅游企业的公关状态、实务和思想,通过一定的方式传递给内外部目标公众,以取得理解、支持和信任的一项长期任务。旅游企业公关教育与形象塑造相互作用,共同发展。形象塑造是旅游企业开展公关教育的目的,而公关教育又是夯实企业形象的重要途径。

公关教育是伴随旅游企业形象塑造而进行的,具有持续性、感召性、广泛性和适时性等特点。因此公关教育是开发、塑造、规范、营销企业形象的一条长期的切实有效的重要途径。

1. 公共关系教育的持续性

旅游企业在长期、持续开展公关教育的同时,可以不断获取最新公关理论和实务知识,并结合自身综合实力,源源不断地向内外部公众输出企业信息,及时发现和纠正教育实践中存在的问题。企业形象并不是一成不变的,它将随着时代的变迁和市场形势的变化而变化,在一定条件下,会形成一些概念性的东西,成为一种公众心理定式,进而为旅游企业公关教育提供丰富的素材。同时,持续有效地传播和规范企业形象,也离不开公关教育。对于企业可持续发展而言,这是非常重要的。

2. 公共关系教育的感召性

教育具有感染力和号召力。通过旅游企业公关教育不仅能传播企业信息,在公众舆论中雕琢企业形象,同时能有效地感召企业公众,将他们自觉和不自觉地导向旅游企业,成为旅游企业的目标公众。

3. 公共关系教育的广泛性

旅游企业形象是旅游企业公共关系的核心。旅游企业形象传播和规范的广度和深度直接影响旅游企业公众的总体评价。旅游企业公关教育可以广泛、全面、深入地向目标公众解释旅游企业行为,以获得较高的知名度和美誉度。

4. 公共关系教育的适时性

旅游企业公共关系教育在旅游企业经历的不同时期,对旅游企业形象的传播和规范有所不同,具有一定的适时性。旅游企业形象在不同时空面临的旅游企业公众所产生的评价是不同的,因此,在进行旅游企业公共关系教育时,旅游企业应把握住自身形象的时代性特征,向目标公众及时全面地传播。

5. 公共关系教育强化与巩固了旅游企业形象

教育具有强化与巩固的功能。旅游企业形象通过持续的公关教育,刺激内外部公众,使之在接受公关教育的过程中产生某种重复反应的可能性,以加强和巩固对旅游企业的理解。这种重复反应的可能性力量是一种强化作用。一般来说,公关教育的强化作用无论对外部公众或内部公众,都有正强化和负强化之分。正强化可以加强和巩固公众对旅游企业形象的理解,反之,负强化则起削弱作用。

旅游企业在开展公关教育时,应多采用正强化,如通过奖励、联谊、庆典等公关教育活动,来增强内外部公众对旅游企业形象的分析、理解,以加深印象。正强化的方式有社会强化、物质强化和活动强化三种。社会强化,就是通过参与大量社会公益活动(如赞助、捐款等)以提升企业的社会影响和社会地位,强化内外公众对企业形象认知的一种方式;物质强化,则指以物质奖励的形式(如赠送试用品、宣传单、消费券等)来刺激内外公众,使之以亲身经历或享受来体味旅游企业形象的过程;活动强化,则是举办一些有趣的活动(如竞赛、游戏、联谊等),邀请内外部公众参加,在活动中展现企业形象,感染公众。旅游企业在开展公关教育时,应因时、因地、因人采取不同的强化方式,巩固和强化企业形象。

(二)公共关系教育能完善旅游企业管理

公关教育是旅游企业公关计划,乃至企业管理中的一项十分重要的工作。旅游企业只有转换经营机制,建立科学、高效的管理制度,才能在市场经济环境中适应市场经济规律,有效地达到预期目标。旅游企业作为独立的经济实体,在市场经济大潮中必须调整自己的经营目标,把视线转向旅游消费公众(旅游者),了解他们的需求,争取他们的理解和支持,并依据瞬息万变的市场信息和旅游者意愿,通过广告、宣传和各种社会活动与企业公众保持广泛的联系,做出正确的决策,实施自己的计划。这些经营管理上的过程都需要公共关系,因此,加强公关教育有利于完善旅游企业管理。

1. 公共关系教育是企业管理的重要内容

管理,是指通过计划组织、人员配备、控制指导等职能来协调内外部关系,为实现既定目标而实施工作的过程。马克思曾指出:在同一生产过程中,或在不同的但互相联系的生产过程中,需要劳动者有计划地在一起协同劳动,这种劳动形式叫作协作。可见,旅游企业管理是以旅游企业为载体,为企业及所有成员营造和保持一种环境,使人们在其中发挥自己最大的才能,通过努力而实现旅游企业目标的活动过程。它具有计划组织、人员配备、控制指导三项职能。企业管理的核心是处理好企业组织的各种公共关系。企业管理不是个人的活动,其每个环节自始至终都在与人打交道,这就衍生了企业公共关系。公共关系作为管理手段之一,在企业管理中发挥着极大的作用。

如何更有效地在企业管理中运用公共关系,最佳途径是开展公关教育、普及公关理论和实务。企业管理以人为本,一方面要以外部公众为本,围绕旅游者需求,满足和吸引他们;另一方面要以内部公众为本,加强沟通,争取他们的支持,调动其积极性,使之为实现企业目标做出贡献。旅游企业管理绩效的衡量就是要看旅游企业对各种人际关系处理得如何,而良好人际关系的建立需要公共关系,因此,公共关系教育是旅游企业管理的一项重要内容。

2. 公共关系教育是企业管理的长期任务

企业管理的一项重要职能是人员配备。其内容包括选拔、聘任、考评、培训以及引进人才等,具体讲就是选人、用人、评人、育人和留人。其中育人是旅游企业应该非常重视的一项长期性工作。然而,一些旅游企业领导往往忽视教育开发内部公众这一长远战略目标,认为员工学文化与企业关系不大,反而担心员工文化学高了会不安心本职工作,甚至认为抽时间搞学习、教育,会直接或间接地影响工作,很不划算,从而打击了员工奋发进取的积极性,这是一种"近视症"。就我国旅游业发展而言,随着我国成功加入世界贸易组织,对信息和人才两个市场的争夺日益激烈,因此,加强教育,重视人才和信息,是今后我国旅游企业管理工作中的一项硬任务、硬道理。育人工作做好了,选人、用人、评人、留人才有了基础,有关制度才能相应完善,旅游企业管理也才会逐渐产生活力和动力。否则,缺乏人气的企业,就无所谓管理了。

(三)公共关系教育能提高旅游企业员工素质

锻造员工素质是旅游企业公关教育的重要内容和途径。如果说塑造企业形象、完善企业管理是旅游企业公关教育的宏观目标,那么,提高员工素质就是旅游企业公关教育的微观目标。旅游企业公关教育对外具有影响公众舆论的导向作用,即旅游企业可采用正面宣传渗透其价值观念,主动引导舆论评价,但这种方式可控性差、投资大、见效慢;而对内关注员工素质的提高,构筑企业凝聚力的工作则可控性强、投资小、见效快。此外,旅游企业的特殊性决定了只有全面提高旅游企业内部员工素质,才能全面提高服务质量,树立企业形象,进而影响企业外部公众,获得最佳舆论评价,从而间接实现对外教育的目标。因此,通过公关教育提高员工素质,便成为旅游企业的一项非常重要的任务。

1. 公共关系教育增强员工职业道德观念

旅游企业公共关系是一门科学和艺术,具有自身的行为准则和道德规范。通过公关教育,首先,能使员工树立正确的职业道德观,正确对待工作,忠于职守、敬业爱岗,做到忠诚、公正,在真与假、善与恶、美与丑、正确与错误发生矛盾冲突时,毫不犹豫地支持和维护真、善、美和正确的方面。其次,能使员工从旅游企业全局利益出发,不计较个人得失,即使损失个人利益为了顾全大局也毫不迟疑,做到廉洁奉公、不谋私利,造福于企业和公众,绝不为谋取个人私利,影响、危害企业声誉,或不择手段、唯利是图、损人利己。其三,"全心全意为旅游企业公众服务"的思想,能使员工树立"服务第一"的观念,为公众提供最优质的产品和服务。因此,在进行旅游企业公共关系教育时,必须将职业道德教育作为重要内容。加强职业道德教育能够培养员工热爱祖国、遵纪守法等高尚的道德情操,树立远大的理想和正确的人生观,从而端正旅游企业公关活动的指导思想。

2. 公关关系教育规范员工职业行为

旅游企业开展公关教育,一方面能将基本理论知识传播给员工,另一方面能将公关实务和经验传授给员工。这样旅游企业员工便可以在一个很开阔的平台上领悟旅游企业公关状态、实务和思想,并自觉规范自己的行为,服从于大的方针、政策,同时,能结合实际灵活运用、不断创新各种公关技巧,充实自身的公关经验和能力。

3.公共关系教育孵化员工岗位责任意识

公关教育最终能让知识升华为观念,进而孵化出一种意识。一旦积极的"意识"形成,表明教育取得了最佳效果。这是由于意识具有能动作用,能自觉或不自觉地驱使人们的行为。旅游企业公关教育也不例外,只有长期坚持,不断更新和完善公关教育,才有可能孵化出员工良好的岗位责任意识。以立足本职为己任,自觉加强公关能力的培养、锻炼,以自己为表率,展现企业形象,吸引企业公众,促进产品销售,提高企业的经济效益。

(四)公共关系教育能增强全体员工的公关意识

所谓"全员公共关系",是指旅游企业通过对全体员工进行公关教育与培训,增强全员公关意识,使全体员工自觉实施公关行为,形成浓厚的企业文化氛围。

1.公关教育与日常工作相结合形成奖惩制度化

要将旅游企业公关教育的经常性工作与全体干部、职工的日常行政、业务、服务工作结合起来。各部门在自己的工作范围内订计划、做决策时,都应自觉地配合旅游企业公关目标。公关状态的好坏,也应成为考核评价部站点业务工作的标准之一。同时,应明确各部门、各岗位的公关责任,并列入有关规章制度中去,如门卫的仪表仪态、电话总机接线员的服务方式、人事部门的职工关系、销售部门的服务态度等,均从不同角度涉及企业整体的责誉和形象。因此,在旅游企业干部、职工中进行公关教育和训练,开展公关评比和奖惩是必要的。

2.倡导自觉意识形成企业公共关系文化氛围

全员公共关系有赖于旅游企业内部形成一种浓郁的公关文化氛围。而在旅游企业内部普及公关教育,倡导自觉公关意识,规范岗位职业行为,使全体员工认识到企业的形象、声誉等无形资产比有形资产更难得、更珍贵,创造和维护企业的良好形象和声誉需要大家的共同努力。因此,为企业赢得声誉的言论和行为,应得到高度的评价和奖赏;对损害企业形象的言行,应视作危机而予以严肃处理,使全体员工在内外交往沟通中自觉运用公关理念现象蔚然成风。

第二节 旅游企业公共关系的"四步工作法"

为使旅游企业充分发挥公关职能,使公关工作富有成效,企业公关工作必须遵循一定的程序,有步骤、分阶段地进行。一般来说,旅游企业公关工作过程分为四个基本阶段,即"四步工作法":一是公关调查,即通过环境分析和形象分析,确定公关问题;二是公关策划,即根据问题确定目标、制订计划和设计方案;三是公关实施,即根据目标、计划、方案实施传播沟通活动;四是公关评价,即根据调查、反馈,评价公关活动的效果,寻找新问题、确定新目标,调整公共关系计划。

一、形象调查

旅游企业公关工作的第一步是甄别公众对象,采用民意测验评价企业形象。通过企业实际形象与主观形象的比较,寻找差距、确定问题,为今后旅游企业公关工作指明方向。

(一) 自我期待形象

自我期待形象即旅游企业自己所期望建立的社会形象。理想的企业公关状态,是指旅游企业公关工作的动力、方向、目标、标准及自我期待形象的设计,均建立在对企业实际形象分析的基础上,而且必须与旅游企业的实际状况相结合。因为任何脱离实际的所谓旅游企业形象设计都只不过是"空中楼阁",不可能取得实际的公关效果。一般来说,自我期待形象要求越高,旅游企业组织所付出的公关努力就越大、难度也更高。为了使旅游企业的自我期待形象准确到位,必须对旅游企业的实际形象进行分析,找出目标差距,才可能设计出符合旅游企业期望又符合实际状况的可操作性强的公关计划。

(二) 实际形象分析

实际形象,是指旅游企业的实际行为和表现在公众舆论中的投影、反映,亦即社会公众和社会舆论的认知和评价。实际形象分析就是通过舆论调查和民意测验,了解旅游企业在社会公众中的知名度和美誉度。实际形象分析包括以下几个步骤。

1. 确定和分析企业公众

公众是反映企业形象的镜子。旅游企业要了解企业公众形象,就必须甄别、确认公众对象,确定形象调查的对象和范围。如果公众对象不明确,就无法进行形象调查与分析,就不可能获得准确的调查结果。

2. 旅游企业形象测评

在综合分析公众评价意见的基础上,可根据知名度和美誉度两项最基本的形象指标,测定旅游企业的实际形象地位。

所谓旅游企业的知名度,是指社会公众对旅游企业知晓与了解的程度。它反映旅游企业社会影响的广度和深度,是评价旅游企业公共关系工作的量的指标。

所谓旅游企业的美誉度,是指社会公众对旅游企业信任和赞美的程度。它反映旅游企业社会影响的好坏,是评价旅游企业公共关系工作的质的指标。

良好的形象是由知名度和美誉度构成的,缺一不可。知名度主要衡量舆论评价"量"的大小,美誉度主要衡量舆论评价"质"的好坏。美誉度高,不一定知名度大,美誉度低也不意味着知名度小。

知名度和美誉度这两项指标可以分别通过一定的调查方式测定,如果把这两项指标分别作为直角坐标的两个坐标轴,知名度为横坐标,美誉度为纵坐标,便可构成一个旅游企业的形象坐标系。任何一个旅游企业的实际形象都能在这个坐标系中定位,或者说找到自己的形象位置。我们把这种表示形象状况的图,称为"企业形象地位图",如图5-1所示。企业形象地位图分为A、B、C、D四个区,分别表示四类不同的企业形象状态;甲、乙、丙、丁是四个假设旅游企业的形象位置。

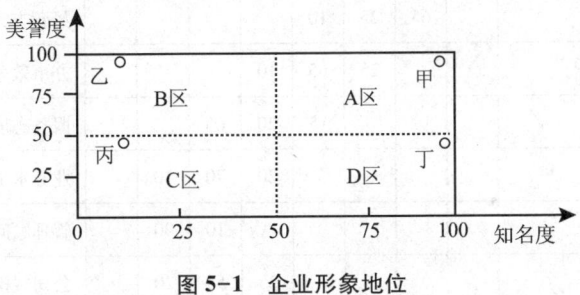

图5-1 企业形象地位

从图5-1中可以看出:A区:高知名度、高美誉度。在A区中的甲旅游企业处于最佳的公共关系状态,应保持成绩、发挥优势,继续努力。

B区:低知名度、高美誉度。在B区中的乙旅游企业已经具有了良好的公关基础,应在保持高美誉度的基础上,通过传媒的宣传让外界更多地了解自己,尽快提高知名度。

C区:低知名度、低美誉度。在C区中的丙旅游企业公关状态不佳,其公关工作甚至需要从"零"开始,首先应该完善自身,争取较高的美誉度。而在传播方面暂时保持低姿态,待享有较好的美誉度后再做大力提高知名度的工作。

D区:高知名度、低美誉度。在D区中的丁旅游企业公关处于"臭名远扬"的恶劣环境,必须通过整体工作的改进和公关活动,先扭转坏名声,提高美誉度,尽快扭转公众对企业形象的看法,否则将无法生存。

"企业形象地位图"能够较直观地显示旅游企业目前的形象地位,帮助公关人员诊断公关工作上存在的问题,寻找解决问题的方案,辨明下一步选择、设计新形象的方向。

3.旅游企业形象要素分析

旅游企业形象内容不是单一的,处于上述某种形象地位是由多种因素造成的。分析目前旅游企业形象形成原因的方法,是填写形象要素调查表。制作这种表格的方法是将关系到企业形象的重要因素(如经营方针、办事效率、服务态度、业务水平等)列举出来,然后给出评价档次,以便于公众对每个调查项目进行评价。最后,公关人员对所有表格进行统计,计算每个调查项目中各种档次所占的百分比。我们可以表 5-1 中的丙企业为例,通过企业形象调查得出统计结果。

表 5-1 企业形象评价表

单位:%

评价单位 / 调查项目	非常	相当	稍微	中	稍微	相当	非常	评价单位(%) / 调查项目
经营方针正确		65	25	10				经营方针不正确
办事效率高			25	65	10			办事效率低
服务态度诚恳				15	20	65		服务态度恶劣
业务水平高,有创新					20	70	10	业务水平低,缺乏创新
管理顾问有名气						10	90	管理顾问没有名气
公司的规模大					25	55	20	公司规模小

(三)目标形象差距分析

1. 形象差距的计算方法

形象差距,是指旅游企业的实际形象与主观形象之间有差距。旅游企业公共关系的任务就是要尽力缩短这种差距。

形象差距分析可用形象要素差距图直观地表示出来。方法是将企业要素表上表示不同程度评价的 7 个档次相应地数字化,成为数值标尺,如 10 表示非常差,20 表示相当差,以此类推,70 则表示非常好。再根据调查表上的统计数字计算出公众对每个调查项目评价的加权平均值,将各个平均值分别标在数值标尺对应点上,连接各点就成为旅游企业的形象曲线。

计算加权平均值的一般公式如下:

$$\bar{X}_0 = \frac{\sum_{i=1}^{n} W_i X_i}{\sum_{i=1}^{n} W_i}$$

公式中,X_0 为所求加权平均值;W 是第 i 个调查值 X 的对应权数。依照旅游企业形象调查要素表的数据可做出该企业的形象曲线,如图 5-2 所示。

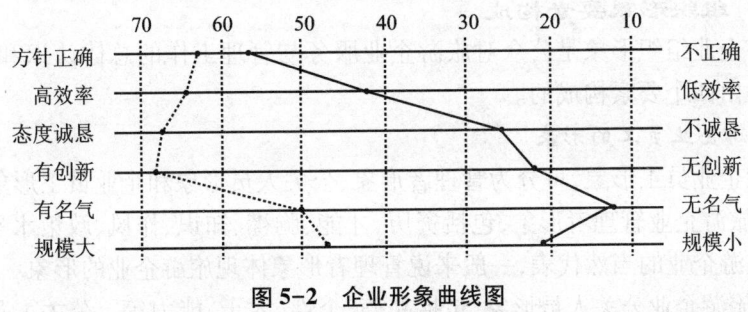

图 5-2　企业形象曲线图

图 5-2 中,实线表示旅游企业的实际形象,虚线表示旅游企业的主观期待形象,两条线之间的差距就是形象差距。

2. 形象调查的意义

旅游企业的形象调查有助于旅游企业公关人员收集与旅游企业有关的各种形象信息,了解企业内部公众与外部公众对企业的评价与看法,为设计旅游企业期待形象提供依据。

(1) 为旅游企业决策提供依据。调查是保证旅游企业决策正确的有效方法,主要任务是及时为旅游企业提供决策的依据。只有通过调查,才能使旅游企业决策者了解企业公共关系状态,了解公众的要求和愿望,才能做出符合公众要求和愿望的决策。只要决策正确并加以认真实施,就能够使旅游企业在公众心目中树立良好的形象。

(2) 提高旅游企业公关活动的成功率。调查分析是旅游企业公关工作的起点。旅游企业公关人员在具体开展公关活动之前,必须对企业的有关状况及人力、物力条件做充分的调查,必要时还要现场考察。只有通过调查,公关人员对计划开展公关活动的主、客观条件有了足够的了解,并对实施公关活动中可能出现的问题有了科学的预测和充分的准备,才能保证旅游企业公关活动取得良好效果。

(3) 有利于塑造旅游企业的良好形象。公关活动以传播为手段,为实现旅游企业的特定目标服务。公关调查从旅游企业主观方面来说,以搜集信息为主要目的。但在客观上,开展调查活动要同公众进行广泛接触。公关调查的过程,同时也是旅游企业公关人员向公众传播企业注重形象建设这一信息的过程。调查本身也是一种传播,也会起到塑造旅游企业良好形象的作用。

二、形象设计

旅游企业公关人员在经过调查分析,收集了必要的信息,发现并确认问题及其原因之后,即可制订公关工作规划和实施方案,为旅游企业设计形象,使企业公关工作建立在科学计划的基础之上。

(一)组织形象要素构成

旅游企业组织形象是公众对旅游企业服务与管理工作的总体认识和评价,这一形象是由四个要素构成的。

1.旅游企业员工的形象

旅游企业员工形象,可分为管理者形象、公关人员形象和企业员工形象。

(1)旅游企业管理者形象,包括资历、才能、胸襟、知识、作风、政策水平等。管理者是旅游企业的当然代表,一般来说管理者形象体现旅游企业的形象。

(2)旅游企业公关人员形象,包括品德、个性、才干、能力等。公关人员是旅游企业的特定代表,直接与公众联系和交往,在一定程度上也体现着旅游企业的形象。

(3)旅游企业员工形象,包括工作能力、服务态度、道德修养和文化程度等。员工是企业的"门面",因此员工形象是旅游企业形象的一个构成要素。

2.旅游企业管理的形象

旅游企业是一个系统,管理是一种控制。合二而一,旅游企业管理即为系统控制。旅游企业内部各子系统运行正常、各要素充分发挥作用并和谐一致,显示出旅游企业管理水平的高超,就能在公众中形成良好的企业管理形象。

3.旅游企业的实力形象

旅游企业的实力形象一方面反映在硬件建设上,即旅游企业的建筑构造、装修格调、设施设备、环境状况等;另一方面反映在旅游企业员工的待遇与福利上,工资高、福利好,会使员工产生归属感。一般来说企业经济效益好、实力雄厚,才有凝聚力,所以,经济实力是旅游企业形象塑造的物质基础。

4.旅游企业的产品和服务形象

旅游企业的产品和服务直接与消费者相关联,对于消费者而言,产品和服务质量的优劣是其关注的重点。从这个角度来看,产品形象和服务形象是旅游企业形象的缩影或代表。产品和服务的形象是直观的,最易受评价的。因此通过产品和服务来反映企业形象,是树立旅游企业形象的最佳途径。旅游企业形象一旦形成,也会反过来影响产品和服务的形象。

旅游企业的员工形象、管理形象、实力形象,以及产品与服务形象,是构成旅游企业整体形象的主要因素。除此之外,还有旅游企业的名称、店徽、象征物、广告语、代表色等,也是构成旅游企业形象的因素。这些因素相互作用、相互影响,构成了旅游企业的整体形象。

(二)形象差异化目标确定

所谓形象差异化目标,是指把调查得到的实际形象与设定的自我期待形象进行比较分析后找出的差距。这个差距就是差异化目标。只有缩小了两者之间的差距,才能形成理想的公共关系状态。

在调查旅游企业实际形象时,有许多信息反映了公众对旅游企业的批评、建议与期待。这些信息是否都能作为旅游企业的改进目标呢?回答是否定的。因为由于公众所处的社会地位不同、利益要求不同,因此他们对同一组织机构会有不同的权益要求,甚至出现各种要求相互冲撞、相悖的状况。如果公关人员不加区别、不分轻重缓急,面面俱到,最多只能平均兼顾各类公众的不同要求,使旅游企业在社会公众中形成一种"平均形象",而不一定能使本企业的公关工作卓有成效。因为平均形象的提高,意味着企业某些特征在社会公众心目中的实际形象降低,如果特定公众是旅游企业的主要客源,那么该企业的"有效形象"实际上就降低了。上述分析说明,差异化目标的确定必须重视"有效形象"这个标准。

所谓有效形象,是指既符合组织的发展又有利于相关公众的形象。公关人员面对各类公众的不同要求,必须要有所侧重、有所选择,不必追求面面俱到,也不可能做到面面俱到。首先,应该明确本企业所面对的主要公众是什么,他们有哪些要求;然后依据本企业的性质、作用、特点以及所具备的条件和能力,来权衡、区别公众的要求。没有能力达到的要求,不适宜作为形象选择的标准,否则将出现名不副实、承诺和实际做法相悖的状况,不仅不能提高企业形象,而且还会在公众中引起反感,直接损害组织的形象。

选择、规划有效差异化目标的基本步骤如下。

(1)鉴别公众对象的权益要求。

(2)概括、分析公众的各种权益要求,权衡企业利益与公众利益的关系,确定公共关系的主要对象和兼顾对象。

(3)确定公共关系差异目标(其中包括一般目标和特定目标、长期目标和近期目标),选择和规划旅游企业的总体形象和特殊形象。

(三)企业形象设计的协调平衡

旅游企业形象是一种整体形象。企业形象的设计是一种艺术,是创造性很强的工作,没有固定不变的模式。一个旅游企业要在市场竞争中为公众所接受、所认同,就必须确立别具一格的企业形象。旅游企业的形象构思与策划是否成功,取决于三方面的条件。

1.旅游企业利益与公众利益的协调平衡

旅游企业的公关目标是为促进企业发展,但任何旅游企业的发展都不应以损害公众利益为条件,否则就只是一种短期行为。因此,旅游企业公关目标要兼顾企业组织和公众两方面的要求。

2.旅游企业总体形象与特定形象的协调平衡

旅游企业的社会形象是由公众的主观感受来评价的,由于公众的构成非常复杂,因此公众对旅游企业的评价不可能取得完全一致。这要求旅游企业形象设计,既要兼顾各类公众的一般要求,又要符合本企业在重要公众心目中的特定形象,以形成独树一帜的形象风格。

3. 知名度与美誉度的协调平衡

知名度和美誉度都是旅游企业公共关系所追求的目标,不可顾此失彼。一方面,既要赢得主要公众的好评,又要获得一般公众的好感;另一方面,既要争取足够的美誉度,也要争取相应的知名度。

只有做好以上三方面的协调平衡工作,旅游企业别具一格的企业形象才会真正建立起来。

三、形象传播

公关计划的组织实施是整个公关活动的中心环节。由于大多数公关活动项目是针对目标公众的信息传播活动,因而公关活动的实施就是组织运用各种现代传播技术和沟通手段,把预期的信息传递给目标公众,以改变其态度或促成其行为,创造对旅游企业自身有利的公众环境。

(一)选择传播媒介

各种传播媒介各有所长也各有所短,面对众多的媒介,旅游企业公关人员要学会有针对性地选择传播媒介,以求达到良好的传播效果。选择传播媒介应遵循以下基本原则。

1. 联系目标原则

各种传播媒介都有特定的功能,只能为公共关系的某一目标服务。选择传播媒介,首先取决于旅游企业的公关目标和要求。如果旅游企业的公关目标是为了提高企业的知名度,则可选用大众传播媒介;如果旅游企业公关目标是为了加强与员工的沟通、增强企业凝聚力,则可以选择人际传播媒介和企业自控媒介。

2. 适应对象原则

不同的传播媒介适用于不同的目标公众对象。要想使信息有效地传达给目标公众,就必须考虑到目标公众的经济状况、受教育程度、职业习惯、生活方式,以及他们通常接收信息的习惯等,然后再根据这些情况分析决定选用什么样的媒介。如对文化程度不高的市民公众,采用广播、电视等传播媒介,信息传播的效果就比较好。

3. 区别内容原则

不论是人际传播媒介、旅游企业自控媒介,还是大众传播媒介,每种形式的特点和适用范围都有所不同。选择传播媒介时,应将信息内容与各种传播媒介的特点结合起来综合考虑。如对比较复杂需反复思索才能明白的内容,最好选用印刷媒介(如报纸、杂志、图书等),这样可以使人从容阅读、慢慢品味。

此外,旅游企业公关人员应根据信息传播范围的要求选择传播媒介。若是只对本地区有意义的信息,就不必选用全国性的传播媒介;与投诉的客人进行沟通,则只需要见面商谈或采用书信等人际传播方式即可奏效。

4. 量力而行原则

旅游企业的公关经费一般都较有限,公关人员应根据企业的公关预算和传播投资能力量力而行、精打细算,选择恰当传播媒介,争取用尽可能少的费用去实现尽可能大的社会传播效益。

(二)确定公关活动方式

公关活动方式是指一定的公共关系方法系统。它是由一定的公关目标和任务,以及这种目标和任务决定的若干具体方法和技巧所构成,具有某种特定公关功能的活动方式。

公共关系没有一个统一的模式,不同的旅游企业,或同一旅游企业的不同发展阶段,或同一阶段中针对不同的公众对象及不同的公关任务,都需要有不同的公关活动方式。在旅游企业公关工作中,可从不同角度来划分公关活动方式。

1. 按活动的类型和特点来划分

(1) 宣传型公关活动方式

宣传型公关活动,是指运用大众传播媒介和内部沟通的方法开展宣传工作,树立旅游企业良好形象的公关活动方式。其主要做法是:利用各种传播媒介和交流方式进行内外传播,使各类公众充分了解旅游企业并支持旅游企业,进而形成有利于旅游企业发展的氛围。其特点是:导向性强、时效性强、传播面广、推广速度快。

(2) 交际型公关活动方式

交际型公关活动,是指在人际交往中开展公关工作的一种活动方式。目的是通过人与人的直接接触与沟通,为旅游企业建立广泛的社会关系网络,创造"人和"的环境。其方式是进行团体交际和个人交往。团体交际包括各种招待会、座谈会、宴会、茶话会、舞会等;个人交往有交谈、拜访、祝贺、个人署名信件来往等。

(3) 服务型公关活动方式

服务型公关活动,是一种以提供优质服务为主要手段的公关活动方式。目的是以实际行动来得到社会公众的了解和好评,建立企业良好的形象。所谓"公共关系就是90%要靠自己做得好",其含义即在于此。

(4) 社会型公关活动方式

社会型公关活动,是指旅游企业利用举办各种社会性、公益性、赞助性的活动,塑造旅游企业形象的活动方式。其目的是通过积极的社会活动,扩大旅游企业的社会影响,赢得公众的支持。

社会型公关活动的形式有三种：一是以旅游企业本身的重要活动为中心开展的公关活动，如利用企业开业剪彩或周年纪念的机会，邀请各界嘉宾以联络感情。二是以赞助社会福利事业为中心开展的公关活动。三是资助大众传播媒介举办各种活动，以提高旅游企业的知名度。

(5) 征询型公关活动方式

征询型公关活动是以采集社会信息为主的公关活动方式。目的是通过信息采集、舆论调查、民意测验等，掌握与旅游企业有关的信息，为旅游企业的经营管理决策提供依据、充当参谋，使旅游企业行为尽可能与国家的总体利益、市场发展趋势及舆情民意保持一致。

征询型公关活动可采用的形式很多，如访问重要客人，征询客人对旅游企业的要求与意见，接受客人的投诉等。其特点是：长期、复杂、艰巨，需要细水长流、持之以恒、日积月累，及时对民意和舆论的变动做出反应，保持旅游企业与社会环境的动态平衡。

2. 按活动的功能或目的来划分

(1) 建设型公关活动方式

建设型公关活动，是在旅游企业初创时期或新产品、新服务项目首推之时，为打开局面而进行的一种声势浩大、先声夺人的宣传活动方式。目的是为了让公众形成良好的"第一印象"，使公众对新开业的旅游企业或新产品、新服务项目有所认识，表示出兴趣，并进一步转变为理解和支持的行为。

建设型公关活动采用的方法主要有开业广告、周年庆典、举办专题展览、播放专题片、点歌、赞助节目播放、赞助体育比赛和文艺汇演等。

(2) 维系型公关活动方式

维系型公关活动，是在旅游企业稳定发展之际，用以巩固良好公关状态的一种活动方式。目的是通过不间断的宣传，维护旅游企业在社会公众心目中的良好形象。

维系型公关活动，一方面是通过各种传播媒介和传播活动，以较低的姿态把旅游企业的各种信息持续不断地传递给各类公众，使旅游企业形象始终保留在公众的记忆中。另一方面是开展各种专题性或公益性活动，设立奖励措施，以吸引公众再次合作。

(3) 防御型公关活动方式

防御型公关活动，是旅游企业为了防止自身公共关系失调而采取的一种公关活动方式。目的是在旅游企业与外部环境出现不协调，或与公众产生了某些摩擦，而这种矛盾尚在萌芽状态的时候，通过各种调整手段，以适应环境的变化和公众的要求，防患于未然。

防御型公关活动的特点是：防御与引导相结合。公关人员通过调查和预测,及时发现旅游企业发展中存在的问题和潜在危机,向旅游企业决策层和有关部门提供咨询、建议和改进意见,帮助做好改进工作。

(4)矫正型公关活动方式

矫正型公关活动,是旅游企业遇到风险时所采用的一种公关活动方式。目的是在旅游企业因公共关系严重失调而使形象受损时,采取有效措施,尽量减轻损害造成的后果,做好善后工作,进而重新塑造企业形象,挽回企业声誉。

(5)进攻型公共关系活动方式

进攻型公关活动,是旅游企业与环境或社会公众已发生某种矛盾冲突时所采用的一种公关活动方式。目的是使旅游企业运用公关手段,密切关注环境的变化,抓住一切有利时机和条件,以积极主动的姿态调整自身的行为、改变周围的环境,创造有利于旅游企业发展的新局面。

以上各种公关活动方式各有不同的特点和适应性,旅游企业公关人员在开展公关活动时,可针对不同情况予以灵活运用。

四、形象评估

公关活动计划实施的结果如何,是旅游企业公关部门和决策部门所关心的问题。企业公关人员应对已实施的公关计划收集反馈信息,据此对公关活动的效果进行检测评估。检测评估是整个公关活动的最后一个环节。

(一)旅游企业形象效果检测

旅游企业衡量公关效果的标准是：社会效益、心理效益和经济效益,以社会效益、心理效益为主,同时兼顾经济效益。评估旅游企业公关效果的方法主要有：

1. 观察体验法

观察体验法,是指旅游企业管理者亲自参加企业的公关活动,现场了解公关工作的进展情况,直接观察公众的反应,体验公关效果,并当场提出改进、调整意见。这是一种能及时总结信息反馈的检测评估方法。

2. 目标管理法

标管理法,即以旅游企业公关目标为标准,将抽象的目标概念具体化,然后将测得的公关活动结果与原定的目标相对照,从而推测出旅游企业公关活动效果的方法。

3. 民意调查法

民意调查法,是指通过对公众舆论的调查,了解公众对旅游企业的评价及态度的变化情况,分析出企业公关活动的实施效果。这是一种通过公众态度调查和企业公关状态的变化来检测评估旅游企业公关活动效果的方法。

4. 新闻分析法

新闻分析法,是指通过观察、分析新闻媒介对旅游企业公关活动及其结果的报道情况,如分析报道的篇幅、持续时间、版面位置、内容性质、权威性和影响力等,测评旅游企业公关活动效果的评估方法。

5. 专家评估法

专家评估法,是指邀请公关专家对旅游企业公关活动的效果进行检测评估的方法。由于这些专家具有丰富的公关知识、经验,及一定检测评估的能力,并且不带主观偏见,因而他们的测评结论一般都比较公正、准确。

在评估旅游企业公关活动效果时,应注意定性分析与定量分析相结合、中长期效益分析与近期效益分析相结合以及标准性与变化性相统一,即在相对标准化考评内容和考评项目的基础上,根据特定的公关活动性质,适当变通其中的部分测评项目,以确保测评结论的合理性。

(二) 新闻舆论效果分析

新闻舆论是反映旅游企业形象的一面镜子,同时也是评估旅游企业公关效果的一种客观标准。旅游企业公关人员可通过分析新闻舆论对企业活动的报道,从中分析和概括出企业的社会形象。进行新闻舆论分析的内容包括:

1. 新闻报道的篇幅和时数

新闻报道的篇幅越大、频率越高和时数越长,则引起公众兴趣和注意的程度也就越高。这是从对新闻报道"量"的分析,来检测旅游企业公关活动的效果。

2. 新闻媒体的层次和重要性

新闻媒体的层次高、发行量大,则新闻报道的影响就越大。如果报道的媒体有重要市场或重要读者层,则更有利于提高旅游企业的知名度和美誉度。

3. 新闻资料的使用方法

新闻媒介对旅游企业的报道是正面、反面还是侧面;是全面还是摘要;是重点还是一般;是醒目版面还是次要版面,这些报道方法的差别均会对旅游企业产生重要的影响。

4. 报道的时机

新闻报道是否及时、适时并配合旅游企业的实际发展,决定着新闻报道对企业的有利程度。迟发的新闻对旅游企业有时不仅无益反而有害。

社会舆论是旅游企业公共关系的基石。因此,旅游企业公关工作要特别重视社会舆论的作用。

(三) 公关广告效果分析

良好的公共关系状态会为旅游企业带来可观的经济效益。在公关工作中,为了提高知名度和美誉度,企业会不断运用公关广告的宣传手法。公关广告一般是以塑造企业形象为主,也有以推广企业服务产品与企业形象相结合的公关广告。由于持续不断的公关广告宣传,可以影响公众态度、改变公众行为,因此,通过检测公关广告效果来评估公关工作,也是企业形象效果检测评估的方式之一。但需要说明的是,企业社会效益与经济效益受市场制约的因素很多,特别是经济效益的增长受各种制约因素的影响则更为明显。因此,通过公关广告效果来直接联系旅游企业经济效益的方法,只具有参考价值而不具有决定作用。

（四）公关工作年度总结

公关工作年度总结是评价公共关系工作的重要方式。因为通过公关形象调查,找出了旅游企业的形象问题,再通过实际形象与自我期待形象的分析比较,找到企业的差距,才能确定既符合公众利益又符合企业利益的别具一格的企业形象。通过科学、详细的数字说明,大量的信息反馈,有影响力的外界评价来总结报告一年的公关工作,可以看出企业的组织形象是否已有重大改善,是否达到了预期的公关目标。

旅游企业公关工作程序从形象调查入手,从形象设计、形象传播到形象评估,是一个完整的系统工程。四个环节相互衔接、循环往复,是一个动态的环状模式,即著名的"四步工作法"。旅游企业公关工作只有按"四步工作法"来组织实施,才有可能提高公关活动的工作质量和效率。

案例举要

凉茶是广东、广西地区的一种由中草药熬制,具有清热祛湿等功效的"药茶"。在众多老字号凉茶中,又以王老吉最为著名。王老吉凉茶发明于清道光年间,至今已有175年,被公认为凉茶始祖,有"药茶王"之称。到了近代,王老吉凉茶更随着华人的足迹遍及世界各地。2002年以前,从表面看,红色罐装王老吉(以下简称"红罐王老吉")是一个活得很不错的品牌,在广东、浙南地区销量稳定,赢利状况良好,有比较固定的消费群,红罐王老吉饮料的销售业绩连续几年维持在1亿多元。发展到这个规模后,加多宝的管理层发现,要把企业做大,要走向全国,就必须克服一连串的问题,甚至原本的一些优势也成为困扰企业继续成长的障碍。而所有困扰中,最核心的问题是企业不得不面临一个现实难题——红罐王老吉当"凉茶"卖,还是当"饮料"卖？在研究中发现,广东的消费者饮用红罐王老吉主要在烧烤、登山等场合。其原因不外乎"吃烧烤容易上火,喝一罐先预防一下""可能会上火,但这时候没有必要吃牛黄解毒片"。消费者的这些认知和购买消费行为均表明,消费者对红罐王老吉并无"治疗"要求,而是作为一个功能饮料购买,购买红罐王老吉的真实动机是用于"预防上火",如希望在品尝烧烤时减少上火情况发生等,真正上火以后可能会采用药物,如牛黄解毒片、传统凉茶类治疗。由于"预防上火"是消费者购买红罐王老吉的真实动机,自然有利于巩固加强原有市场。而能否满足企业对于新定位"进军全国市场"的期望,则成为研究的下一步工作。通过二手资料、专家访谈等研究表明,中国几千年的中医概念"清热祛火"在全国广为普及,"上火"的概念也在各地深入人心,这就使红罐王老吉突破了凉茶概念的地域局限。研究人员认为:做好了这个宣传概念的转移,只要有中国人的地方,红罐王老吉就能活下去。红罐王老吉成功的品牌定位和传播,给这个有175年历史的、带有浓厚岭南特色的产品带来了巨大的效益:2003年红罐王老吉的销售额比去年同期增长了近4倍,由2002年的1亿多元猛增至6亿元,并以迅雷不及掩耳之势冲出广东,2004年,尽管企业不断扩大产能,但仍供不应求,订单如雪片般纷至沓来,全年销量突破10亿元,以后几年持续高速增长,2008年销量突破100亿元大关。

案例思考:从公共关系的角度来总结,红罐王老吉所取得巨大成功,哪些方面是加多宝公司成功的关键所在?

本章小结

旅游企业公共关系的基本职能,是由其工作性质和目的所决定的,这就是通过科学的、有计划的、有步骤的公关活动,采集信息、参与决策、对外宣传、友好交往、协调关系、促进销售、造福社会,从而塑造旅游企业组织的良好形象,增进整体效益。公共关系作为一门现代经营管理科学,在旅游企业经营管理过程中正发挥着日益明显的独特作用。旅游企业要遵循公共关系的"四步工作法"造就有利的舆论环境,保证旅游企业公共关系工作的正常开展。

思考与练习

1. 旅游企业公共关系具有哪些职能?试析其判断决策的参谋职能。
2. 试析旅游企业公共关系的情报作用与宣传作用。
3. 试析旅游企业公共关系的产品推广和促销功能。
4. 简要叙述旅游企业公关工作的"四步工作法"。

下篇
旅游企业公共关系实务

第六章 旅游企业公共关系营销

课前导读

公共关系与市场营销的结合起源于20世纪初,随着社会经济的不断发展,市场竞争日趋激烈,营销观念和方法不断演进与变革,在以需求为中心的现代市场营销理念中,公共关系开始占据了重要位置。它不是被动适应周围环境,而是变被动为主动,以公关启发需求、引导需求、打开市场,然后以产品、价格、渠道、促销来巩固市场。

旅游企业历来注重运用公共关系手段来改善关系、团结公众、塑造企业形象。由于行业的特殊性,旅游从业人员与工作对象是一种面对面的服务,没有中介环节,这不仅对从业人员的素质要求很高,而且导致了旅游企业在对外营销中越来越注意将公关理念、方法运用在自己的经营态度和思维方式上,逐渐形成了旅游企业独特的公关营销学。

市场是旅游企业的生命线,赢得了市场,就赢得了发展的条件。为此,市场成了旅游企业竞争的焦点。旅游企业不仅把很大精力投入市场营销,希望用自己的不同产品来满足游客需求,而且在宣传企业、协调内外关系,提高企业声誉以促进产品销售方面展开了激烈的公关竞争。公共关系与市场营销虽然都具有促销功能,但却分属于两个不同的研究领域。它们在促进旅游企业发展中都具有重要作用,可以互相补充、互相促进、互相融合。

教学目标

- 认识公共关系在旅游企业市场营销中的作用
- 明确公关营销的概念,掌握公关营销的工作内容
- 了解公关广告促销的基本要求
- 了解企业形象促销的方法
- 掌握公共关系人员促销的基本要求

第一节 公共关系营销理念

一、公共关系与市场营销

与公共关系相似,市场营销学也是"舶来品"。它不仅是一门新型的应用学科,而且也是一种行为、一项艺术,是几百年来西方发达国家的企业在市场经济条件下营销活动的实践总结,上升到理论后又成功地指导了市场经济条件下的企业营销活动,因此在西方产生了广泛而深远的影响。如果说公共关系学是塑造企业形象、协调关系、排除干扰的制胜法宝,那么市场营销学则是一把开启市场的金钥匙,两者交相辉映、相辅相成,堪称现代经济社会中的一株并蒂莲。

(一)营销观念的演变与革新

营销观念是企业的经营哲学,反映企业的经营思想。其核心是以什么为中心来开展企业的生产经营活动。随着商品经济的发展,企业的营销观念逐步演进,以西方发达国家为例,营销观念大约经历了生产观念、产品观念、推销观念、市场营销观念、生态营销观念、社会营销观念和大市场营销观念7个时期。人们一般将前3种称为传统营销观念,后4种称为现代营销观念,现逐一简介如下。

1. 生产观念

生产观念是一种古老的经营思想。其核心是以生产为中心,企业的一切经济活动都围绕生产来进行,代表人物是美国的亨利·福特。这种"以产定销"的经营思想在第二次世界大战后物资短缺、供不应求的岁月里确实风行一时。福特公司奉行"以量取胜""以廉取胜"的经营宗旨,挤垮了当时所有的竞争对手,一跃成为美国最大的汽车公司。我国在20世纪80年代以前,由于生产力水平低下,商品供不应求,产品由商业部门统购包销。企业生产什么就卖什么,生产多少就卖多少,有货就不愁销。随着经济的发展,这种以生产为中心的营销理念越来越不适应时代的发展,因此很快被新的营销观念所取代。

2. 产品观念

产品观念也是一种古老的经营思想,与生产观念不同的是,企业致力于提高产品质量、增加产品功能,奉行"质量至上""以质取胜"的宗旨。它比生产观念多了一层竞争的色彩,但核心仍是以生产为中心,仍是一种"以产定销"的经营思想。如果企业不重视市场需求的变化,只是一味地提高产品质量,而企业的产品开发却跟不上,其结果是高质量的产品仍可能无人问津。这种"营销近视症"使许多曾辉煌无比的优秀国有企业陷入困境。

3. 推销观念

推销观念是一种以产品推销为中心的营销观念,其鼎盛时期是20世纪30年代。1929—1933年,西方资本主义国家爆发经济危机,由于购买力相对不足,出现产品大量积压的情况。如何将产品销售出去是众多企业所面临的难题,于是推销观念应运而生。推销观念讲究运用推销术与广告术,通过各种手段向消费者兜售产品来提高市场占有率,从中获取丰厚的利润。但无论多高明的推销术,都是从现有产品出发,生产什么就推销什么,依然无法摆脱"以产定销"传统营销观念的束缚。

上述三种营销观念虽然在特定的社会历史条件下发挥过一些作用,但随着社会的进步、经济的发展,市场需求已发生很大的变化,因此,传统的营销观念必将发生巨大的、转折性的变革,而被新的现代经营观念所替代。

4. 市场营销观念

市场营销观念动摇了传统营销观念。企业不再从现有的产品出发来寻找或吸引消费者,而是从消费者的需求出发去组织生产经营活动。市场营销观念的核心是满足市场需求,"顾客就是上帝""顾客永远是对的"成为企业生产的目标。但市场营销观念也存在着一些问题,如:企业一味强调跟着需求走,会导致企业不顾自身条件而盲目追市场。实践证明市场营销观念仍需进一步更新与完善。

5. 生态营销观念

生态营销观念修正了市场营销观念光看市场需求而忽视企业自身条件的盲目性,认为一个企业不可能满足市场上所有消费者的需求,而只能选择那些最能发挥自身优势的市场需求作为自己的营销方向。这就使生态营销观念在市场营销观念的基础上应运而生。它虽然仍坚持以消费者需求为中心,但同时又强调要根据自身的实力扬长避短,不盲目跟市场、赶浪潮。

6. 社会营销观念

社会营销观念应该说是对市场营销观念的进一步补充。因为在市场营销观念指导下,企业片面追求高利润,不可避免地会导致环境污染、资源浪费及以次充好、以假乱真,损害消费者权益等不良社会问题。社会营销观念变"以消费者为中心"为"以社会为中心",强调企业在市场营销中不仅要发挥自身优势,追求经济效益,而且要注重社会利益,确保消费者权益不受损害,注重社会资源的合理利用,防止环境污染,保护生态平衡。

20世纪70年代是现代公关理论的全新发展时期,此时出现的社会营销观念与公关理论相互渗透,形成了最新的大市场营销观念。

7. 大市场营销观念

大市场营销观念的代表人物是菲利普·柯特勒。他强调企业在进行营销活动时,不仅仅是被动地适应周围的环境来满足市场需求,还可以引导消费、培育市场。在大市场营销观念中,公共关系占有重要位置,因为大市场营销观念的核心是用公共关系来启发、引导需求,开拓市场,塑造形象,进而通过产品、价格、渠道、促销手段来满足需求,巩固市场,增加市场份额。随着市场营销观念的不断演变,公共关系思想与之相互渗透已显而易见,并且二者的结合越来越紧密。

(二)公共关系与市场营销的结合

公共关系学与市场营销学虽然分别在各自不同领域独领风骚,却又在思想理念、方式方法上相互渗透、相互借鉴、相互映衬。旅游行业是窗口行业,在对外营销中紧密结合公关思想、运用公关理念,创造"天时、地利、人和"的发展环境,形成了独特的、适应市场经济客观要求的经营宗旨。

1.对外营销中公关思想的借鉴

首先,就塑造企业形象,提高企业知名度与美誉度,获取社会公众支持、理解与合作的角度而言,公共关系思想是企业生存与发展的无价之宝。企业形象是一个综合性的概念,其实质是企业内在形象与外在形象的完美组合。一个企业的良好形象,不仅是其经营理念和价值观念的生动体现,而且是其不断进取、开拓创新、对社会做出奉献的真实写照。因此,优良的企业形象具有强大的市场冲击力。

其次,从市场营销学的角度看,现代企业的活力是商品力、销售力与形象力的总和,其中以公共关系为主导作用的形象力,正呈现逐年上升的态势。对外营销中要特别注重企业形象。企业的良好形象一旦形成,势必会在消费者与企业之间形成一种稳定的联系,当企业开发了新产品、推出了新服务、实施了新的经营策略时,便能很快获得消费者的认同。因此,在对外营销中,优良的企业形象就是"潜在的销售额"和"潜在资产"。而公共关系强调信誉、塑造形象、注重公众利益,致力于不断改善企业与相关公众的关系,谋求企业生存和发展的和谐环境。这正是二者跨越学科沟壑而相互交叉渗透的契合点。

探究当今中国一流的旅游企业,它们大都具备两个基本前提条件:第一,都十分重视企业信誉与企业形象,牢牢确立"面向顾客"的价值观念,非常注重服务水平、服务环境、服务措施与服务的设施设备,把为旅游者提供一流服务摆在企业一切工作的首位;第二,一般都具有强烈的社会责任感,重视社会利益与公众利益,把服务社会、奉献社会与提高产品质量和服务水平作为企业经营战略的基准点。"以质量求生存、以信誉求发展"成为企业的基本信条。如果说优秀旅游企业第一个前提条件是创造信誉的过程,那么第二个前提条件则是维护信誉的过程。它们不仅仅是在销售产品、服务和旅游线路,更多的是在销售企业形象,传播企业信息。因此,塑造形象、提高知名度和美誉度已成为现代旅游企业对外营销的一项重要内容。

公共关系的宗旨是"内求团结、外求发展",而企业文化可以帮助企业目标的顺利实现。现代企业的经营管理不可忽视企业文化。企业文化是一种精神的训练、行为的规范、组织凝聚力的化身。优秀旅游企业都具有自己的企业文化。如喜来登饭店管理集团的"理性"文化，建国饭店中国式亲情、友情的"情感"文化。在许多高星级饭店里，公关与销售往往合而为一，称之为公关销售部。公关销售部的职能是既对外销售饭店的产品和服务，也协助最高决策层营造企业文化。

优秀旅游企业的营销目标是文化因素与经营实绩的联系与转换：首先，他们十分看重企业利润，因为企业必须盈利，优秀企业对社会的卓越贡献要依靠雄厚的经济实力。企业不盈利就无法承担社会责任，无法获得政府和公众的青睐。其次，他们也重视对社会的贡献，因为企业是社会的一个细胞，与社会有着千丝万缕的联系，作为一个经济实体，只有在满足社会需要的同时才能获取利润。旅游企业与社会是一种有机的联系，企业离不开社会这个有机体，并在社会这个有机体中承担责任、发挥作用，企业只有在同社会互利互惠的过程中才能得到健康发展。

2. 公关方法在对外营销中的应用

(1) 捕捉市场需求。我国旅游业经过改革开放20年，已站在一个较高层次上面对市场竞争。旅游企业营销部门经常进行以客源市场为中心的市场调查，包括市场动向和特点、市场发展趋势、主要接待对象、客源构成、客流量、消费构成，以及客人对服务方式、服务质量、产品价格的评价等内容。只有通过调查，了解市场环境的变化，并根据其变化及时调整经营决策，企业才能立于不败之地。另外，还要根据市场环境分析营销机会。营销机会，是指企业进行营销活动的有利市场环境。由于市场是变化的、复杂的，既会出现有利的营销机会，也会面对不利趋势或某些偶发或不可抗因素造成的困难，即"环境威胁"。公关人员和营销人员要善于分析营销机会和环境威胁，捕捉市场需求信息，为企业发展创造条件。

(2) 选择目标公众。公共关系重视对目标公众的选择。无论什么类型、什么规模的企业，都不可能占有全部客源市场。因此，公关人员与营销人员必须首先将整个客源市场划分为不同类别的细分市场，并根据细分市场对企业经营实力的要求，评估企业的营销机会，从中选择一个或几个细分市场作为企业的目标市场。在确定细分目标市场的基础上，分析目标公众的心理特征、需求特点，制定适当的营销策略，有的放矢地做好服务工作，竭尽全力满足目标市场的特殊需要。

(3) 掌握客人心理。客人是旅游企业最重要的外部公众，是企业能否生存的根本。要牢牢把握相关客人，占领市场份额，仅靠优美环境与优良服务是远远不够的，只有让游客生理和心理的需求均得到满足，才能搞好市场营销，确保企业在竞争中立于不败之地。这就决定了将公关理念引入营销的必要性。不但在协调公众关系时，公关人员常用的"首因效应"（第一印象）、心理定式等手法大有用场，而且通过"制造新闻"来开辟营销市场的成功案例也是比比皆是。

例如，20世纪50年代法国白兰地酒进入美国市场时，先给美国总统艾森豪威尔赠送了两桶已酿制67年的名贵白兰地，作为其67岁寿辰的贺礼，又通过各种媒介传播法国赠送白兰地酒给美国总统的消息及有关白兰地酒的种种趣闻。于是，在美国总统寿辰前夕，关于这两桶酒的新闻早已家喻户晓，白兰地酒因此而迅速打开美国市场并很快走红欧洲。

（4）了解竞争对手。知己知彼，方能百战百胜。在市场竞争中，英明的决策者不仅要经常注意市场变化，预测市场发展趋势，而且还要了解竞争对手，不断改变自己的经营方针。旅游企业公关人员与营销人员要经常调查本地区、本城市有多少家类似的企业，了解它们的地理位置、交通与客源状况、接待能力、设备条件、主要服务项目，以及它们的企业信誉、产品价值、知名度与美誉度等。只有掌握了这些情况与数据，才能扬长避短，发挥自身的优势，制定与之相适应的经营决策，确定市场竞争战略，出新招、亮绝活，保持"独特个性"。

（5）进行信息传递。公共关系注重信息的双向沟通。旅游企业在对外营销中运用双向沟通的手段，既可沟通买卖双方的供求信息，也可通过宣传、引导，促使潜在客人对旅游企业产生好感，从而购买本企业的产品和服务。

企业公关人员和营销人员在进行信息传递时，一般要做以下几方面的工作：第一要确定接收信息的目标公众。这些目标公众虽然是潜在的客人，但稍加引导便有可能成为行动公众；第二要预测可能引起的反应，预测这些接受信息的潜在公众是否可能激发强烈的购买动机或处于哪一个待购阶段；第三是能否促成潜在公众的态度，从知晓到了解、从了解到喜爱、从喜爱到信任、从信任到行动的不断转化；第四要注意信息的选择，选取的信息要引起受传者的注意、兴趣，才能激发购买欲望；第五要选择合适的媒介，即符合需要而又花费较小的媒介；第六要重视信息反馈，只有了解了受传者的态度才可能把握正确的营销机会。

综前所述，在大多数旅游企业中，将公共关系引入市场营销已是事实。不同的是，一些旅游企业只是感觉到公共关系是一种很好的促销手段，所以在营销过程中自然而然地运用一些公关的方法，但并未进行深层次的思考。而优秀的旅游企业不仅有意识地将公关的思想、方法应用于对外营销的实践中，而且不断总结经验，逐步形成了自己的风格。显而易见，确立公关营销的理念已是大势所趋。

二、公关营销的概念、内容与作用

（一）公关营销概念及内涵

何谓公关营销？它的概念如何界定？旅游企业公关营销的内涵是什么？这些都是我们必须要明确的问题。

在大市场营销观念里，菲利普·科特勒认为除了运用产品、价格、渠道、促销营销组合外，还必须加上两个新的策略：权力和公共关系。在现代营销观念中，旅游产品的概念可分为三层含义：其一是核心层，即产品的使用价值；其二是形成层，即产品的品质与形象；其三是延伸层，即产品对环保的影响。产品的核心层可理解为旅游企业的优质服务产品，属于商品力的范畴，是旅游企业实力的象征和基础；形成层与延伸层则是公共关系可以不断挖掘的源泉和自由驰骋的空间，也是旅游企业的活力所在。由此看来，公关营销应该界定为是一种具备公关意识的营销观念，或借用公关方法的营销策略，也是一种使用公关技巧的营销艺术。公关营销将销售产品的过程变为塑造形象、传播信息的过程，其显著特征是将单纯地销售产品转变为企业、企业家和产品的全方位的整体推销，其效果不可与一般市场营销同日而语。公关营销策略可以从心理上、精神上牢牢把握消费公众，使消费者不仅得到满意的服务，更重要的是在心理上、思想上认同产品，形成对某项产品的良性心理定式，从而自觉地成为企业忠实的消费者。

公关营销运用于旅游企业，则是将塑造饭店形象或旅行社形象为目的的公关战略与饭店、旅行社的对外营销有机结合起来，巧妙地将饭店或旅行社的信誉、信息、服务产品、各类关系等诸要素进行"链接"，形成综合竞争力和自己的品牌文化，提高饭店和旅行社内部管理和外部拓展的水平，将商品力、销售力、形象力统一起来，塑造出良好的整体形象。然后运用公关传播手段和公关营销技巧开展传播攻势，进行对外扩散，以获得公众的赞誉和良好的社会效益，形成企业的良性循环。

（二）公关营销的工作内容

在旅游企业里，公关营销工作的具体内容可从以下几个方面来考虑。

1. 立足优质产品

优质产品是进行公关销售的前提与基础。现代意义上饭店和旅行社优质产品的销售，应立足于一流服务的基础之上，注重产品的整体质量。产品的整体质量，既包括物质形态的产品质量，又包括非物质形态的服务质量；既重视产品的内在质量，又重视产品的外观质量；既强调产品自身的质量，又强调产品特色和产品附加性的质量。简言之，即重视对服务产品内涵与外延的开发，使之更加系统、完善。强调优质服务产品特性的最佳组合，一是指服务产品能满足公众的生理需求，它包括产品的物质质量、安全性与经济性几方面；二是指服务产品的物质形态能引起公众的愉悦，它包括产品造型、颜色、品牌名称及包装等几方面；三是指服务产品的附加性，包含服务特性与环保特性两方面，是物质形态产品的延伸，是公众在满足生理和心理需求后得到的附加利益。

独特设计与适销对路也是界定优质产品的要素之一。独特设计是产品生命力的源泉，也是有别于其他产品并赢得市场青睐的锐利武器。

2. 塑造品牌文化

品牌即知名的产品，就其外观而言，质量好、知名度高；就其内涵而言，则是企业有形资产和无形资产良性循环形成的另一形态的资产。市场竞争实质上就是品牌的竞争,因此公关营销极其重要的任务之一,就是协助企业创造自己的品牌并拥有自己的品牌文化。

塑造品牌有两个值得注意的问题:其一要重视品牌开发的策划。由于目前市场上同类产品之间的差异日益缩小,因此必须要有塑造个性化企业形象的经营战略,其中文化的烘托发挥着重要作用。其二是品牌的培育与维护。名牌产品的培育需要花费大量的心血与汗水,创名牌并保名牌,绝非一朝一夕的事。

3.提高企业声誉

塑造形象、重视信誉是公共关系的核心问题,公共关系活动自始至终都是围绕组织形象的塑造而开展的。旅游企业的对外营销,需要良好的企业形象和企业声誉,因此饭店和旅行社必须通过各种传播手段与其内外公众进行信息沟通和情感交流,疏通与各方面的关系,使各类公众都能理解其宗旨和做法,争取得到公众的支持。企业的声誉提高了,创造出了良好的营销环境,经济效益也必然会提高。

4.开展传播攻势

公关营销的传播攻势一般表现为以下几种方式:

(1)公关销售广告战。即利用无孔不入、轰炸式的公关销售广告,在人们视觉、听觉上形成强大的宣传攻势,使公众从心理认知转变为心理定式,进而改变消费习惯。这种视觉广告、听觉广告、文字广告、形体广告具有极强的渗透力,由于可视可感、形象突出、个性鲜明,所以其产品形象很快会深入人心。

(2)运用有效的公关手段进行营销包装。公关活动模式众多,且各有所长,优势互补。在饭店和旅行社对外营销中,要灵活运用不同的公关活动模式,对营销过程进行策划、包装和宣传,激发人们的好奇心,为下一步产品销售奠定基础。

(3)持之以恒的日常传播。对饭店和旅行社而言,大型公关营销活动不仅财力上难以承受,而且这种炒作也易使公众产生厌烦情绪,效果有时反而会大打折扣。因此,既经济又有效的传播方式首推日常传播。日常传播,一是指全体员工在日常的本职工作中,通过提供方便、实惠、生动、细致的服务获得公众的赞誉;二是指加强日常旅游企业的组织传播,让企业良好的信息有效输出。

5.重视内部营销

旅游业提供的是面对面的服务产品,服务过程是企业员工与客人间的互动过程,服务质量是企业的生命线。因此,旅游企业营销工作的重点是教育员工热爱本职工作,提高服务质量,使客人满意。要通过招募、培训、激励、沟通等内部公关活动,去影响员工的工作态度与日常行为,从而达到为客人提供满意服务的目标。

6.推行全员营销

有效的旅游企业市场营销不能只靠临时性和随机性的工作,而是要树立全员营销观念。美国饭店大王斯塔特勒认为:"谁是饭店的销售人员?是所有员工。"这句至理名言影响着一代代饭店经营者,并为企业带来了巨大的声誉和利润。

全员营销具有以下几层含义:第一,将营销作为企业的经营观念,而非将其视为某个部门的工作。第二,树立"服务即推销、推销即服务"的思想,将企业的所有服务都纳入企业整体销售环节中。第三,强调推销是持续性和日常性的工作,而不是某个部门或某些人在淡季和经营不景气时临时性和突击性的任务。第四,注重旅游企业营销工作的统一性,要求所有员工树立全局观念,顾全大局,相互协作和支持,通过各自不同的工作共同创造良好的企业形象,为共同的销售目标而努力。

(三) 公关营销的重要作用

第一,市场营销是市场经济的产物,又是市场经济的催化剂。公关营销随着社会经济的发展而产生,又随着市场营销观念的演变而发展。从这个意义上讲,研究公关营销是时代的要求。

第二,学习市场营销学,探讨公共关系在营销领域的应用,对于增强企业竞争力,参与国际竞争大有裨益。根据《服务贸易总协定》,入世后不仅我国旅游企业可以大步迈入国际市场,国外旅游企业也会大量涌入我国旅游市场。这就要求中外各方都必须按照统一的游戏规则来约束自己。因此,入世对我国旅游企业既是机遇也是挑战,我们只有抓住机遇,迎接挑战,"师夷长技以制夷",掌握市场营销技巧和公关销售策略,才能不断增强自身的国际竞争力,巩固和扩大我国在国际服务贸易中的市场占有量。

第三,据国际旅游市场专家预测,今后10年,旅游业将实现有史以来最大的飞跃,成为世界上发展最快的产业。同时,旅游业所面临的也将是一个竞争激烈的市场,要保证旅游企业长盛不衰,除了受旅游业大环境的影响外,关键在于经营者经营观念的革命。在西方国家,公共关系学与市场营销学是企业管理人员的必修课。在我国,旅游企业虽然已迈入市场,但经营管理水平参差不齐,经营管理者的素质还不高,因此,学习公关营销理论有利于提高管理水平,转变经营观念。

第四,旅游企业与社会上多种行业和部门具有依存关系,没有交通、商贸、食品、银行、海关、公安等诸多行业和部门的支持,旅游企业将无法生存。因此,建立和谐的社会环境,是促进旅游企业生存与发展的动力,反之则为阻力。

第二节 旅游企业公共关系营销实务

在市场营销学中,对于营销过程与营销管理有细致的划分,如对市场营销环境的分析、对客人购买行为的分析、市场细分与市场定位,以及企业的产品策略、价格策略、销售渠道策略等。公共关系在旅游企业营销实务中多偏于促销,即用公共关系的系列活动来激发客人的消费欲望,影响他们的消费行为,对产品和企业进行卓有成效、丰富多彩的报道、说明和宣传等。促销是旅游企业与市场联系的主要手段,它充分利用公共关系塑造形象、传播形象、双向沟通、协调关系的优势,在特定的时间、特定的地点,将旅游产品特定的信息以特定的方式传达给特定的公众,加大旅游产品的销售力度。旅游企业公关营销主要有如下几种活动方式。

一、公共关系广告促销

(一)公共关系广告的概念

公关广告,是指旅游企业通过各种大众传媒向目标公众传递有关旅游企业和旅游产品信息、展示服务功能的广告。公关广告比一般产品广告在内容上更为丰富、在手法上更为巧妙、在形式上更为绚丽多姿。它是旅游企业组合促销方案中的重要组成部分,地位举足轻重,具有长期的、潜移默化的影响。

就广告目的而言,公关广告多以企业形象广告为主;就广告性质而言,公关广告多以介绍性、说明性、宣传性广告为主;而就广告载体而言,公关广告则可以利用任何媒体。

(二)公共关系广告的种类及程序设计

1.公共关系广告的种类

根据前面对公关广告概念的界定,公关广告可分为以下两类。

(1)展示企业形象的广告。此类广告是以建立企业信誉和观念为目标,通过广告宣传企业的经营宗旨和观念,提高企业及产品形象的广告。例如,实力广告,是向公众展示企业设施、设备、服务质量、人才技术等方面实力的广告;公益广告,是以企业名义发起的,具有重大影响的社会活动为中心,倡导社会公德、塑造美丽心灵、弘扬优秀传统文化的广告,或以公益性、慈善性、服务性为主题,传播企业勇于承担社会责任,争做优秀公民的广告;信誉广告,则是传播企业荣获重大奖项或受到表彰、赞誉的情况,借以扩大企业声誉的广告。

(2)展示产品形象、引导市场需求、传播产品信息的广告。此类广告是通过向市场提供企业新产品信息、宣传新产品功能,使消费者对新产品产生感性认识,引导市场消费的广告。

2.公共关系广告的程序设计

公关广告应当有计划、有步骤地进行,做好广告的程序设计工作有利于提高公关广告的效果。公关广告的程序设计一般要做到:

(1)规划广告任务,明确广告目标

公关广告的任务,是通过传递商品信息、传播企业形象来扩大销售额。广告程序设计应根据广告的性质确立广告目标。如介绍性公关广告,主要用于新产品投入阶段和新形象传播阶段,其目的是启动市场需求,占领消费者的认知空间;说服性公关广告,在产品的成长期十分重要,目的是引导消费者建立品牌偏好;提示性公关广告,一般用于产品的成熟阶段,目的是保持消费者对企业产品的记忆。例如:登载在杂志上的彩色可口可乐广告,既非介绍性广告,亦非说明性广告,只是为了提醒人们不要忘记可口可乐,故其属于提示性公关广告。

(2) 根据目标公众选择广告媒介

媒介是传递信息的载体,有视听媒介、印刷媒介、户外媒介、电子媒介等。公关广告选择媒介的主要依据,一是向目标公众传播次数的多少,二是所需成本的高低。对青少年受众,根据年龄及其接受习惯,选择广播和电视作为广告媒介最为有效;服装广告则登在彩印杂志上更有吸引力;旅游新产品信息广告最好利用标牌、报纸,或专门的电视节目等媒介。另外对媒介的选择须量力而行,一般来说,电视广告费用十分昂贵,报纸广告相对便宜一些,可根据广告目标来选定媒介,能节省则尽量节省。但从目标效果分析,当需要采用电子媒介时,也不可过分吝惜,因为采用电子广告做宣传会产生最佳的效果。

(3) 按最佳效果进行广告设计

广告设计的最终目标是要取得最佳广告效果,旅游企业、旅游产品需要宣传的方面很多,但公关广告不能面面俱到,只能突出一两个特征,围绕这一两个特征做广告设计,重点突出才能取得最佳广告效应。

(4) 编制广告预算,检测广告效果

做公关广告必然需要一定的成本支出,这就要求必须事先编制好广告预算,以求既能达到广告目标,又能节约资金。

做广告之后还须进行效果检测,其目的是了解公关广告是否达到了预期目标,以期不断改进,提高广告效应。对公关广告的检测,主要从"沟通效果"和"销售效果"两方面进行。沟通效果检测,是一种通过调查企业形象与产品信息在公众中认知程度的变化,以测评公关广告效应大小的检测方法;销售效果检测,对旅游企业而言相对比较容易,饭店、旅行社可通过对做广告之后一段时间内其产品及服务销售量的统计而得出。当然,销售效果还受其他因素的影响,如产品特色、产品价格、竞争者行为和市场因素等。

(三) 展示性公共关系广告

展示性公关广告一般由标题、正文、插图(照片)、标记四部分组成。形象地说,广告标题是中心思想、是灵魂;广告正文是内容、是血肉;广告插图(照片)是点缀、是装饰;而广告的标记则是区别于其他产品的品牌商标、是专利。四个方面相辅相成,缺一不可。

1. 展示性公共关系广告的标题

标题是展示性广告要表达的中心思想,因此要新颖,要能引起公众的好奇心,进而诱导公众阅读广告的正文及其他内容。有的广告标题除了正标题外,还有一个副标题,用来作为广告正文的引子,或用以补充说明标题(中心思想)。广告标题可分为如下三种:

(1)直接性标题,通常都是开门见山点明广告宣传和推销的内容。饭店餐饮部推销菜肴、旅行社推销旅游线路多采取这种形式。

(2)间接性标题,一般不直接涉及广告内容,而是通过某种特殊的陈述或特殊的音响来引起公众的好奇心,促使公众阅读广告的正文。间接性标题多用于饭店、旅行社策划的专题公关活动或销售活动广告中。

(3)综合性标题,是直接性标题与间接性标题相结合的产物,多用于企业形象宣传和大型公关销售活动的传播上。一般正标题表现为奇特、新颖的间接性语言,而副标题则开门见山直逼主题,说明广告宣传的核心内容。

展示性公关广告标题的魅力大小,取决于广告人员的想象力及对潜在公众的了解程度。因此必须重视公关广告标题的设计。

2.展示性公共关系广告的正文

公关广告的正文是广告最重要的组成部分,是公关广告要宣传的内容,即所需传播的各种信息。如果正文能够满足公众的需求心理,就能达到公关广告的目标。

公关广告的正文根据所要宣传的具体内容来拟定,一般是对广告标题所做的许诺予以说明,对产品的特性进行生动而细致的阐述,采纳公众提出的合理化建议,起到推销产品的作用。公关广告正文的表述手法很多,有解释性正文、幽默性正文、描述性正文、对话性正文、叙述性正文等,具体运用要根据企业的需要而择定。

3.展示性公共关系广告的插图(照片)

展示性广告的插图与照片犹如花朵与彩虹,给人以良好的视觉感受,它形象地表现公关广告所要宣传的内容,对广告文字起补充作用。公关广告的插图与照片似乎没有正文那么重要,但由于它的加盟,使公关广告更为生动、更具吸引力。因此,从某种意义上讲,公关广告中的插图与照片不仅是必不可少的,而且在有些时候其重要性甚至超过广告标题和广告正文。

4.展示性公共关系广告的标记

展示性广告的标记是品牌、是专利,其作用不可低估。它可以用口号或商标来体现,许多饭店和旅行社经常用独特的口号作为企业的识别标记,如广州的中国大酒店就以"中外通商之途,殷勤款客之道"作为其热情周到的商务酒店服务的标志。商标也常用来作为企业的识别标记,一般用企业名称缩写或视觉标记(几何图案、符号等)来表示,世界上许多著名的企业都有其独特的广告识别标记。

作为饭店和旅行社的展示性广告,除上述4项内容之外,公关营销人员还必须在广告上注明企业的联系地址、电话号码、传真号码或电传、E-mail电子信箱及联系人。对于公关广告除要认真研究其内容外,还应重视其版面布局。一则优秀的公关广告,整体布局协调,不仅能给人留下深刻记忆,而且具有观赏价值。

(四)公共关系广告的决策

公关广告的主要目的是希望企业形象和产品能一鸣惊人,获得最佳促销效果,也希望能以最少的经费投入获得最大的经济效益。为了获得成功,必须进行公关广告的决策,对于需要传播的信息、公众和媒体的选择、经费的预算、最佳方案的取舍、公关广告效果的评估等都要做深入详尽的研究。

1. 公共关系广告的目标决策

确定广告的目标是进行公关广告决策的第一步,也是极其重要的一步。企业的营销目标有阶段性的,也有长期性的;有各个部门不同侧重点的,也有专门的、重点的。在进行广告目标决策时,至少有两方面的问题必须弄清楚:一是本次公关广告的目标公众是谁;二是本次公关广告在特定时段内期望达到什么效果。

公关广告的目标公众必须与企业的市场定位相一致,如以商务旅游者为主要客源的饭店、以会议旅游者为主要客源的饭店及以旅游观光客为主要客源的饭店,在进行公关广告策划时,必须有所区别,根据不同客源的心理特点,进行"投其所好、投其所需"的宣传,才能使公关广告卓有成效。

2. 公共关系广告的类型决策

公关广告能否达到预期的效果,往往与广告的类型选择有很大关系。

(1)介绍性广告,主要指新开业饭店或旅行社向相关公众进行推广性介绍的广告,目的是给相关公众留下良好的第一印象。例如:饭店餐厅在举办美食节或推出新菜肴时,做一些介绍关于美食特点、菜肴背后的风土人情故事或传说的广告,不仅可以激起消费者的食欲,也可提高消费者参与活动的兴趣。

(2)劝导性广告,一般用于进入市场竞争阶段,以引导公众建立产品偏好。劝导性广告通常宣传自己的特长,并与竞争对手作优劣比较,从而达到广告目的。进行劝导性广告策划时一定要注意两个问题:第一,必须以真实为基础,可以做适度的艺术夸张,但不能作不切实际或力不从心的许诺。第二,在充分肯定自我特长时,不能故意贬低竞争对手。

(3)提示性广告,一般用在企业顺利发展时期,这时的企业有了一定的市场份额,知名度、美誉度也不错。提示性广告的目的,是提示社会公众确信对本企业的选择是正确的,从而继续保持对本企业的记忆和印象,并渴望再次光顾。

3. 公共关系广告的经费决策

公关广告的经费预算包括广告费用、市场调研费用、广告效果评价费用等。作经费决策所依据的原则只有一条,那就是用最小的投入获得最大的收益。

4.公共关系广告的媒体决策

公关广告对媒体的选择主要考虑广告目标和受众、企业的经济能力,以及可选媒体的类型、频率、影响力和传播的时间。

做出公关广告后,应及时检测和评价其传播效果。评价工作既可做在公关广告传播后,也可做在之前或之中。评价公关广告的效果一般注重两方面:一是检测公关广告的沟通效果,评价公众对企业、对产品知晓、了解、偏好的变化情况;二是评价公关广告对产品销售额带来的变化情况。

二、旅游企业形象促销

(一)旅游企业形象促销的内涵

旅游公共关系以塑造企业优良形象为己任,帮助企业协调内外关系。企业以公关手段进行的形象促销,其目的首先是加强与内外公众的信息交流与沟通,改变公众态度,使公众产生消费欲望;其次是扩展、美化企业的声誉和形象,建立公众对企业的信任感,产生消费动机,从而提高企业的经济效益。

1.赢得社会信誉

企业的社会形象反映在社会公众的眼中,就是企业信誉,即人们对企业及其所提供产品或服务的信任程度。良好的社会信誉是企业无法估量的巨大财富,是任何企业家都不可忽视的重要因素。因此,企业要想获得较高的信誉度,除确立"面向顾客"的价值观念,拥有优质产品和服务外,还必须具有强烈的社会责任感。作为社会的一员,企业有责任支持各项社会公益活动,如文艺演出、体育比赛、救灾捐赠等,同时借助各种新闻媒介的广泛报道,以使企业赢得良好形象。

2.制作特色新闻

在公共关系传播技巧中,有制造新闻,故意让新闻曝光的手段,即策划"假"事件。"假"事件并不是虚假的事件,只是没有经过新闻记者采访报道,而是经公关人员有目的、有计划、精心策划、富有创意地制造的事件,有时比真新闻更容易让公众接受。策划"假"事件的目的就是为了推广产品形象,诱发公众的购买或消费欲望。

3.听取公众意见

公众意见对企业经营管理具有重要作用,因此,公关人员应充分利用公关活动,收集与本企业形象、声誉相关的各种公众意见(包括对企业形象、产品价格、服务质量、人员素质、管理水平等方面的反映和改进意见),经过归纳、分析、总结,形成建设性的意见和建议,然后反馈给企业管理者,作为改进工作的依据。

4.重视双向沟通

在企业对外营销中,要注意运用双向沟通的公关传播手段,促进形成企业产品和形象的良好社会舆论。首先，应积极进行产品和企业信息的有效输出，以增强公众认知度，影响公众态度、引导公众消费。其次，要收集公众对产品信息和企业形象信息的反映，将有价值的信息输送给企业管理者，并力求将其作为改善企业经营管理、提高产品质量、促进产品销售的重要依据。

5. 建立友好的外部关系

公共关系职能之一，是与社会公众保持良好的外部关系，在企业营销中运用公关方法，与客人、社会团体、政府机构、银行、新闻媒体、供应商甚至竞争对手等保持密切的联系。这种交往不仅有利于信息的传递，而且有助于协调企业与外部公众的各种关系，从而获得方方面面的支持与合作；不仅能加强情感交流，增进友谊，而且有利于相互切磋、学习，借鉴他人经验，使本企业经营管理更趋完善。

6. 建立良好的内部关系

和谐的工作环境有利于建立良好的内部人际关系。企业的各项工作都是由员工来完成的，没有健康向上的和谐氛围，员工就不可能有高昂的斗志和高质量的产品或服务。因此，建立企业内部良好的员工关系，可以增强企业的向心力、凝聚力，这既是企业经营成败的关键，也是企业对外营销成功与否的关键。

（二）旅游企业形象促销的手段

1. 形象促销手段

企业形象，促销一靠广告、二靠活动、三靠媒体，三者相辅相成、相得益彰。其一，广告是形象促销的重要手段，通过目标广告，可宣传企业经营的目标、宗旨和管理观念、企业精神等，以加深公众对企业的认知度；通过信誉广告，可传播企业荣获重大奖项及受表彰和赞誉的信息，以获取公众对企业的信任度；通过实力广告，可向公众展示企业的设施设备、服务质量、技术人才状况，促使公众产生品牌偏好。其二，公关活动也是传播企业形象的重要手段，如周年纪念、项目剪彩、开业庆典、服务节、美食节及评选公关先生和温馨小姐等。其三，还须特别重视与媒体保持密切联系，及时提供各类信息，做到"未雨绸缪"，而不能"临渴掘井"。

2. CS 促销手段

CS 是英文 Customer Satisfaction 的缩写，译意为消费者满意度。CS 促销即让消费者满意的促销活动。让消费者满意，首先要研究消费者心理及其购买行为，从消费者的需求出发设计产品和服务，提高产品和服务质量，满足消费者的需求。其次是让消费者感觉到自己是上帝，时时处处得到温暖的关怀、细致的体贴、灿烂的微笑和诚挚的尊敬与重视。CS 促销如获成功，将对公众产生巨大的号召力。

3. 特色促销手段

随着竞争的日趋激烈，产品质量的差异越来越小，企业为了在市场竞争中取胜，必须采用特色策略来吸引消费者。这种特色策略就是使企业产品或服务具有与众不同的风格、特点和品质,从而树立起"独此一家"的形象。

4. 服务促销手段

服务促销,顾名思义即以服务促销售,其内容不外乎通过实在的价格、地道的质量、优质的服务等,使消费者感觉本企业与同行相比价格物有所值或物超所值,质量可靠,服务一流,故而心理平衡,满足、满意。

5. 价值促销手段

一般消费者除希望物有所值外,还希望得到超值的享受。价值促销的方法有:

(1)提高功能、降低成本,或提高功能、成本不变。

(2)增强产品与服务的主要功能,减少产品与服务的次要功能,以体现产品价值与服务价值的提高。

价值促销对旅游企业来说,是用相同的成本提供更好的产品与服务,但自身并无损耗。而对客人来说,却是用同样的金钱换取了更好、更高级的产品和服务。

三、公共关系人员促销

公关人员促销,是指企业公关销售部人员通过销售访问,与客户进行面对面的接触,向客户传递企业产品和服务信息的过程。其优点是直接联系、机动灵活、双向交流、反馈及时,公关人员易与客户建立良好的人际关系,有助于促销的成功;缺点是效率不高、覆盖面较窄。公关人员促销在现代商品销售中仍占有重要位置,主要因为它的明显优势:一是针对性强且灵活多样;二是可以培养稳定的客源;三是可不断寻求新客源、开辟新市场;四是可以及时收集市场信息,调整促销决策。

(一)公关人员促销的任务

1. 寻找和挖掘客源

公关人员可以运用中心开花法、连锁介绍法、地毯访问法等推销手段直接与客户打交道,劝导与说服客户,从而扩大销售网络,开辟新市场。

2. 保持和稳定客源

通过公关销售人员运用社会交往技巧,培养买卖双方的情感,可以稳定企业的客源市场。

3. 沟通和传递信息

公关销售人员及时、准确和熟练地将本企业的产品和服务信息传递给客户,解答客户提出的疑虑,告知产品和服务的功能、特色,有利于产品和服务的推销。

4. 收集和分析信息

公关销售人员在认真促销时,还必须"察言观色",了解客户对产品和服务的反应,收集客源市场的情报信息,及时、灵活地调整策略和方法,使促销工作有的放矢,提高成交率。

5. 提供帮助与服务

为提高成交率,建立买卖双方的友好情感,公关销售人员应向客户提供各种帮助和服务。如针对客户的情况,提供咨询服务,邀请客户参观企业,介绍产品功能与服务措施等。

(二) 公关人员促销的过程

1. 寻找并确定目标客户

公关销售人员是向特定的客户推销,因此首先必须寻找潜在客户。根据产品的特征确立可能成为目标公众的条件,然后再根据这些条件确定自己的准客户。

2. 进行客户资格审查

客户资格审查,即对一定准客户的购买需求、支付能力和购买决策等进行审核。通过购买需求审核,判断准客户对本企业产品与服务需求的真实程度;通过支付能力审核,判断准客户的实际付款能力;通过购买决策审核,来判定准客户的最小范围,以提高推销效率。

3. 选择活动方式

这属于接近目标公众的准备工作。它包括设计接近潜在客户的最佳方法、拟订面谈计划、确定面谈技巧。选择活动方式应注意有的放矢,避免错误判断与失误,以增强公关销售人员的推销信心。

4. 约见客户

约见,也是接近客户的准备工作,是成功的开端,有助于公关销售人员顺利展开推销工作。

5. 与客户面谈

面谈是推销过程的核心环节,也是公关销售人员运用各种方法说服客户购买产品或服务的过程。面谈中要引导客户认识产品或服务并产生兴趣,从而诱发购买欲望并促成客户购买行为的发生。

6. 达成交易或协议

推销的最终目标就是为了达成交易。当目标客户在面谈后与公关销售人员达成共识时,可以说公关销售人员的推销已进入收尾环节。买卖双方握手成交之时,证明推销活动大功告成。

7. 跟踪服务并寻找新客户

在市场竞争中,企业要保证稳定的客源,不能将完成交易看作推销活动的结束,还应当进行跟踪服务,以稳定客源、追求回头率。要将每次推销的结束看作是新推销的开始,进而继续寻求新客户,开辟新市场。

(三) 公共关系人员促销的辅助工具

1. 企业宣传材料

(1) 企业简介;

(2)展示企业的图片；

(3)企业服务指南；

(4)企业所在城市的地图；

(5)交通服务指南；

(6)写有企业的地址、电话、传真、E-mail 电子信箱及联系人的名片。

企业宣传材料应该设计新颖并具有观赏性,能切实起到推销企业产品和服务的作用。

2.VIP 客人预订表

Very Important Person 客人(简称 VIP 客人)是对旅游企业有重要影响的客人。对他们的接待不能一般化,因为占客人总量约 20% 的 VIP 客人可能会为旅游企业带来 80% 的利润及知名度,对 VIP 客人要用特殊的方式并提供特殊的服务。VIP 客人的预订表与普通客人的预订表有一定区别(见表 6-1)。

表 6-1　VIP 客人预订表

姓名：	到店日期：
职务：	住店时间：
工作单位：	离店日期：
地址：	离店时间：
电话：	人数：
旅游目的:个人目的	
访问_____	
其他_____	
客房要求:单人_____	特套_____
双人_____	总统套间_____
普套_____	
收费指示:付费方式_____	打折____全免____
特殊情况_____	
补充情况_____	
其他指示:鲜花_____	欢迎卡_____
葡萄酒_____	其他_____
果盘_____	
提出要求部门、人员:_____	日期_____
批示者_____	日期_____

注:此表主要针对饭店企业的 VIP 客人,旅行社的 VIP 客人可参考此表内容重新制表。

3.客人预订确认信

旅游企业在对外销售中,除与客人商谈确定消费意向外,还应向客人发出预订确认信,以便做好接待安排工作。客人预订确认信一般由企业营销总监或销售部经理负责。其主要内容在饭店与旅行社有所不同,饭店为:预订日期/房价、预订客房数/收付费用、程序/到店和离店日期、其他注意事项等;旅行社为:预订旅游线路、旅游日程安排每天、游览景点安排每天、食宿条件安排、导游安排等。

4.旅游企业销售核对表

这是一份纳入旅游企业销售档案的工作文件,内容包括:销售人员姓名及日期、确认信发出日期、旅游消费活动日期、商定的价格、确认的房价、餐饮要求(包括日期、菜单、座位等)、预订答复单、费用支出程序、付款指示等。还应有客人乘车(船、航班)到达的时间及重要客人的情况及名单等。

5.合同报告单

合同报告单,是指按销售时间顺序将商定的合同列成的报表。合同报告单概括性地记录销售合同的主要内容,既能帮助销售经理在签订合同时避免差错,又能帮助决策层随时了解销售状况,还可供企业其他部门作参考。

6.销售工作计划表

销售工作计划表既是销售人员工作的目标,也是销售人员检验销售成果的真实凭据。

7.付费程序说明

付费程序说明清楚明白地将客人所付款项一一说明,既能避免客人在付款时拒付,又让客人事前心知肚明,使其能按时付款而不拖欠。

8.感谢信

每逢一次合作完成后,旅游企业公关销售部经理应以个人名义或代表旅游企业,向提供客源的组织者发出感谢信以示谢意。

(四)公共关系人员的促销拜访

公关销售部在对外营销中经常需要对客户进行拜访。针对不同的推销对象,常用的销售拜访形式有如下几种。

1.日常性销售拜访

这类拜访的主要目的是突出企业形象,因此公关销售人员拜访时要着意介绍企业的情况、特色、产品和服务质量,以引起客户的好感,使之产生消费动机。

2.新产品推销拜访

旅游企业开发了新产品,如饭店开发出新的服务项目,旅行社开发出新的旅游线路时,对客户要进行新产品推销拜访。这时,要善于捕捉客户心理,察言观色,洞察客户拒绝接受新产品的原因,想方设法劝说客户接受新产品。

3.特殊性推销拜访

所谓特殊性拜访,一是拜访客户并向客户直接推销产品和服务;二是拜访中间商,如国内外旅行社的组织商、会议组织机构、航空公司等,与中间商洽谈各种业务、签订合同;三是拜访推销代理机构,如旅行社零售点、信息中心、旅游协会、旅游展览会等,将旅游企业的宣传推销资料送去,希望他们将这些材料放在最醒目的地方,推销企业产品,扩大知名度。

4. 技术性促销拜访

这类拜访的目的是为客户提供产品或服务的技术指导,如旅行社公关销售人员给客户介绍旅游线路和景点特色、食宿条件、气象信息,提出生活及医药方面的注意事项等。又如饭店公关销售人员拜访会议组织单位,并对其进行技术和程序方面的指导,提供会议需要的设施、设备,提出会议厅布局的方案以及工作午餐的推荐菜单等。在进行这类拜访时,要全心全意地想客户之所想,急客户之所急,以增加客户对企业的信任度,提高回头率。

四、企业营业推广促销

营业推广促销是旅游企业常用的一种促销手段,即通过各种短期的鼓励性、非连续性促销活动,在短期内迅速刺激和扩大目标公众的需求欲望,促使客户大量购买企业的产品和服务。

(一)企业营业推广促销的作用

1. 有利于旅游企业吸引顾客

旅行社结合新产品推广促销,开展诸如电视采访、旅游比赛、有奖竞猜、知识竞赛等活动,可刺激客户消费;饭店通过向住店客人提供某些额外服务,如价格优惠、赠送礼品、参与活动等,可调动客人消费饭店新产品和新服务项目的积极性。

2. 可改善旅游淡季或非营业高峰销售状况

旅游业的规律是既有旺季也有淡季,淡旺季的旅游收入差距很大,而且淡季和其他非营业高峰期必然出现接待服务能力的闲置。为避免因设备闲置带来的浪费和低效益,必须采取相应的营业推广促销手段来提高企业设备和人力的利用率。近年虽然出现了"淡季不淡""旺季更俏"的旅游火爆场面,但各种形式的促销推广,如价格让利、折扣、特别赠送等,仍不失为吸引游客的有效方法。

3. 激发消费欲望迅速转化为消费行为

广告对企业与客户的沟通具有重要作用,但要使潜在公众变为行动公众,其直接效果并不明显。这时需要旅游企业及时采取营业推广促销手段来提醒、刺激潜在客户,激起消费欲望,尽快实现消费。

(二)企业营业推广促销的类型

1. 对客人的营业推广促销

对客人进行营业推广促销,主要是为了激起客人的购买欲望,推动新产品的销售,扩大市场份额。

2.对中间商的营业推广促销

对中间商的营业推广促销,是为了说服中间商对产品的认同,鼓励他们大量销售本企业的产品。

3.对推销人员的营业推广促销

对推销人员的营业推广促销,是为了鼓励推销人员努力开拓市场,增加计划内的销售量。

(三)企业营业推广促销的一般目标

营业推广促销的目标,应根据不同的目标市场而制定。如对目标公众,可鼓励其试用产品,由过去购买竞争对手的产品转向购买自己的产品;而对推销人员则是鼓励他们开拓市场,增加淡季销售量。

(四)企业营业推广促销的方法

1.价格优惠

在市场供求关系不平衡的时候,价格仍然是刺激消费的主要因素,价格优惠可以在消费者心理上形成良好的心理思维定式,收到较好的营业推广促销效果。

2.赠送礼品

连卖带送也是刺激消费的好办法,但旅游企业的赠品应注意带有企业文化和企业精神的标志,而且赠品并非越贵越好。赠品应既联络旅游企业与客户的情感,又让客户加深对企业的认识,提高旅游企业在客户心目中的认知度。

3.退款和折让

当服务未能让客人满意时,退回全部收费、免费或赠送菜肴、折让付款额等,不失为一种有效的营业推广促销方法。这样做一方面可以让客户心理平衡,另一方面也是吸引客户再次光临的手段。

4.特别服务

对特殊的客人,如 VIP 客人、企业俱乐部成员、长期客户等可实行特殊服务。如优先订房订餐、选择导游、馈赠礼品,及享有支票兑换现金特权等。

5.红利

旅游企业为了刺激中间商的积极性,可以采取销售分红的方式。即让会议组织者或旅游活动组织者享有一定比例的分红权。通过这种方式,使旅游企业与中间商在利益上紧密相连,从而激励中间商经销的热情。

6.旅游企业俱乐部

旅游企业办俱乐部是稳住客源的一种有效手段。目前以旅行社企业为主的俱乐部还不多见,但大型商场和饭店的俱乐部形式多种多样。客人通过缴费或多购物等方式可以成为俱乐部的成员,享受诸如让利、赠送礼品、提供特殊服务和专门服务等多种优惠。

7. 专题促销活动

旅游企业经常开展的促销活动,如饭店的食品节、美食月、啤酒节、烧烤周、特别庆典等;旅行社的冬日赏雪、重阳登高、三月春游、暑期夏令营等专题促销活动,一般都具有较好的效果。

8. 鼓励重复消费

饭店为了鼓励那些经常下榻饭店和与饭店有业务往来的长期客户重复购买产品及服务,经常采取各种优惠和激励形式。如美国有家饭店就给重复消费最多的客人发"金护照",即客人每年付25美元就可以为在这家饭店花费的每一美元积累分数,花钱最多的客人可以享受全部免费待遇,得到"金护照"。

 案例举要

公关谋略与"点子"

在一家豪华大饭店里,一位长期下榻的十分有钱的客户,有一次为了赶飞机,没付账就匆匆忙忙地拎着行李准备离店。怎么办?如果强行拦截这位客人,跟他说"请付账",势必使其难堪,从此不再光顾本店。眼看客人就要出门了,领班灵机一动走上前去,微笑着彬彬有礼地说:"先生,付款台在那边。"然后向总服务台指指,这位客户恍然大悟,当即去付了款。

一个简单的提示既维护了本饭店的利益,又委婉地提醒客人,避免了尴尬。从公关谋略上来说,这位领班采用的是"避实就虚"的策略,使难题得到了圆满解决。

案例思考:如果你是一名实习回来的学生,你还能举出这样"避实就虚"的例子供大家学习吗?

本章小结

旅游企业在营销中越来越注重运用公关理念,以创造"天时、地利、人和"的发展环境。公关营销作为一种具有公关意识的营销观念,是一种借用公关方法的营销策略,也是一种使用公关技巧的营销艺术。在旅游企业里,公关营销工作要立足优质产品、塑造品牌文化、提高企业声誉、维护企业形象、开展传播攻势、推行全员营销。公共关系在旅游企业营销实务中多侧重于促销,即用系列公关活动来激发客人的消费欲望,影响他们的消费行为,并通过各种媒体对产品和企业进行卓有成效的报道和宣传。公关营销活动主要包括公关广告促销、营业推广促销、企业形象促销、公关人员促销等。

思考与练习

1. 公关营销理念的内涵是什么？它有哪些工作内容？在旅游企业对外营销中发挥着什么样的作用？
2. 简述营销观念的演变与革新，着重理解公共关系在营销中的作用。
3. 简介公关广告促销的种类。
4. 简介企业形象促销的方法和手段。
5. 公关营销对公关人员促销有哪些基本要求？

第七章 旅游企业形象设计与文化营销

课前导读

如何把塑造企业形象落到实处,如何将企业的经营理念、企业精神和企业文化通过一种设计,形成一种个性独特别具一格的模式,展示在公众面前并得到社会的公认,这就需要企业家重视企业形象战略的实施,引入 CIS 企业形象识别系统。CIS 是大生产、大市场、高科技、强竞争的信息时代的产物。CIS 作为有效提升企业形象的经营技巧,延伸到旅游企业的经营管理,使管理理念和行为发生了脱胎换骨的根本性变革。CIS 从企业经营理念、行为方式、视觉识别入手,对企业进行整体包装并加以传播,以获取内外公众的认同。塑造旅游企业组织形象是旅游企业公共关系的核心,CIS 是对旅游企业进行全方位、立体式的调整和再造,是以形象赢得效益的长期战略,是一种更高层次的、非常规的形象塑造艺术。本章将探讨旅游企业 CIS 形象设计的基础知识和基本方法。

教学目标

- 明确 CIS 概念及内涵
- 明确 CIS 形象战略与 CIS 经营战略的关系
- 认识 MI 设计的作用
- 掌握 BI 设计的方法
- 了解 VI 设计的原则

第一节　公共关系与 CIS

一、CIS 概念及内涵

CIS 是英文 Corporate Identity System 的缩写,直译为"企业识别系统"。CIS 是一个现代设计观念与企业管理理论相结合,实体性与非实体性协调统一的完整的传播系统。它借助各种信息传播手段,使社会公众正确认识企业的经营理念及产品和服务的品质,对企业形象提高认知度、增强认同感,从而提高企业竞争力。CIS 有三个主要的子系统:即 MI(Mind identity)理念识别、BI(Behaviour identity)行为识别和 VI(Vision identity)视觉识别。所谓理念识别,是企业精神、企业信条、企业目标、经营理念、企业标语与座右铭的体现,是企业文化的浓缩,是企业奋斗宗旨的概括,是员工精神目标的确定,犹如一个人的思想与灵魂;行为识别,是在理念的基础上产生的与之相适应的员工行为方式、企业内部各项管理规章制度、企业对外的公关宣传等,如市场调研、公关促销活动、社会公益性与文化性活动等,它是企业经营理念外在的动态表现,犹如人的言谈举止与行为;视觉识别,是指企业基本的设计要素,如企业的名称、标志、标准字、标准色等,还包括企业内部的应用系统,如办公用品、环境装饰、员工服饰、广告宣传、招贴、产品包装等,它是企业经营理念外在的静态表现,如穿在人身上的标准化服饰和装饰。

CIS 虽然还有其他的子系统,如 AI,是企业的听觉识别,如企业的店歌、广告曲、特别音响等;EI,是企业的环境识别,如企业整体的氛围,是作用于视觉、听觉以外的系统,但主要是指 MI、BI 和 VI,三者相辅相成,缺一不可。任何一个意欲导入 CIS 系统的企业均须首先全面认识 CIS 作为企业经营战略的重要地位,深刻理解"硬件决定地位、软件决定形象,形象塑造直接影响企业经营的成败"这一观念,调动一切积极因素,塑造企业独特形象。

20 世纪 50 年代,CIS 由美国国际商用机器公司总裁小托马斯·沃森提出。他认为"每个人都有自己的人格,都有各自的处世哲学和世界观,并因此而形成独特的行为模式",这就是"个性识别"。由此推及至企业,每家公司也应该有个性识别。小托马斯·沃森指出的"个性识别"符合信息革命时代产生的企业经营战略的要求。由于市场竞争的加剧,企业的产品质量、性能、服务、信誉等方面已进入"无差异时代"。消费者面对铺天盖地的产品信息无所适从,"企业形象"的作用日益增大。因此,塑造优良的企业形象成为占领市场的关键。小托马斯·沃森请世界著名设计师保罗·兰德设计了一个象征"前卫、科技、智慧"的 IBM 标志,围绕这一标志又设计了统一的标准字体、标准颜色、标准信纸和信封、标准员工制服、标准车辆装饰及系统的广告宣传计划等,加上"技术创新""产品设计、生产和销售世界一流""IBM 就意味着服务"等经营理念的树立,使 IBM 公司的企业形象迅速崛起,并得到了社会公众的认可,IBM 公司获得了直接而巨大的经济效益和良好的社会效益,从而一跃成为全球最著名的电脑公司。

CIS 是顺应时代发展、适应日渐激烈的市场竞争而产生的企业形象战略。在我国已经加入 WTO 的今天,旅游企业应向国际高水平的旅游饭店管理集团学习,全面认识新形势下的企业公关与市场营销,迎接市场竞争的挑战。就市场竞争来看,一般分为价格竞争和非价格竞争。价格竞争众所周知,我们暂且不论,而非价格竞争就是通过提高产品质量、包装效果、商标信誉、服务水平以及广告效应等方式争取市场的。其实质就是企业形象的竞争。饭店、旅行社必须依靠"商品力""销售力""形象力"三力合一来占领市场,而"形象力"则包括企业员工的凝聚力及同行认可、社会贡献、公关策划、咨询传播等方方面面的能力,是企业综合实力的体现,而这一切都可依靠 CIS 战略得以有效实施。

二、CIS 在中国的实践

亨利·福特曾在他的《自传》中说:"你可以没有资金,没有工厂,没有产品,甚至也可以没有人,但是你不能没有品牌,有品牌就有市场,当然也就会有其他。"长期以来,在我国饭店业形成了传统的"资本本位"观念,即认为只有有形资本才是驱动饭店发展的核心因素,而对品牌等无形资本的重要性认识不足。然而在品牌竞争时代,越来越多的饭店集团利用品牌等无形资本兼并、收购了比自身资本大数倍甚至数十倍的企业,从而获得了跨越式的发展。

20 世纪 80 年代中期,CIS 传入我国,30 多年来,在我国呈现如下特征:先是理论宣传,然后是市场实践;先从经济发达的沿海地区开始,然后向相对滞后的内地及中西部发展;先在三资企业实行,然后向国有大中型企业推进。

我国旅游业是最早进入市场、最快接触国际先进管理的行业。喜来登、希尔顿、假日、香格里拉等跨国饭店管理集团公司于 20 世纪 80 年代进入我国饭店业,带来了业已成熟的企业管理模式,其经营、管理理念强烈地影响着我国饭店业。许多饭店在接受外来影响的基础上自我创新,形成卓有成效的管理模式。如我国本土品牌"锦江国际"就是一个成功的范例。

锦江国际酒店管理有限公司凭借着其成功的品牌资产经营管理战略在短短20 年的时间里迅速成长为国内第一、世界前 30 强的著名饭店集团。据 2004 年世界品牌大会公布的中国 500 最具价值品牌排行榜,锦江国际集团拥有的锦江品牌价值为 140 亿元,列中国最具价值品牌排行榜 40 位。其间,"锦江国际"为积极推进品牌形象物化方面的建设制定了系统的公司 CIS 发展战略,即确立观念识别

（MI）、行为识别（BI）和视觉识别（VI），统一公司的商标、标志、各类物品的设计和包装。其委托管理的饭店在识别标志上都冠以"锦江"牌号和锦江的标志，以便于消费者识别，并从企业文化、管理模式、服务流程与规范等方面进行统一规范。为了提高品牌的市场定位和品牌推广力度，"锦江国际"聘请了国外专业品牌公司进行了总体品牌策划，将锦江国际酒店品牌细分为七大品牌，即经典型的酒店、五星级的酒店、四星级酒店、三星级酒店、经济型酒店、度假村酒店、酒店式公寓7个品牌；在此基础上面，参考借鉴国际经验，实施分品牌的经营管理，编制品牌的基准手册，形成分品牌的管理模式，并加强品牌的市场推广，继续谋求与国际知名酒店管理品牌的合作。

三、PR、CIS 与国际流行新趋势

PR（公共关系）的奋斗目标是为旅游企业塑造良好的企业形象，创造"天时、地利、人和"的生存空间；CIS 则是企业在参与竞争、开拓市场时实施的形象战略。二者在塑造企业形象上是紧密联系的。

面对市场经济，可以说塑造企业形象是"赢的战略"，在塑造形象上的投资，可能会换来极大的回报。如 2005 年开始，洲际集团开始了新一轮的全球品牌推广，以"您是否在享受跨洲际生活"为宣传口号，向顾客展示洲际酒店为顾客带来的独特难忘的经历，开展了一系列的推广宣传，取得了良好的市场效果。PR 与 CIS 的共同点是紧扣时代脉搏，帮助企业完成自身的形象塑造。不同的是，PR 强调公共关系是企业的一种特殊管理职能，它帮助企业注重自身形象的塑造与完善，不断对外传播企业信息，了解社会公众对企业的意见与建议；广交朋友，为企业编织关系网，创造企业生存与发展的和谐环境；重视社会利益，争取公众的支持、理解、好感与合作，建立信誉，提高企业的知名度与美誉度；协调内外关系，排除干扰与障碍，使企业健康稳步地向前发展。公共关系是企业持之以恒、长期的工作，并非追求一时的短期效应。而 CIS 则更多的是从广告设计的角度，对企业生产的产品由内至外进行全方位的包装，借助形象设计的魅力使产品迅速走红市场，获得成功。

目前，在日美等国又日渐流行 CS 经营战略。CS 是英文 Customer Satisfaction 的缩写，译为"顾客满意"。CS 经营战略的指导思想是：企业的整个经营活动要以顾客满意为中心，要从顾客的角度，用顾客的观点而非企业自身的角度来分析、指导和控制营销计划。CS 由商品、服务和企业形象三要素组成，它们在不同的消费环境中发挥的作用并非均等。在商品较匮乏时，"商品"要素在 CS 中所占的比重很大，商品价廉物美、经久耐用顾客就满意；当商品逐渐充裕时，"服务"（售前、售中、售后服务）就成为 CS 中的主导要素，顾客选择产品的判断标准是服务；在今天商品丰富且产品质量无差异的时代，CS 中"企业形象"所占比重呈直线上升趋势，

企业形象是获得顾客满意的关键。在CS这一概念里包含了两层含义，即"顾客至上"和"顾客总是对的"。

如果将CS经营战略与CIS形象战略相比，前者起点是顾客，而后者起点则是企业本身。CS以顾客满意为目标，是一种由外至内的思维方式；CIS则以塑造企业形象为目的，是一种由内至外的思维方式。CS和CIS两者在营销中的作用是企业营销战略的两个方面。二者相辅相成互为补充，使企业更主动地参与市场竞争。目前企业之所以重视CS，坚持以顾客满意为导向的经营策略，是因为企业家清楚地知道：当消费者买不到商品时，有产品就有市场；当消费者感到市场丰富而不知如何选择商品时，有广告就有市场；当消费者面对"过剩"的商品时，有品质就有市场。而商品的品质不仅仅是指商品本身的质量，而是指那些企业信誉好、服务到位且质量信得过的商品。

第二节 旅游企业的CIS形象战略

我国的旅游企业实施CIS形象战略，一是参与国际市场竞争的需要，二是建立我国旅游管理品牌的需要。旅游企业面对中国旅游业不断做大做强的局面，面对外国旅游企业也要到中国建饭店、办旅行社的现实，要有清醒的认识。旅游者只会对信誉好、知名度高的饭店、旅行社有好感，而不管它是中国人还是外国人办的。企业形象是企业最为宝贵的无形资产，因此，实施CIS形象战略对入世以后中国旅游企业的生存与发展具有重要的现实意义。

一、旅游企业"企业形象"的灵魂——MI

对于旅游企业来说，企业形象一般分为外在形象和内在形象。外在形象主要指旅游企业的建筑风格、装潢设计、环境氛围、员工仪表仪态、服务产品和服务形象；内在形象则主要通过企业管理、经营理念和企业文化等来体现。结合CIS形象设计系统，可以将MI（理念识别）视为旅游企业的内在精神、企业信条、企业目标和座右铭。它蕴含着企业文化，浓缩着企业宗旨，是"企业形象"的灵魂，是CIS形象识别系统中的核心。MI的重要作用：一是决定企业的差别，影响企业的市场定位；二是引导员工的思想、影响员工的观念、指导员工的行为。旅游企业在实施自己的CIS形象战略时，切不可忽视MI的能量，要重视企业的理念识别。例如：建国饭店的温馨与长城饭店的严谨就反映了两个饭店不同的经营理念；建国饭店推崇"温暖如家"的经营理念，使它在众多大饭店的包围中独领风骚；长城饭店则对服务质量、服务规范一丝不苟，体现了喜来登饭店管理集团物有所值的经营理念。

二、旅游企业经营的"魔方"——BI

当旅游企业的经营理念确定之后,传递企业理念的信息渠道有两条:一条是行为识别(动态识别),即 BI;另一条是视觉识别(静态识别),即 VI,我们形象地称它们为旅游企业的"手"和"脸"。其中建立旅游企业的行为识别(BI),是一项严密、科学、艺术化的系统工程,它既包含企业内部的各项规章制度、员工的行为方式,又包含企业对外公关宣传和参与社会性、公益性活动。要使 BI 真正成为旅游企业经营的魔方,以下几点必须强化:

(一)塑造企业英雄

企业英雄是典范人物,是旅游企业为员工树立的学习榜样。如铁人王进喜就是代表"三老四严"价值取向和大庆形象的英雄,是中国工人学习的榜样。管理学家认为:企业成功的奥秘之一,正是由于他们能够根据不同时期的经营理念,造就出代表企业形象的英雄人物。许多优秀的现代饭店管理集团在经营中也成功地运用了这一点,如评选优秀员工、温馨先生、微笑大使、服务标兵、"金钥匙"等,展示了企业良好的形象。

(二)规范员工行为

旅旅企业员工行为规范的内容,涵盖仪表礼仪、工作着装、服务态度、服务技巧、服务程序、服务语言、服务行为、职业道德等,可分解为具体标准和规范动作。BI 的导入会使企业在行为识别上获取更大成功,并在短期内使企业形象发生巨大变化。

(三)注重企业典礼仪式

旅游企业作为一种外向型、窗口型行业,经常举办纪念日、节日、公益、赞助、促销等各种庆典活动。这些庆典活动应能体现企业个性与特征,渗透企业文化与企业经营理念。因此,应注重企业典礼仪式,把其作为传播企业文化、企业经营理念的重要途径,作为 BI 导入的重要环节。

典礼仪式的 BI 功能在以下三个方面发挥作用:第一,通过典礼仪式教育员工,使员工自觉遵循企业的行为规范和准则。第二,通过典礼仪式激励员工,激发员工的自豪感、荣誉感和使命感。第三,典礼仪式能陶冶员工的情操。

(四)制定企业的行为规范

企业的行为规范,是企业向外部社会公众展示企业经营理念、企业文化的动态表现,能使社会公众对企业形象感知并评价,是饭店、旅行社 BI 功能的重要方面。制定企业行为规范应遵循以下原则:

1.顾客至上

旅游企业是服务企业,要把顾客至上、消费者第一的经营思想落实到企业经营目标和经营中的每道工序、每位员工和每个部门。

2. 追求 CS 效应

饭店、旅行社提供的服务设施和服务产品得到顾客的认可与接受,全心全意为顾客服务,最大限度地让顾客满意,是旅游企业尊重顾客的具体体现。

3. 重视社会利益

旅游企业是社会的细胞,争做合格公民,重视社会利益与企业利益的平衡,应当是现代旅游企业的共识。重视社会效益,塑造企业良好的社会形象,通过良好的社会效益达到良好的经济效益,是企业成功的必由之路。

4. 承担社会责任

承担社会责任,体现了旅游企业强烈的社会责任感,同时也向社会证明,旅游企业不仅为国家创造了大量的社会财富,是纳税大户,而且是可信赖、有信誉的经济组织。例如:雅高酒店每年在 12 月 1 日举办抗击艾滋病的活动。在酒店里,每位员工戴上防艾滋病的红丝带,以做宣传;在酒店各营业场所的电子屏上播放抗击艾滋病的海报以及宣传片;在店外,与抗击艾滋病协会合作,配合政府在市中心钟楼、邮局、广场派发宣传页和卫生用品;早晨晨会后,全体艾滋病宣传委员会会员及酒店管理层,携员工一起到广场布置,搭起中英文横幅,分发宣传页等。可见,旅游企业除了自身获取经济效益外还需有一颗感恩的心,主动承担社会责任才能得到公众的肯定。

三、旅游企业的活力之源——VI

"和谐的色彩、优美的图案设计,往往能打动人心,取得很好的效果。如果对这些观念不了解,无法产生共鸣,那就是不用头脑而仍在冬眠的员工。"这段话是日本著名企业家加藤邦宏所言。VI 设计,虽然说是企业外在的一种静态表现,但在树立企业形象上起着比 MI 和 BI 更为直接的作用。它能快速而准确地将企业信息传递给公众,从而达到公众对企业认知与识别的目的。

(一) VI 设计的特征

以图片、图案、色彩等为媒介是 VI 设计的基本特征。这些要素最具传播力与感染力,视觉冲击力最强烈。

以麦当劳西式快餐企业为例:弧形 M 英文字母的企业标志,以黄色为标准色,稍暗的红色为辅助色。色彩的搭配非常柔和醒目,给人一种视觉上的享受。

VI 设计并不是简单地把企业产品罗列出来,而是要表达出企业的经营理念和产品性能,并给人以美感,即以艺术化的手法来表现企业形象和企业产品形象。人们对饭店、旅行社往往是一种模糊、朦胧的感觉。通过 VI 设计对旅游企业形象做包装宣传,可使这些旅游企业更加醒目。

（二）VI 设计的原则

VI 设计的目标，是将公众对企业形象的印象变成对企业真实的认知，产生好感，进而成为企业的顾客。要达到这一目标，必须注意以下几项原则：

1.VI 设计必须建立在 CIS 概念的基础之上

企业没有系统的 CIS 形象识别系统，是无法形成别具一格的 VI 设计的。许多 CIS 导入不成功的企业，探究其原因，一是未考虑企业形象战略的整体性，二是未能根据企业的 CIS 战略进行视觉系统的开发，即忽视了 VI 的设计。

2.VI 设计必须遵循法律规则

企业为了自己的权益，常常运用法律形式将其视觉符号的特别设计确定下来，任何人或企业都不得侵权，否则要负法律责任。

3.VI 设计应注意不同国家、地区和民族的风俗习惯

旅游行业既是服务行业又是窗口行业，具有很强的涉外性，所面对的公众也是国际公众偏多，因此企业的 VI 设计必须注意不同国家、地区和民族的风俗习惯。例如：红色在亚洲被视为喜庆的象征，而在非洲却与凶恶、残暴联系在一起；我国香港人对数字喜"8"厌"4"，因"8"与"发"谐音，"4"与"死"谐音；逢年过节人们互致问候时一般说"恭喜发财"，而忌说"新年快乐"，因"乐"与"落"谐音。

4.VI 设计应遵循美学规律

VI 设计是通过视觉符号传达给公众的，视觉符号表现的是视觉艺术，公众观看的过程就是审美、欣赏的过程。如果企业的 VI 设计缺乏美感和艺术表现力，就不能给予公众以美的享受，公众对企业的印象也就无从谈起。VI 设计要根据美学的统一与变化、对称与均衡、节奏与韵律、调和与对比、比例与尺度的基本规律，设计出立意新颖而富有独创性的企业识别标志。

（三）VI 识别要素的开发

企业形象的主要构成要素有六点：基本要素；人的要素；建筑与环境要素；服务产品要素；直接与业务相关的印刷品、符号识别要素；与宣传、广告有关的印刷品、产品报道要素。在这六大要素中，除了基本要素和人的要素属于 CIS 中的 MI 和 BI 系统外，其他几个要素均可归入 VI 的范畴。例如："建筑与环境要素"，主要指饭店的建筑风格、装潢设计、生态环境和周边环境；服务产品要素，则包括服务产品的特色、功能、品牌与包装等；直接与业务相关的印刷品要素，是指饭店和旅行社简介、业务账票、契约书、信封、信纸、字体设计、标志等；与宣传、广告有关的印刷品、产品报道要素，则包括服务产品目录（如餐饮部的各种菜单）、说明书、宣传广告、户外广告招牌等。

下面将 VI 设计要素做个归纳。

1.基本设计要素

（1）饭店、旅行社名称标准字。

(2)饭店、旅行社标志、专用字体。

(3)饭店、旅行社造型。

(4)饭店、旅行社服务产品名称标准字。

(5)饭店、旅行社员工制服。

(6)饭店、旅行社印鉴类。

2.旅游企业证件类

(1)饭店、旅行社徽章、旗帜。

(2)饭店、旅行社名片、专用笔记本、背包等。

(3)饭店、旅行社名牌、识别证。

3.旅游企业文具类

(1)饭店、旅行社信息专用纸、便条纸、稿纸。

(2)饭店、旅行社固定信封、邮用信封、人名信封。

(3)饭店、旅行社专用袋、信用袋。

(4)饭店、旅行社钢笔、圆珠笔及其他文具。

4.旅游企业对外账票类

(1)饭店、旅行社事务专用账票。

(2)饭店、旅行社订单、受购单、估价单、账单。

(3)饭店、旅行社各类申请表、送货单。

(4)饭店、旅行社契约文书、各种通知、确认书。

(5)饭店、旅行社明细表、票据、支票簿和收据。

5.旅游企业符号类

(1)饭店、旅行社招牌、建筑物招牌、路标招牌、活动招牌。

(2)饭店、旅行社外观照明、霓虹灯等。

(3)饭店、旅行社纪念性建筑、纪念性人物模型。

(4)饭店、旅行社各类参观指示、橱窗展示。

6.旅游企业交通工具识别

(1)饭店、旅行社业务用车、载运用车。

(2)饭店、旅行社宣传广告用车。

(3)饭店、旅行社各类货车和其他特殊车辆。

7.旅游企业展示品类

(1)饭店、旅行社广告宣传单、PR手册、广告海报。

(2)饭店、旅行社服务产品目录、菜单。

(3)饭店、旅行社展示会摊位、各种显示装置、各种促销视听软件、各种会议用资料袋类。

8.旅游企业大众传播类

(1)饭店、旅行社报纸广告、杂志广告。

(2)饭店、旅行社专用杂志广告、其他媒体广告。

(3)饭店、旅行社电视广告、广播广告。

9.旅游企业产品包装类

(1)饭店、旅行社各种包装纸、粘贴商标、胶带、包装材料、包装箱。

(2)饭店、旅行社各种商品容器、商品标签。

10.旅游企业人员服装

(1)饭店前厅部人员服装及管理人员服装。

(2)饭店餐饮部人员及管理人员服装。

(3)饭店客房部人员及管理人员服装。

(4)饭店公关部人员及管理人员服装。

(5)饭店商品部人员及管理人员服装。

(6)旅行社导游人员服装。

(7)旅行社外联销售人员服装。

(8)旅行社内勤及管理人员服装。

11.旅游企业其他出版物、印刷物

(1)饭店、旅行社 PR 杂志、报纸。

(2)饭店、旅行社自办报纸、杂志。

(3)饭店、旅行社股东报告书。

(4)饭店、旅行社奖状、感谢信。

(四)VI 设计中"形象概念"的具体化

旅游企业的 VI 设计,就是将企业理念形象化地应用于企业标志、标准色、标准字、广告文案、商标、图案上,将企业形象具体地显现在公众面前。

1.企业名称

在旅游企业识别要素中,首先应考虑企业名称。"人的名儿,树的影儿"是民间对名称重视的形象写照。寓意深刻的名称,可使企业获得公众的关注与喜爱。

2.企业标志

标志,是一种具有明确特点、便于人们识别的视觉形象。企业标志应突出企业形象、说明企业性质,是企业产品的识别记号。如日本三菱企业的标志由三个菱形组成,好似三个人在叠罗汉,这个标志蕴含了三菱企业追求"人和"的企业理念。

标志按其形式可分为文字标志、图形标志;按其功能可分为企业标志、商品标志、公共信息标志等;根据标志所用符号的表现形式,标志又可分为表音符号和表形符号。表音符号是用语言符号(如连字符号、组字符号、音形符号、象征符号、象

形符号、形征符号等)作为标志。表形符号标志(如男女盥洗室、健身场所等)形象性强,印象鲜明,便于识别与记忆,标志性突出。

3.标准字

企业 VI 形象设计所用的标准字,可用中文或外文。文字的说明性强,可补充说明图形标志的内涵。标准字通过字与字之间的幅宽、笔画的配置、线条的结构、造型的设计与处理,具有强烈的表现力。

4.标准色

颜色可使人产生丰富的联想,如红色象征着热烈、绿色象征着生命、黄色象征着高贵、黑色象征着端庄、白色象征着纯洁……标准色则是企业将某一特定的色彩或一组色彩运用在所有视觉传达的媒介设计上,表现企业的经营理念或服务产品的内容特征。如饭店餐厅常选用能引起食欲的桃色、红色、橙色与茶色;不鲜明的黄色、明亮的绿色也都能刺激人的味觉。

5.象征图案

在企业的 VI 设计中,象征图案是附属设计要素,与标志、标准字、标准色等是宾主关系。其主要作用有:第一,通过象征图案的丰富造型,对以标志、标准字、标准色建立的企业形象加以补充,使其意义更为完整、更易识别。第二,利用象征图案个性化的造型符号使视觉效果更强烈。第三,通过象征图案与标志、标准字、标准色的组合,创造宾主律动感,强化视觉的冲击力。如我国旅游业的标志是马超龙雀,生动鲜明地表现了中国旅游业蒸蒸日上、跃马腾飞的气势。

案例举要

世界最佳饭店塑造美好形象的秘诀

美国《公共事业投资者》杂志每年都要评出全球 40 家最佳饭店。从每年评出的名列前茅的前 10 名最佳饭店的良好评语中,可发现塑造饭店美好形象的秘诀。

一、曼谷东方饭店

曼谷东方饭店有客房 406 间。从客人到达时端上一杯新鲜橘汁开始,到此后数不清的其他细小服务,使曼谷东方饭店再次蝉联冠军。这些细小的服务包括:每个房间都放一篮当地出产的水果,旁边放有说明;每个房间都有专门播放音乐的音响设备;提供叫醒服务的话务员,会在提供叫醒服务几分钟后再一次用电话询问客人是否真正醒来。饭店经理说,我们这些使客人感到"宾至如归"的特殊工作方法,来源于 900 名工作人员的创造力。

二、香港文华饭店

每一位新来的客人都会得到一篮水果或一束鲜花,这是香港文华饭店经理对客人表示的敬意。在这家有客房580间的饭店里,所有电话均装有"不打扰"的自动装置。从这里去中国内地旅行的客人,都可得到饭店送的"中国用具袋",内装一些在中国内地不易得到的用品,还可为店内客人办好登机前的一切手续。

三、东京大仓饭店

东京大仓饭店有客房900间。电子计算机记录着每位客人的特殊爱好(如对哪类房间式样、食品、饮料、哪类报纸的偏好);饭店有夜间烫衣服务;还设有一个办公服务大厅,可以为客人提供翻译、打字服务等;图书馆里备有商业出版物和录像带;带幻灯机和电影放映设备的会议室可免费使用。

四、瑞士苏黎世大道尔德饭店

从建有客房198间的尔德饭店可以眺望苏黎世湖。尔德饭店服务人员每天在客房摆放鲜花,还代客储存物品和提供熨衣服务。饭店经理说:这些服务项目全是理所当然的,重要的是做好日常工作,对客人,从白脱油的供应方式到擦皮鞋的鞋油质量等都要关注。

五、新加坡香格里拉饭店

该饭店有客房700间,每间房内都放有鲜花,连浴室里也放着鲜花。饭店备有面包车,每天早晨接送客人到附近的植物园去,让客人能在清新的空气里散步。

六、巴黎丽斯饭店

巴黎丽斯饭店有客房210间和套房46间。在套房的会客室里,可以根据客人的要求安装专门的电传线路设备;餐厅24小时服务;长住客人可以享用饭店提供的特别台布、床单、玻璃器皿和瓷器;每到年底,饭店开设一个特别的商务中心,为住店客人提供电传、打字、电报服务,还有懂得多国语言的秘书为客人服务。

七、德国汉堡维尔吉立瑞泰饭店

该店保存了每位客人居住过的记录;客人可以提一些特别的要求,诸如需要什么样的枕头(硬的、软的或不要用羽毛的)、用被子还是羊毛毯、是否在床上用膳等。饭店在汉堡郊区有自己的农场,专为饭店供应鲜肉、鲜蛋、鲜菜和鲜花。为防止客人在洗热水澡时被烫伤,浴室内还备有洗澡水温度计。

八、香港半岛酒店

当客人来到这家有客房340间的香港半岛酒店时,服务员会及时送上一杯中国茶;客人没有放到柜内的皮鞋,服务员会主动给皮鞋擦油并放入柜内;有下雨的征兆时,服务员会把雨衣送到客房;客房内提供吹风机。此外,客人可以要求住没有烟味的房间。

九、西班牙马德里丽斯饭店

马德里丽斯饭店有客房158间,备有高尔夫球具和狩猎用品,以便客人在适当的季节使用;服务员还为住店看斗牛的客人准备了特别的野餐食物篮;饭店还有一个特设的熏房,专门为客人生产熏制火腿、腌肉及各种西班牙香肠。

十、伦敦克勒来饭店

伦敦克勒来饭店对长住客人的喜好均有详细记录,如客人不喜欢把两张单人床换成双人床,希望另加张书桌;客人要求不断供应矿泉水;客人早餐时要有特制的牛肉等,饭店均能提供这些特殊的服务项目。

案例思考:名列前茅的前10名最佳饭店在各自的服务和设备设施上不尽相同,但是他们都有一些共性的特点,请大家总结一下。

 本章小结

CIS和公共关系有着紧密的联系,塑造企业形象是旅游企业公共关系的核心。CIS企业形象识别系统是实施企业形象战略的重要手段。CIS主要包括MI、BI和VI三个子系统。MI蕴含着企业文化、浓缩着企业精神,是旅游企业"企业形象"的灵魂;BI是一项严密、科学、艺术化的工程,是旅游企业经营的"魔方";VI是对旅游企业的形象宣传,是旅游企业的活力之源。

 思考与练习

1. 简要介绍CIS形象识别系统的内涵和国际流行新趋势。
2. 为什么说MI是旅游企业"企业形象"的灵魂?
3. 为什么说BI是旅游企业经营的魔方?
4. 为什么说VI是旅游企业的活力之源?

第八章 旅游企业公共关系专题策划

课前导读

旅游公关专题策划,即对专题性公关活动的构思和设计。它是实施整体公关计划的有效手段和重要途径。

公共关系是一门实践性很强的学科。为实现公关目标、落实公关计划、提高公关效益,旅游企业须策划和开展一些有特色、有影响的公共专题活动,以使公众潜移默化地接受企业的信息和观点,消除误解、增强好感、扩大影响,提高企业知名度,协调好公众关系,创造一个和谐融洽的内外环境,从而提高组织声誉,树立良好组织形象。

旅游企业公关专题活动是否成功,关键取决于公关人员的策划水平和技巧。本章重点介绍旅游企业公关策划的主要内容和基本方法。

教学目标

- 了解旅游企业公关策划的内容
- 熟悉旅游企业不同类型公关策划的要求
- 了解旅游企业公关策划的思维方法
- 掌握旅游企业公关策划的创意思路
- 掌握"头脑风暴法"的使用

第一节 旅游企业公共关系策划内容与主要类型

旅游企业公关策划,是旅游企业公关人员为实现塑造企业良好形象、改善企业组织环境这一根本目标,在进行认真调查研究、全面准确地掌握信息的基础上,找出旅游企业组织需要解决的具体公关问题,分析比较各种相关的因素和条件,遵循科学的原则与方法,运用知识和经验,充分发挥想象力、创造力,确定企业公关活动的主题与战略,制订出最优活动方案的过程。

策划是公共关系工作的核心和关键,也是体现旅游企业公关水平的重要方面。在市场经济条件下,竞争日趋激烈,任何旅游企业要想生存和发展,都必须认真研究市场、适应市场,都必须塑造良好形象,在竞争中战胜对手。公共关系策划是旅游企业主动参与竞争、赢得优势、获得成功的积极行为。

一、旅游企业公共关系策划的内容

公关工作贯穿于旅游企业经营管理的全过程。从企业经营管理决策到每个服务环节,都可能成为影响企业形象的因素。旅游企业要因人、因事、因时设计开展一系列有针对性的、有特色的公关活动,才能实现企业的公关目标。

(一)旅游企业形象策划

公共关系工作的核心内容是为企业塑造良好形象。随着我国旅游业的蓬勃发展,旅游企业不论从硬件上、管理水平上,还是服务质量上都上了一个新的台阶。要想在竞争中求得生存和发展,就必须考虑树立与众不同的市场形象。无论是服务项目、价格管理、销售方式、经营策略还是产品包装,都要力求有创新,确立在市场上的独特地位,从而被社会公众所认同和接受。

旅游企业形象策划要与企业组织现状分析结合进行,针对企业组织不同时期面临的主要问题,确定策划的具体目标、工作重点和不同的工作形式。企业组织的形象策划还要与企业组织的行业特征、产品特征、服务特征和人员特征相一致。就旅游企业形象策划的总体方法而言,可借用国际流行的 CIS 导入系统。该系统在追求企业鲜明个性的同时,又是对企业全面素质的总检验。根据 CIS 导入理论,旅游企业形象的策划可从理念统一、行为统一和标志统一几方面进行。

(1)理念统一,是指旅游企业的经营理念和经营战略要系统化,并将系统化的理念贯穿于各项工作中,成为统率全局的灵魂。

(2)行为统一,是指旅游企业在理念统一的基础上,使全体员工的执行行为规范化、协调化,从而达到经营管理过程的统一化。

(3)标志统一,是指在理念统一、行为统一的基础上进一步完善的旅游企业视觉信息的统一。标志统一是 CIS 系统中最具体、层次最多、社会效果最直接的一部分,可使旅游企业以统一的外部形象出现在社会公众面前。

旅游企业形象策划既包括为企业树立形象、创造形象的内容,也包括维护企业形象的内容。对做出一定成绩并有一定知名度的企业而言,维护已经形成的形象是极为重要的工作目标。公关人员应为旅游企业设计各种公关活动,引导组织在原有基础上不断创新,从而在公众中树立一种充满活力、不断进取的良好形象。

(二) 旅游企业环境策划

环境的形成、发展不一定同企业的计划发展目标完全一致,有时甚至可能出现悖逆的情况。作为公共关系的主体,旅游企业在面向环境推出自己形象和行为的同时,还要主动了解环境中各种不利的因素,采取措施引导和影响环境的发展,或者通过有意识的活动改造环境中的某些成分,最终为企业创造良好环境。

旅游企业的环境分为自然环境和人文环境两大类:自然环境,是旅游企业经营的外部条件,其存在和现状往往是不以人的意志为转移的。旅游企业在经营过程中,应注重对周围自然环境的保护,不能以损害自然环境为代价去谋求企业的发展。特别是在开发旅游资源时,要将自然环境保护与利用结合起来。人文环境,包括旅游企业所处环境中的社会及文化背景、民风民俗等。作为当地社会成员的一分子,旅游企业要为人文环境的净化和发展做出贡献,同时可巧妙地利用人文环境所提供的条件,策划出高水平、有特色的旅游公共关系活动。

例如:咸宁地处湖北南部,东临赣北,南接潇湘,西望荆州,北靠武汉,旅游经济发展较慢,但是在2010年10月,湖北咸宁策划的第二届国际温泉文化旅游节在桂花之乡盛大开幕。在市区淦河上举行的大型主题灯会,让咸宁再获吉尼斯荣耀。灯会利用温泉城区淦河段6公里水路,打造中国乃至全球第一蔚为壮观的河灯景观。独具特色的灯会形式,运用现代声、光、电等表现手法,通过若干篇章向世人集中展示咸宁的历史文化、地域风情、生态美景、发展成就,使整条河面及两岸文化走廊呈现"华光炫色灯溢彩,远近高低各不同"的视觉美景,营造出"灯在景中生,人在灯中游"的流光溢彩、灯景交融般的梦幻境界。从此享有楠竹之乡、苎麻之乡、茶叶之乡、桂花之乡、温泉之乡之美称的生态休闲度假旅游城市向世界展开,到咸宁旅游的人数剧增。

旅游企业不但要利用人文环境的优势,还要为人文环境的净化和发展做出贡献,在公关策划中,要尽力使各项活动同社会公益事业结合起来,如赞助希望工程、设立奖学金、为下岗职工创造就业机会等,一方面宣扬了企业形象,提高了企业知名度和美誉度;另一方面也为社会做出了一份贡献。

(三) 旅游企业行为策划

旅游企业行为策划是旅游企业公共关系总目标和组织形象策划方案的具体化,是实现企业 CIS 策略的具体过程。

1. 生产行为的策划

不同的旅游企业,其服务于社会的运转方式虽有不同,但追求社会效益与经济效益统一的目标却是一致的。因此,作为营利性组织,企业生产行为的策划,要在保证旅游服务正常进行的同时,注意纠正可能损害社会利益的因素。

例如:饭店厨房的生产要将向居民区排放的油烟进行环保处理;歌舞厅要注意

不能噪声扰民;旅游交通部门要治理好车辆的尾气排放等。

2.广告行为的策划

广告传播是旅游企业同社会公众沟通的主要手段,要使自己的广告能被公众接受和喜爱,首要的是广告内容要真实;要实事求是地向公众介绍自己的企业及产品和服务,切忌用各种似是而非、虚假夸张的手段哄骗公众。其次是广告形式要有艺术性和独创性,以引起公众的注意。

3.接待交际行为的策划

市场经济条件下,旅游企业组织的横向关系越来越复杂,横向交往的机会也越来越多,接待交际行为已成为展示旅游企业风采的重要形式。就具体操作过程而言,一般性交际接待行为,主要是解决旅游企业组织当前面临的紧迫问题。策划接待交际行为的具体形式,可根据每次活动的特定对象和不同内容而定。

4.竞争行为策划

竞争行为策划首先要符合有关法律、法规,遵守旅游行业职业道德和约定俗成的惯例,而不应采取打击对方、损害对方利益的不正当手段。当本企业在竞争中明显处于弱势状态时,要敢于承认事实,学习竞争对手的长处,以尽快赶上来。

5.领导行为的策划

旅游企业公关人员是企业决策层的智囊和参谋,对领导行为的策划也是公共关系行为策划的主要内容。要协助企业领导实现领导行为的科学化和艺术性,设计一些可以充分展示领导水平的社会活动,以提高旅游企业组织的声誉。

(四)转变公众舆论、改变公众态度的策划

旅游企业公共关系工作将公众态度的转变作为重要目标,通过向公众提供可得到大量旅游信息的活动机会,使公众的态度发生变化并做出反应。在旅游企业公关策划中,要随时掌握公众心理的变化情况,留心公众的反应,以便及时调整活动安排。策划开展积极、健康的活动,有利于提高旅游企业的知名度、美誉度,也有利于旅游业的健康发展。

(五)信息与媒体的策划

旅游企业公共关系的信息策划可以从内容和形式两方面入手。旅游企业信息所表达的内容应该是真实的、新鲜的,表达信息内容的形式要同内容相协调。

例如:层次较高的观念性内容、理论性内容,宜选用文字传媒,便于公众仔细研究、品味;侧重于造声势或展示特色产品外形的内容时,宜选用电视、路牌等形象媒介,以引起公众的注意。

旅游企业关于信息和媒介的策划有三种类型:第一,引起公众对旅游组织或其产品注意的策划,要求突出重点内容和实物,在形式上增加对公众感官的刺激。第二,调动公众情感的策划,要求从内容到形式都追求以情动人,抓住公众在某一时期最关心的问题,或紧扣人类情感的传统主题,如尊老爱幼、爱情、疾恶如仇等。第三,促使公众行为转化的策划,可在媒介传播中突出强调旅游企业或产品带来社会效益的典型事例,也可请专家、名人现身说法,打消公众的顾虑。

(六) 市场营销和促销策划

营销,是旅游企业同公众直接发生联系,向公众展示组织形象的行为,它是极其重要的企业行为之一。营销行为的重点是方便消费者购买并向消费者提供良好的服务。而促销,则是旅游企业营销的一个重要方面,其目的是为了有效地与购买者,特别是与潜在购买者沟通信息。旅游企业常用的促销方式有广告推销、营业推广、公关推销和人员推销等形式,在促销中,应将这几种手段有机组合,形成企业整体的促销组合策略。促销策划可根据以下三个因素来确定:

1. 产品特点

对于公众熟悉的、简单的、价格较低的产品,可确定以广告推销为主,其他促销形式为辅的促销方式。而对于公众不熟悉、复杂的、价格昂贵的产品,可确定以人员推销为主,其余促销形式为辅的促销方式。

2. 旅游产品市场生命周期

旅游产品在不同的生命周期阶段,需要采取不同的促销方式。

例如:湖南张家界游览区是近年新辟的旅游景点,产品处于介绍期。这时的促销方法应是宣传产品特色,使消费者下决心旅游,因此,促销要以广告为主,其余促销手段为辅。桂林山水在国内外知名度很高,已经创出了牌子,成为吸引旅游者的拳头产品,产品处于成熟期。这时的促销应采取广告促销和人员推销为主的策略。

3. 旅游企业特征

企业特征,是指企业的规模、资金、市场覆盖率等。旅游企业特征的差别决定了促销手法的差别。

二、旅游企业公共关系策划的主要类型

公共关系工作在企业的不同时期有不同的任务,因而可分为不同的类型。在公共关系策划中,应根据不同类型的公关活动采取不同的方法。

(一) 危机策划

1. 危机策划的特征

旅游企业与内外环境有时不可避免地会产生一些摩擦和冲突,这些矛盾、冲突就构成了危机。旅游企业危机发生频率最高的是客人投诉,其次是与员工、股东、社区、竞争对手之间的矛盾冲突。其中客人投诉的原因主要有两方面:一是旅游企业服务与管理工作存在不足;二是客人误解,甚至有个别客人歪曲事实。投诉会对旅游企业形象造成损害。危机策划就是通过有效的公关活动,对工作中的不足进

行及时弥补,设法消除客人的误解,维护企业声誉,将损失降到最低程度。

2. 危机策划的要点

(1)实事求是。公关人员弄清客人投诉的原因,这是解决问题的前提。对服务和管理上存在的问题,应诚恳地向客人道歉,并及时采取补救措施;对客人的误解,了解情况后向客人公布事实真相,以消除误会。

(2)重视公众利益。公众投诉一般是因个人利益受到损害而产生的一种维护自身权益的行为。不论公众投诉是否正确,旅游企业都应积极对待,如站在投诉者的角度思考问题,问题就会得到尽快解决。当旅游企业的利益与公众利益发生冲突时,要努力维护公众的合法权益,这样做从根本上也是维护了企业自身的利益。

(3)引导舆论。公众舆论对企业事关重大,是危机公关策划必须重视的要点。危机策划要重视公众舆论、引导舆论,求得公众的谅解,帮助企业重振声誉。

3. 危机策划的模式

危机策划一般采用防御型和矫正型公关活动模式。

(1)防御型公关活动模式,是指在企业与内外公众发生矛盾的初期,及时采取相应的调整措施,争取主动,防患于未然,避免产生损害企业形象的严重事件。

例如:长城饭店作为一家经常接待外国元首的豪华饭店,客人中的98%是外国人,这在许多中国人心目中形成了"长城是洋人出入的地方,中国人进不去"的误解。为了消除这种误解,公关部想出了一个好主意:举办一次集体婚礼,普通市民都可以报名参加,还可以带上15名亲友。这条消息在《北京日报》以广告形式登出后,没几天名额就满了,并且仍有市民来人或来电询问,公关部人员忙得不亦乐乎。

当95对新婚夫妇和1000多名亲友步入长城饭店大厅时,中央电视台和北京电视台转播了这一盛况,引起了人们的关注。新人们为能在长城饭店举行婚礼而备感荣幸。从此以后,许多企业、社会团体纷纷在长城饭店举办各种活动。长城饭店在中国人的心目中变得亲近了。

(2)矫正型公关活动模式,是指在旅游企业公共关系状态严重失调、"形象事故"已经构成的情况下,公关人员采取一系列有效措施,尽量消除不利因素,并通过与新闻界、专业技术机构等部门协同努力,积极修正被损害的形象,挽回企业声誉。

例如:"5·12"汶川大地震灾难发生后,四川旅游遭受重创,四川旅游形象受损、境内外旅游业界和游客对四川旅游的信心遭受打击,震区内大部分景区、城镇、交通损失严重,旅游企业也面临着严峻的考验。2010年来,旅游市场全方位恢复,逐渐推出震后形成的新资源和新产品,使灾区的旅游业成为主导产业,重塑"天下四川熊猫故乡"的完美旅游形象。四川旅游局主要采取了:一是借奥运东风,加快恢复四川省旅游市场。二是充分利用地震后全球对四川的关注度,加大海内外旅游宣传促销力度,尽量保持其对四川的关注和关心,大力推出爱心之旅,感恩之旅等活动。三是抓住全球对灾区援助和支持的动力,举办国际性会议和节庆活动,进一步提高四川知名度,使来四川旅游的人数迅速恢复。

(二)企业新形象策划

随着旅游业的发展,新企业不断涌现,老企业亦需形象更新,如何在公众心目中确立良好的认知度,成为企业新形象策划的重要内容。

1. 旅游企业形象的特征

(1)企业形象的客观性。一个良好企业形象的建立,必须首先以其良好的企业行为做基础。企业行为是客观的,只有自身做得好,才能赢得高美誉度。

(2)企业形象要素的多重性。在公众心目中,旅游企业机构是否健全、设置是否合理、运转是否灵活、办事是否高效、服务是否尽力、产品种类是否齐全、人员是否精干等,是旅游企业形象的具体体现。因此,旅游企业形象是多种要素的组合。

(3)旅游企业形象的相对性。企业形象好坏只是相对的。一部分公众认为好,另一部分公众则可能说未必。随着旅游业的发展,旅游企业形象必定成为一个在不断适应公众需要的变化中求发展的概念,这一点必须引起足够的重视。

2. 旅游企业形象的构成要素

旅游企业形象是由诸多要素构成的,这些要素包括产品形象、领导形象、员工形象、环境形象、文化形象和工作形象等。

(1)产品形象,是指公众对旅游产品所形成的看法和评价。旅游企业产品形象包括硬件设施、餐饮特色、服务水平、管理水平等。

(2)领导形象,是指公众对旅游企业领导的看法和评价。领导形象包括领导外在的和内在的形象,即仪表、气质、工作方法、工作作风、交际方式、理论文化素养、决策能力、创新精神、道德水准等。

(3)员工形象,是指公众对企业员工的普遍看法和评价。它可通过旅游企业员工的技术业务素质、服务敬业精神、职业道德及文明礼仪素质等方面表现出来。

(4)环境形象,是指公众对旅游企业硬件环境(如建筑物、装潢、卫生、绿化、饰物及色彩等)及软件环境(如社区关系)的印象和评价。

(5)文化形象,是指公众对旅游企业管理理念、道德规范等要素的看法和评价。

(6)工作形象,是指公众对旅游企业员工工作水准、效率、责任心等方面的看法和评价。它既反映管理者的工作能力与水平,也反映员工的工作效率与作风。

3. 企业新形象策划的要求

建立旅游企业新形象,是一项从硬件到软件,全方位,立体化的系统工程。良好形象的建立比产品销售更复杂、更困难。在企业新形象策划上,旅游企业公关人员应从以下几方面去考虑:

(1)选择恰当的时机。旅游企业新形象的策划首先要选择恰当的时机:一是利用开业庆典或新项目、新产品上市之际推出企业新形象;二是利用重大节庆日(如春节、元旦、教师节等)推销企业新形象;三是利用对要人、名人的访问及举办各种重要会议宣传企业新形象;四是利用重大事件(如救灾、赞助等)突出企业新形象。

"机不可失,时不再来。"旅游企业建立新形象一定要抓住有利时机,采取有效措施全力实施,否则新形象的策划也只能像"海市蜃楼"一样,成为留在纸上的幻影。

(2)制造"新闻事件"。这是推出旅游企业新形象的重要手段。制造新闻事件,是指创意策划有价值的新闻素材,通过传播,推出旅游企业新形象。

(3)开展有特色的活动。特色活动,是指旅游企业利用现有信息、人力、物力和技术,通过策划,开展有别于其他旅游企业的活动,以推出本企业新形象。如举办专题征文、专项竞赛、记者招待会和展览会等。

(4)正确运用公关模式。公关模式是推出企业新形象可借鉴和运用的重要手段。正确运用公关模式可使企业新形象的策划工作更有成效。

(三) 旧形象改造策划

伴随我国旅游业的迅速发展,许多老企业面临着如何适应新形势的问题。这就要求老企业不断拓展新业务,加强设备的更新改造,努力提高管理水平,积极扭转公众心目中老企业保守、落后、档次低的印象,以求改变原有的旧企业形象。在改造旧形象的策划中,应尽量克服以前经营中出现的各种不利因素,尤其是不再发生曾给公众留下不良印象的事情,突出企业改造中的新创举和对公众的新奉献。对那些暂时无法回避的不利因素,应设法化解或巧妙地加以利用。

例如:青岛迎宾馆是当年毛主席视察时下榻的地方。改革开放以来,其周围饭店、酒楼林立,而它却仍以其特有的神秘感使游人望而却步,经营状况步履艰难。为此,宾馆领导和公关部策划了"宫廷婚礼"等活动,一举获得成功。这些活动使消费者感到迎宾馆并非神秘莫测、可望而不可即,从而改变了对其旧形象的看法。

(四) 产品推广策划

旅游企业产品推广,是指旅游企业在某一特定时期与空间范围内,为刺激和鼓励消费者购买企业产品及服务而采取的一系列促销措施和手段。

1. 旅游企业产品推广的方式

(1)免费营业推广,是指消费者免费获得旅游企业赠予的某些特定物品或利益。如赠送纪念品、增加服务项目等。

(2)优惠产品推广,是指让消费者或经销商以较低的价格消费、购买特定的旅游产品或获得利益。如折价券、折扣优惠、退款优惠等。

(3)竞赛产品推广,是指利用人的好胜、侥幸和寻求刺激心理,通过举办竞赛、抽奖等趣味性、游乐性推广活动,吸引消费者、经销商参与,以推动产品销售。

(4)组合产品推广,是一种综合性促销手段,以消费者满意为目的。如旅游企业与相关企业联合,组合运用免费、优惠、竞赛、抽奖等多种方式推广促销。

2. 产品推广方案的策划

(1)确立旅游企业产品推广目标。此目标是从总的促销目标中引申出来的,表现为这一总目标在促销策略方面的具体化。确定旅游企业产品推广目标,是要解决"向谁推广"和"推广什么"这两个问题。因此,产品推广的具体目标一定要根据目标市场类型的变化而变化,针对不同类型的目标市场,拟定不同旅游企业产品推广的特定目标。如针对旅游消费者而言,该目标可以确定为鼓励老客户经常和重复购买旅游产品,劝诱新客户试用等。

(2)选择旅游企业产品推广方式。旅游企业产品推广目标一旦确定,就需要选择实现目标的手段和方式。产品推广方式多种多样,每种都有其各自的特点和适用范围。一般来说,一种产品推广方式可以实现一个目标,也可以实现多个目标。同样,一个推广目标可采用一种,也可采用多种推广方式优化组合来实现。

3. 制订旅游企业产品推广方案

制订一个完整的产品推广促销方案,要考虑如下几方面的内容:①确定产品推广的规模;②选择产品推广的对象;③决定产品推广的媒介;④选择产品推广的时机;⑤制定产品推广的预算。

(五)开拓市场策划

客源,是旅游企业的"衣食父母",任何一家旅游企业只有随时掌握客源市场的变化情况,主动站在市场潮头,经营管理才可能成功。

开拓市场策划主要采取以下几项步骤:

1. 旅游企业环境分析

企业环境,是指影响旅游经营管理的、内部和外部因素构成的企业生态环境。旅游企业要谋求生存和发展,必须对所处的环境有充分的认识和了解。

2. 了解市场需求进行市场细分

市场细分,是指企业在分析消费者不同消费欲望的基础上,将需求基本相同的消费者归为一类的做法。市场细分有利于发掘市场机会、开拓客源市场。

3. 确定目标市场

任何一家旅游企业都不可能同时满足所有类型消费者的要求。一些人追求美食,而另一些则喜欢快餐;有些人喜住豪华客房,也有人根据自身经济状况则要住廉价客房。所以,旅游企业只能选定一个或几个细分市场作为自己的目标市场。

4. 制定营销策略管好目标市场

目标市场营销策略,是指旅游企业为经营管理好目标市场而提出的各种设想。

常用的目标市场营销策略,有整体市场营销策略、集中营销策略、差异营销策略三种类型。旅游企业采取何种策略,须根据自己的具体情况和所面临的形势,在综合分析研究的基础上决定。

5.旅游企业产品市场定位策略的实施

市场定位,是指旅游企业根据目标市场消费者的偏好和本企业优劣势分析,来判断自身产品所应占有的市场份额,即针对目标市场消费者心目中的某一特定需求,为本企业产品设计出鲜明、独特、无与伦比的产品营销定位策略。

总之,开拓市场是一项细致而复杂的工作,旅游企业公关人员应根据企业综合实力情况,做好开拓市场策划工作。

第二节 公共关系策划的创意与思维方法

在公关策划中,创意,是指公关人员为实现特定目标,在一定条件下进行的创造性思维活动。创意是公关策划的灵魂,有了好的创意,策划才能成功。成功的公关创意离不开科学的思维方法。正如法国科学家贝尔纳说:"良好的方法能使我们更好地发挥、运用天赋的才能,而拙劣的方法则可能阻碍才能的发挥。"

一、公共关系策划创意的多维性

成功的创意离不开广阔的视野。拓宽视野不仅可以更好地掌握公关创意的特点和要求,还可更好地把握公众心理变化、大量的信息及各种传播方式、公关活动方式的运用,为公关策划创意奠定基础。公关策划创意应从下列角度开展:

(一) 科学角度

现代科学的飞速发展不仅改变着世界的面貌,也改变着人类的思想和观念。只有善于吸收社会科学、人文科学和自然科学的研究成果,注重科学理论的指导作用,大量使用现代科学方法与手段,才能使公共关系理论更加蓬勃地发展。所以,加强科学知识的学习,提高科学文化水平,不仅是公关人员提高自身素质与工作能力之必需,更是进行成功公关策划创意的基础和前提。

1.运用科学的思维方法进行创意

科学的思维方法作为科学发展的产物和结晶,又反作用于科学发展。伴随着时代和科学的进步,科学的思维方法日渐成熟,能够掌握和运用科学的思维方法,就可以高效率、创造性地开展各项工作,对实际工作的效率和效益产生极大的推动作用。

在错综复杂的情况下开展旅游企业公关工作,解决各种困难多变的问题,仅凭主观意识和实干精神是不够的,唯有灵活运用科学的思维方法,才能确保公关工作行之有效地开展。

总之,创意作为一种特定的创造活动,充分运用科学的思维方法是至关重要的。科学的思维方法是公关策划创意的正确途径和保证,有了它就可以少走弯路,避免失误,大大提高创意的独特性和有效性。有了科学的思维方法,在从事包括策划和创意在内的公关工作时,就会实实在在、认真负责地为公众考虑,以一流的工作和服务赢得公众对旅游企业的信赖和好评。

2.运用科学的理论和知识进行创意

公关人员从事复杂的公关工作,仅靠公共关系学本身的理论是远远不够的,还必须系统学习、掌握各种相关学科的基本理论,以广博而坚实的理论和知识作基础,在实际策划创意工作中才能融会贯通、得心应手,从必然王国进入自由王国。公关工作是一种科学性强、难度大的智能型工作。尤其是公关创意,如果没有丰富的科学理论和知识作基础,就无法正确分析公众心理,无法准确地选择传播方式和时机去有效地影响公众,也就更谈不上从谋略的角度进行创意和提高创意水平了。

总之,公关人员只有具备了丰富、广博的科学理论和知识,公关创意才能左右逢源,才有更加广阔的思维活动空间,并紧密结合旅游企业的实际,最大限度地发挥主观能动性。

3.使用科学的技术手段进行创意

现代科学的发展为公关工作提供了许多有效的方法、工具和手段,充分发挥它们的作用,不仅可以提高创意的现代化水平,而且还可以大大提高创意的准确性和可靠性。如信息收集后运用计算机进行统计和综合分析,对创意的可靠性有很大帮助。

(二)文化角度

创意、策划乃至公共关系的全部工作,都与文化有着不可分割的联系。不同的国家和民族,都有各自不同的文化。

公众是由生活在特定文化氛围里的人组成的。要使公共关系工作能够积极地影响公众,就必须关注决定着公众观念和行为的文化。

1.认识中国文化的有关特点,积极寻找公共关系与民族文化的契合点

中国文化是一个由多种因素构成的庞大系统,它是以儒家思想为核心,以数千年的农业文明和封建宗法制度为基础而形成。中国传统文化特别注重人的道德修养,强调通过合乎礼仪的行为方式去实现"人和",实现社会的和谐与稳定。

中国传统文化中既有精华,也有糟粕。它重视人际关系,强调人为社会、为他人做贡献,但却忽视了人本身的价值,这同现代社会中讲求人格平等,以互利互惠和共同发展为宗旨的公共关系显然是矛盾的。公共关系与中国传统文化有契合之处,但也有很多相悖之点。因此,公共关系应寻找中国传统文化中的积极因素,实

现与中国优秀传统文化的融合。

2. 公共关系工作需要从现实出发,探索自身发展的新途径

由于国情和文化的不同,来自国外的公关理论在国内常常陷入左右为难的窘境。如果完全照搬国外的做法,在实践中很难行得通;采取国内的传统做法,稍有不慎又会失去现代公共关系的特点。如何结合我国的实际情况,运用国外先进的科学公关理论,开展具有中国特色,并使公众从心态、情感上都易于接受的公关活动,是需要每个公关人员在实际工作中不断探索和实践的。

3. 公关创意应充分考虑文化因素,追求较高的文化品位

公共关系并非像有些人所说,只是一种商业性活动。从本质上看,它是旅游企业和公众共同进行的一种现代文化活动。

旅游企业公共关系的主要任务是在社会和公众中树立企业的良好形象。从企业角度看,形象是企业行为与公众需求之间在相互适应过程中逐渐树立起来的。从公众角度讲,形象是公众通过对企业行为的认识和了解,做出综合评价的结果。企业形象的好坏,取决于大多数公众较为一致的意见,即大多数公众做出的判断。

从公共关系活动本身来看,要体现出一定的文化内涵和品位:一是要具有艺术性;二是要满足公众多方面的需要;三是对公众来说要有一定的新鲜感。

(三) 艺术角度

现代公共关系是科学和艺术的综合。任何公关活动的最终结果都必然对公众产生一定的影响。公关工作要使公众的内心世界发生变化,凭借的是其艺术魅力,即以艺术性的工作,去达到吸引和影响公众的目的。公共关系工作要想受到公众的青睐并有效地影响公众,公关人员必须提高自身的艺术修养。从艺术角度进行公关创意,应认真做好如下三方面的工作:

1. 用艺术的标准要求企业

在公关策划中,应该按照艺术的标准,从艺术的角度指导创意,尽可能使策划的公关活动具有浓郁的艺术特色。力争把每一次公共关系活动都办成一次艺术性的创造,以较高的艺术品位、审美情趣吸引公众。

2. 以艺术的形式表现企业

公关活动与艺术的结合,将使公关创意和公关活动更广泛、更有效,同时也更具魅力,在视觉、听觉、触觉上对公众产生深刻的印象。公关人员可充分发挥文字、语言、色彩、音响等多种因素的表现力,借鉴和利用音乐、舞蹈、美术等多种手法,形成图文并茂、情景交融的公共信息,使公众在赏心悦目的艺术感受中接收信息。

3. 用美的原则约束企业

以公关创意为核心,公关人员应以美的、艺术性的原则约束、规范企业的公关活动,如果旅游企业公关人员及其活动不能体现出美,就不可能在公众中树立起企业美的形象。

因此,有必要研究和建立公关美学,讨论相应的美学原则、美学规律和美学表现形式,并以此对公关人员进行严格的职业培训,使其行为在美与艺术的基础上更加规范化,使公关人员成为美的使者,这对提高公关工作的吸引力,赢得公众的青睐与好感都是至关重要的。

二、公共关系策划创意的思维方式

思维是人类认识和改造客观世界的主观能力。在长期实践过程中,人类逐渐形成了多种多样的思维方式。没有正确的思维方式,人们就难以正常、有效地工作和生活。人的现代化,在很大程度上首先表现为思维方式的科学化。旅游企业公关人员只有学习和掌握科学的思维方式,才能不断提高自身的公关策划水平。

(一) 辩证思维方式

辩证思维方式,是人们以辩证法为中心形成的思维方法。它正确地反映客观世界,是人们观察和认识世界的基本方法,同样也是公关创意中最基本的思维方法。

1. 辩证唯物论中体现事物发展、变化及其规律的思想,对公关创意具有重要的客观指导作用

公关人员应掌握事物变化、运动的规律和对立统一的辩证思想,使企业组织与公众和环境相适应,寻求和建立一种相对的动态平衡。

2. 辩证思维中的比较、分析等具体思维方法,也是公关策划和创意中经常使用的思维方法

公关策划本身就是一个对公众进行比较、分析、概括、综合,由具体到抽象,由抽象到具体的过程,然后再针对目标公众的特点进入公关创意,并把它具体化为特定的公关活动项目。与此同时,在公关策划中,传播媒介与传播方式的选择同样需要比较、分析和选择。

(二) 创造性思维方式

创造性思维具有新颖、独创和很强的灵活性、艺术性,也是公关创意必不可少的内在要求。由于公众、环境是变化的,旅游企业面临的公关问题和目标公众也是经常变换的。因此,旅游企业公关工作必须打破常规,跳出以往的框框,以开拓性的思路,运用新颖的活动方式和独特的工作方法,有效地解决新的问题。

创造性思维是公关创意的灵魂和关键。从公关创意自身的需要来看,运用创造性思维主要是发挥类比、联想、直觉和灵感的作用。

1. 类比在公关创意中的作用

旅游企业公关工作是一项需要长期进行的连续性很强的工作,每一次公关策划和创意虽然面对的是新问题、新目标和某种类型的目标公众,但公关策划和创意仍是在原有工作基础上进行的,同以前的公关活动具有可比性,是一种继续和发展。以往的公关活动可为本次策划创意提供许多可借鉴的东西,使公关人员能够较为准确地认识、判断当前公众的情况和反应,从而做出更好的创意。

2. 联系在公关创意中的作用

联系是创造性思维中的一个更为重要的因素,它是由此及彼,设法用一种新的方式把原来并不相同的此事物与彼事物沟通起来的一种思维模式。旅游企业公关人员在创意中运用联系的方法,可把不同的事物、信息、媒介和表现方式巧妙地结合起来,进行重新组合,可化一般为神奇,创造出许多别具一格的新东西。正如日本千叶大学教授多湖辉所说:"策划内容里的97.9%是任何人都知道的、非常常见的普遍的东西,当它们被一种新的关联体系重新组合起来,具有相对有效时,就发展成策划。"不少成功的公关策划和创意都或多或少地直接得益于此法。

3. 想象在公关创意中的作用

想象是创造性思维中的重要方法。它是一种非逻辑的、跳跃式的思维活动。在旅游企业公关创意中,想象需要从策划的目标和要求出发,并主要以创造性形象思维的方式出现。在对策划的目标、公众等多种因素进行联想的基础上,充分调动自己的想象力,从多种表象材料出发,选择最能传情达意、最能打动公众的成分和素材,然后再凭借想象将它们加以集中、融合,最后形成一种崭新的、具体生动的形象化构思,并赋予其新的寓意和内涵。

4. 直觉和灵感在公关创意中的作用

直觉和灵感是一种创造性思维能力的体现。直觉和灵感都具有非逻辑性、突发性、跳跃性的特点,表现为一种在努力思索之后的不期而遇的下意识形态,是思维过程中"长期积累,偶然得之"的一种飞跃。历史上许多重大科学发现或伟大艺术作品的产生,都与直觉和灵感有一定关系。实际上,只要具备了一定的条件,在日常生活和工作的各个方面都有可能产生直觉和灵感。旅游企业公关创意也不例外,它同样需要直觉和灵感。

(三)发散性思维方式

发散性思维是在实践中沿着不同方向、不同角度,以不同的方法思考问题,寻找解决问题途径的思维方式。掌握了这种思维方式,可以使我们具有较强的开拓性、创造性、应变能力和适应能力;反之,则常常表现为僵化、保守、缺乏弹性。

在旅游企业公关创意中,发散性思维是一种行之有效的思维方式,尤其是多向思维与反向思维,更是其众多具体表现形式中最常见的两种:

1. 多向思维在公关创意中的作用

多向思维不同于常见的直线性单向思维。它不是孤立、片面地看问题,而是围绕某个问题,从尽可能多的方面、因素、变量和角度去进行考察,通过多种思维活动,多方面、多层次、多角度地揭示事物之间复杂、丰富的相互联系,找出解决问题的多种途径和方法。

在旅游企业公关创意中,运用多向思维有三方面的作用:一是可以帮助公关人员开阔视野和思路,多角度思考进行创意;二是可以更全面、更深刻地认识和分析目标公众;三是可使公关人员根据目标公众的特点,更灵活、更有效地选择各种能对公众产生较大影响的活动方式。

2. 反向思维在公关创意中的作用

反向思维又称逆向思维,它是从相反的方向来考虑问题的思维方式,即人们常说的"反过来想一想"。反向思维在旅游企业公关工作中应用广泛,是从公众利益出发来决定旅游企业的行为,而非用旅游企业的行为来左右公众。我国不少旅游企业的公关工作之所以不很成功,一个重要原因是他们还没有真正学会运用反向思维方式,让企业行为去适应公众。

(四) 头脑风暴法

头脑风暴法也称智慧风暴法,这是一种效果显著的创造性思维技巧。该法是将10个左右各有所长的人物组成一个小组,让大家在毫无约束的环境里围绕相同的问题自由发表意见,进行争论,通过各自观点和思想的相互撞击,摆脱原来思维方法造成的局限,产生新的观念和思想。头脑风暴法是1914年由美国广告专家奥斯本首先提出,很快得到了人们广泛的重视和应用。

运用头脑风暴法应注意三个基本规则:一是让组内所有成员的所有想法都能得到充分表达;二是鼓励各种思想的碰击;三是在讨论过程中,注意保护那些刚刚萌芽,但尚不完善的新想法。

除上述四种思维方式外,旅游企业公关人员还应尽可能全面掌握现代科学思维中的系统方法、信息方法和控制方法,且随时注意吸收其他新的思维方式,并尽可能在公关创意中实际应用。

案例举要

雅高"以人为本"的内部公关

雅高集团广州白云机场普尔曼酒店为员工提供了网吧、健身房、篮球场、羽毛球场、乒乓球室、棋牌室、阅读室、员工班车、电视机房、士多店,并开展月度员工庆祝会,庆祝当月过生日的员工,晋升的员工和最佳员工。还开设了"雅高角"是雅高旗下酒店为员工在酒店范围内安排的休息区,以电视、阅览、上网、下棋等休闲放松方式为主,深受酒店员工的欢迎。这些活动对获得员工的理解与支持起到了良好的效果。

案例思考：请你上网查阅雅高集团的关爱员工的做法还有哪些？

本章小结

旅游企业公共关系专题策划是实施整体公关计划的有效手段和重要途径。策划是公关工作的核心和关键，要做好形象策划、环境策划和行为策划工作，使旅游企业新的形象得以树立、旧的形象得以改善、危机得以消除、产品得以提升、市场得以开拓。要做好公关策划工作，公关人员必须从科学角度、文化角度和艺术角度进行思维，寻求好的创意，同时还要掌握辩证思维、创造性思维、发散思维、头脑风暴法等多种思维方式，提高思维方式的科学化层次，以使旅游企业公关活动达到较高水平。

思考与练习

1. 旅游企业环境策划应考虑什么因素？
2. 旅游企业行为策划应包含哪些内容？
3. 新形象策划与老形象改造策划各自应侧重哪些方面？
4. 公共关系策划为什么要考虑文化因素和艺术创新？
5. 针对某个问题进行"头脑风暴法"的演练。

第九章 旅游企业公共关系的危机管理

课前导读

旅游企业公共关系危机管理的目标是最大限度地减少危机对社会和旅游组织的伤害，帮助组织控制危机的局面，尽最大能力保护组织的声誉。

危机管理的任务：处理事故、控制事态、协调关系和重塑形象。

教学目标

- 正确理解和把握旅游企业公共关系危机的含义
- 了解旅游企业公共关系危机的特征和成因
- 明确旅游企业公共关系危机处理的含义
- 把握旅游企业公共关系危机处理的总体策略
- 掌握处理旅游企业公关危机事件的程序

第一节 旅游企业公共关系危机

一、旅游企业公共关系危机的含义

旅游企业公共关系危机，简称旅游企业公关危机，是指由于旅游企业自身或者其外部社会环境中某些事情的突然发生，执行操作不当而引起的对企业有负面影响甚至带来灾难的事件和因素，对企业声誉及其相关产品、服务声誉产生不良影响，导致企业在公众心目中的形象受到严重破坏的现象。

二、旅游企业公共关系危机的特征

(一) 必然性和普遍性

危机的必然性是指危机是不可避免的,只要有公共关系就会有公共关系危机。

首先,由于人们主观认识的局限性和客观规律的隐蔽性,使人们认识规律,驾驭规律的能力必然会存在偏差,所以任何的错误都可能变为现实。

其次,公共关系是一个层次众多的大系统,包括了许多彼此联系的复杂的子系统,是一个多输入,多输出,多干扰的主控系统,不确定因素的复杂性增加了危机产生的必然性。

最后,公共关系过程,是一种信息传播过程。信息传递的过程中由于噪声的干扰势必产生失真现象,失真即有误差,误差导致错误,错误导致危机。

(二) 突发性和渐进性

公共关系危机事件是一种突发性事件,但往往是渐进式地形成。它的发生常常是在意想不到,没有准备的情况下突然爆发的,它是不可预见的或不可完全预见的。从本质上讲,公共关系危机的爆发是一个从量变到质变的过程。危机从其自身发展来说,一般有四个阶段:前兆期—加剧期—处理期—消除期。

(三) 严重性与建设性

危机事件作为一种公共事件,任何组织在危机中采取的行动和措施失当,将使企业的品牌形象和企业信誉受到致命打击,甚至危及生存。

认识危机的建设性,才会采取主动姿态,沉着冷静,满怀信心地面对危机,从中寻找和抓住任何可能的机会;认识危机的建设性,才有可能认识到公共关系危机在破坏公共关系良好状态的同时,也为组织建立富有竞争力的声誉,树立组织的形象和为组织的重大问题的解决创造了机会。

(四) 紧迫性和关注性

公共关系危机总是在短时间内突然爆发,使组织立刻处于备战状态,要求公关人员第一时间全面掌握事实真相。

危机爆发所造成的影响巨大,又令人瞩目。它常常会成为社会和舆论关注的焦点、热点和讨论的话题,成为媒介捕捉的最佳新闻素材和报道题材,成为竞争对手发现破绽的线索,成为主管部门检查批评的对象。有时会牵动社会各界公众的神经,乃至在世界上引起舆论轰动。

(五) 不规则性

对组织来讲,每次危机产生的原因、表现形式、事件范围、影响程度都不尽相同,呈不规则出现,因此,解决的方式也没有一成不变的固定模式。

三、旅游企业公共关系危机的成因

现代组织面临着各种复杂多变的社会环境,由于组织与公众在具体利益上存在着差别,使得旅游组织在运行过程中难免会遇到这样或那样的矛盾。同时,组织还受到外在环境等不可控因素的影响。组织如果对这些情况缺乏充分估计和正确认识,对问题处理不当,就会面临各种危机,而且这些危机事件发生的时间、地点、成因、危害程度等往往是事先难以预料的。危机出现时,组织要想方设法去适应,尽最大努力去争取各方支持,最大程度地弥补损失。

造成旅游企业公共关系危机感的一般原因有:

(一)旅游组织行为不当引起

1.组织对公众和社会不负责任

由于缺乏公众意识,缺乏长远的眼光和战略,组织不负责任,不遵守国家法令、规定,不重视产品质量等原因,导致公共关系危机。

2.领导者素质低下

由于历史原因,一些领导人素质不高,有些组织领导人知识结构不完善,他们对员工缺乏威信和感召力,不能激发员工的工作积极性,使组织缺乏向心力;他们对外部公众缺乏平等的意识和必要的尊重。

3.管理机制混乱或不健全

完善的管理机制和手段是社会组织成功的保证和关键所在。管理机制不健全、工作无程序、办事不按规章制度、缺乏约束机制等都会导致组织行为失误,影响公众利益。

4.员工公共关系意识淡薄

公共关系形象的树立不是靠某个人或局部的奉献,而是有赖于组织全体员工的共同努力,企业要想全方位树立起自己的形象,赢得消费者和公众的信赖,就得培养全员的公共关系意识,开展全员公共关系工作。没有全员的公共关系意识,就不能让各类公众满意。

5.企业对事件的反应不当

随着现代科技的发展和保护消费者权益的法律的不断完善,消费者正在觉醒,并且学会了用法律的手段保护自己的利益,他们对企业的不合理行为提出抗议,如反暴利、反污染行动等。企业在与外部公众交往的过程中,在与消费者的交易过程中,由于各自的利益不同有可能引起摩擦和纠纷,如果反应得当,就能使摩擦和纠纷消于无形,反应不当,就会引发一场危机。

6.由组织内部或外部的个别人员有意或无意造成

如生产人员违章操作或粗心大意引起的人为火灾;因情绪问题有意破坏捣乱

造成的伤亡事故;暴利行为等决策错误。这类事故组织或成员负有责任,会损害形象和产生不良影响。

(二) 突发事件引起

由社会组织难以预测并不可抗拒的外部力量所造成的。如大地震、洪水暴发、台风海啸、火山喷射、国际形势的突然变化、战争等。这类原因造成的危机,一般来说较容易得到社会和公众的谅解,但对组织声誉的损害也同样可观,造成影响导致危机。

1. 其他组织侵犯利益性的行为

受利益的驱使,其他社会组织在未经许可的情况下,假冒本组织的名义行骗或以相同的包装式样、商标、名义推销伪劣产品,使社会组织的形象受到损害,名誉遭受损失。

2. 外来的人为制造的麻烦

在社会经济运行过程中,各种程序的动作环境还不尽完善,有些组织和个人为了自己的一己之利,故意刁难、设置和制造人为的麻烦,使组织的工作受到影响,遇到难以预防的危机。

3. 不可抗拒力因素

如地震、火山、国际形势变化、意外交通事故、水灾等由于外在不可抗拒的因素,这些因素必然危及旅游组织正常的经营活动,也给旅游业造成巨大损失。如:2003年春季的非典使我国旅游业遭到了前所未有的重创。

(三) 报道失实引发

1. 用老眼光对待新问题

组织在质量、工作方式、策略方面有了新的进步、新的发展、新的探索,但是公众和新闻人士一时还不能适应,或一时认识跟不上,用老观念、老眼光看待问题。

2. 公众误解,引起报道失误

组织自身的工作或产品质量诸方面没有什么问题,没有损害公众的事件,但是,由于种种原因,被公众误解了,如社会流言、不利的社会舆论等,导致公众无端地指责社会组织,因此引起新闻误发报道。

3. 报道以偏概全

由于对新闻资料掌握得不够充分,只看到局部问题或没有了解事实的全部,报道以偏概全,以少数代替多数,以个性代替共性。

4. 报道用词不当,导致公众曲解

由于个别新闻工作者的素质或工作疏忽,在新闻报道时用词不当,词不达意,语句不畅,从而使得公众对事件发生、发展的全过程产生了误解,误导公众舆论。

5. 现象掩盖本质,引起报道失误

由于受到主观或客观因素的影响,新闻工作者不能了解事实的真相,不能掌握事件发生的根本原因,被现象所蒙蔽,引起报道失误。

6. 受制于其他因素,错误报道

在一些特殊因素的影响下,新闻工作者不能将事实实际情况反映报道出来,只好违背新闻原则,错误报道。

四、旅游企业公共关系危机的预防

俗话说:"天有不测风云,人有旦夕祸福。"在现代复杂多变的社会大环境里,任何一个组织在其发展过程中,随时会遇到突发的、对组织发展不利的事件。这类事件一旦发生,对旅游企业的生存和发展就是一次严峻的考验,如果处理不当,对企业的打击有可能是致命的。因此,旅游企业学会预防危机,避免危机出现,才能使组织的声誉不受影响,少受影响。现代旅游企业非常需要预防危机。预防是解决危机的最好方法,就像人类对待疾病一样,既要治病,更要防病,防治结合,以防为主。

对于旅游企业公共关系危机的预防工作,可以从以下几个方面进行操作:

(一) 设立应付危机的常设部门

它可以由以下人员组成:决策层负责人、公关部经理、人事部经理、保卫部经理等。这些人员应保证其畅通的联系渠道,日常应考虑的问题是:组织应变能力如何;对于最有可能产生的危机内容是否有相应的准备;如果所预测的危机一旦爆发,有无具体的应对措施。

(二) 危机事件的分析预测

对于组织来讲,危机的出现虽然是不规则的,但其中也存在一些带有规律性,这就需要从以下几个方面进行分析预测。

1. 根据组织的性质做出预测

搞清楚自己的组织是什么性质的组织,列出这种组织很可能发生的各类危机事件。

2. 从组织事件中做出预测

找出自己组织历史上曾发生过什么危机,因为发生过的事情很可能再度发生。

3. 从同行教训中做出预测

找出自己所属组织的同行、类似组织发生过什么危机,分析危机会对组织造成多大损害。考虑这种危机事件后,谁会受影响,范围有多大。

(三) 在日常业务中预防

在日常业务中严格执行科学管理制度,保证产品、服务质量,遵纪守法,维护公众利益,从而消除危机隐患。

(四) 建立危机预警系统

许多危机在爆发之前都会出现某些征兆,因此应当建立组织的预警系统来及时捕捉这些危机的预兆。建立预警系统的工作可由公关人员协同各个管理部门来进行,主要包括以下内容。

(1)加强公共关系信息与组织经营信息的收集分析工作,及时掌握公众对组织活动的反映及评价。

(2)密切注意国家经济政策及经济、政治体制改革的方向,使组织的生产经营活动与社会经济大气候相协调。

(3)加强对重点客户的沟通,使重点客户成为组织的稳定支持者,及时关注其变动趋势。

(4)经常分析竞争对手的生产经营策略和市场需求发展变化趋势。

(5)定期或不定期进行自我诊断,分析组织生产经营和公共关系状态,客观评价组织形象,找出薄弱环节,采取必要措施。

(6)开展多种调研活动,并在此基础上研究及预测可能引起组织危机的突发事件,把组织危机因素消灭在萌芽之中。

(五)制订危机应变计划

危机应变计划是提供应对、处理突发事件所需要的人力、组织、方法和措施的一整套方案。一旦危机出现,就可以借助计划去应付、解决危机。一个较健全的危机应变计划,大致包括以下两项内容。

1.拟订危机应变计划

应变计划要设想各种可能发生的危机和所采取的应对行动,一些组织常常把本单位拟订的危机应变计划体现在危机应变手册上。例如,对旅游企业来说,最有可能也是最严重的危机之一是服务质量发生问题,影响企业信誉,因而在企业的应变手册中,不仅要预见到这一危机,而且要指明何处、何人可以向我们提供紧急援助,并指明他们的姓名和联络方法。危机应变手册是处理各种危机的指南,一定要细致到足以应对危机。

2.危机模拟训练

危机应变小组在完成危机应变计划的纸上作业后,可以举行模拟演习。演习假设一种或多种危机情况,考核危机应变小组对紧急事件的反应能力、危机处理的知识和决策能力。模拟演习还要使组员接受处理紧张心理的训练,以免到真正危机时,紧张的心理妨碍组员的思维和决策。另外,还要学习如何与新闻界打交道,掌握接受记者采访和对外发言等方面的技巧。

第二节 旅游企业公共关系危机的处理

旅游企业公共关系危机处理是一种应急性的公共关系。即指突发性事件发生、旅游企业陷于舆论困境、面临强大的公众压力时,紧急启动公共关系应急程序,迅速运用各种传播沟通媒介,调动各种应急资源,应对和处理组织面临的危机事件,帮助组织控制事态、渡过难关、挽回影响和重塑企业良好形象的过程。

一、旅游企业公共关系危机处理的总体策略

在企业公关危机处理的过程中,策略是针对公众心态、需求的不同而进行的决策定位。企业公关危机处理的策略是指具体进行企业危机处理所须采取的对策与方式及其相应的原则规范。重视讲究企业公关危机处理的策略,对于尽快处理企业公关危机,有效重塑企业的形象,迅速恢复改善公关状态,具有十分重要的意义。旅游企业公关危机处理的总体策略实际上就是旅游企业公关危机处理的原则规范,主要包括如下内容:

(一) 积极主动

在企业公关危机处理时,无论面对的是何种性质、何种类型、何种起因的危机事件,企业都应主动承担义务,积极进行处理,即使起因在受害者一方,也应首先消除危机事件所造成的直接危害,以积极的态度去赢得时间,以正确的措施去赢得公众,创造妥善处理危机的良好氛围,而不应一开始就采取消极、被动的态度,追究责任,埋怨对方,推诿搪塞,从而贻误处理危机的时机,造成危机处理的被动局面,引发更大的危机。

(二) 情谊联络

在危机事件中,公众除了利益抗争外,还存在强烈的心理怨怒,因此,在处理中企业不仅要解决直接的、表面的利益问题,而且要根据人的心理活动特点,采取恰当的心理情谊策略,解决深层次的心理、情感问题。

情谊联络策略,主要是为了强化企业组织与公众的情感关系。有的因生疏造成的危机事件,直接利用情谊联络的方式,就可以达到消除危机、增进友谊、发展感情的目的。公众都是有感情需要的人。公众情感是在对企业组织的评价和情感体验的基础上形成的,具有重要的行为驱动作用,是公众理解和支持企业组织的动力源泉之一。在大量的危机处理过程中,有意识地施加情感影响,可以大大强化其他措施的影响力,树立组织的良好形象。

(三) 如实宣传

企业公关危机处理的一个重要原则就是如实宣传,实事求是。危机发生后要

如实地与公众沟通,并主动地与新闻媒介取得联系,公开事实真相。对于新闻媒介记者和广大公众,都不能因为他们不在现场,不知底细,或不懂某一专门行业对其弄虚作假,更不能对其采访和打探情况设置障碍。总之,对各方面公众都要如实宣传,这也是危机处理的基本要求。1993年8月5日,深圳发生大爆炸事件后,市政府立即做出决定:"要抢先境外传媒,做出报道。"市政府马上向国内传媒提供了第一手资料,避免小道消息流传,以讹传讹。新华社、中新社都在同一时间发布消息,包括死伤人数、地点及爆炸性质,由于沟通及时,避免了公众的过分恐慌,使公众和新闻界不去"估计"和做出缺乏现场感的"分析"。

(四) 超前行动

企业公关危机尽管具有潜伏性的特征,但许多事情还是可以预测的,只是不知道什么时间、什么地点爆发罢了。这一策略就是指企业要通过经常的调查分析,及早发现引发危机的线索和原因,预测出将要遇到的问题以及事件发生后的基本发展方向和程度,从而制订多种可供选择的应变计划。对一切有危机显露的问题要积极采取措施,及早作出处理,将危机扼杀在萌芽状态。对没有显露的问题也要细心观察,做好防御,以便在问题显露时做出快速反应,努力减少危机造成的损失。

(五) 富有创意

公关工作的最大特点是创造性,处理形象危机更要发挥创造性,渗透着创造性的危机处理,其结果往往是"旧貌换新颜",有时甚至还会出现一个出乎人们预料的美好结局。其实,所谓创造性策略就是在设计危机处理方案时,在充分考虑各方面的条件和因素的前提下,因人、因地、因事制宜,争取对公众、社会、企业都有益处。

(六) 注重后效

企业公关危机处理要注重后效。这是指既要着眼于当前企业公关危机事件本身的处理,又要着眼于企业组织良好公关形象的塑造。不能采取头痛医头、脚痛医脚的权宜之计和视野狭窄、鼠目寸光的短期行为,而应从全面的、整体的、未来的、创新的高度进行企业公关危机事件的处理。因为危机与机遇并存,所以,形象危机的处理必须努力取得多重效果和长期效益。

二、旅游企业公共关系危机处理中的传播沟通

传播沟通在管理的任何时候都十分重要,缺乏良好的沟通,任何管理行为都无法有效地实施。企业公关危机发生后更离不开传播沟通,它是迅速处理企业公关危机的关键。因此,旅游企业有必要运用传播沟通的方法去应对和化解危机,帮助组织控制事态、化解矛盾、解决冲突、引导舆论、挽回影响、重塑形象。

(一) 危机处理中的传播沟通策略

企业在危机事件出现后,为了求得公众的准确了解,深入理解,全面谅解,很有

必要向广大公众传播有关信息。因此,在形象危机的处理中,为了增强信息传播的有效性,策划者必须提出一定的传播对策,以确保企业公关危机处理的顺利进行,取得良好的危机处理效果。

1. 迅速开放信息传播通道

把必要的信息公之于众,让公众及时了解危机事态和企业正在尽职尽责地加以处理的情况。开放信息传播渠道,公布事实真相,填补公众的信息空白,让新闻界传播客观真实的信息,让广大社会公众接受客观真实的信息。

2. 有效控制新闻传播走向

在新闻媒介发布有关信息之前、之时和之后进行新闻传播走向控制。

3. 消除危机处理中的谣言

企业消除谣言首先要消除产生谣言的气候和土壤。在企业公关危机处理中,要认真研究谣言产生的主要因素,仔细分析和观察事态的发展,保证信息渠道的通畅,积极沟通,这样,就能在一定程度上防止谣言的产生,一旦谣言产生,企业要以积极郑重的态度对付谣言。

(二)危机处理中的内部沟通

真正做好危机管理工作,需要企业高度重视内部人力资源的利用与潜力挖掘,在内求团结的基础上才会使得员工为企业的转危为安贡献才智。企业内部沟通对于危机中的企业来说至关重要。

1. 内部沟通的作用

通过沟通,不仅容易焕发出员工对企业处境的同情并增强责任感,还可以使员工安心于本职工作,保持工作的积极态度。

2. 危机中如何与员工进行沟通

(1)尽快和员工沟通。

(2)尽可能多地向员工传达有关信息。

(3)设身处地地为员工着想,确保所有的员工基本上能同时得知所有重要的信息。同时将消息传达给所有的员工可以使被传达的信息保持一致性,可以减少员工通过其他的途径得知这些信息而出现信息偏差的机会,有利于企业沟通工作的开展。

(4)要为员工提供更多的机会来表达个人意见。

(5)选择合适的发言人。

(三)企业内部沟通的途径

在危机中,企业要考虑选择效果最好的沟通工具来传递信息,向员工告知事故真相和企业采取的措施,使员工统一口径、同心协力、共渡难关。下面是一些企业可能会采用的沟通途径。如员工大会与部门会议;企业简报、公告牌或企业报纸;

单独会见;电话与电话会议;互联网络;非正式传播渠道;危机处理中的新闻发布。

在危机中,企业可以通过什么途径进行沟通,如何保证效果,是危机传播管理工作应该考虑的核心问题。危机发生后,尽快通过新闻媒介对外发布有关背景情况,发布信息时措辞应事先统一口径,掌握对外报道的主动权。最大限度地与新闻媒介保持良好的合作和信息畅通,避免对抗和猜测,争取其公正、客观的报道。

三、旅游企业公共关系危机处理中的"三部曲"

企业危机的突发性、破坏性、急迫性表明,企业公关危机处理必须以及时的反应、最大的努力严格控制局势,迅速查清原因,积极采取措施,尽力挽回影响。因此,必须首先制定出一个反应迅速、正确有效的旅游企业公共关系危机处理程序,以避免急迫过程中的盲目性和随意性,使企业公关危机处理有序进行。旅游企业公关危机处理的程序包括以下三个方面:

(一)采取紧急行动

企业公关危机一旦出现,企业就应对其做出反应。具体的工作内容如下:

1. 迅速隔离危机险境

当出现严重的恶性事件和重大事故时,为了确保企业及其公众的生命财产不受损失或少受损失,要采取各种果断措施,迅速隔离险境,力使各种恶性事件和重大事故所造成的损失降低到最低程度,为恢复企业的良好公共关系状态提供保证。在公共关系工作中,危机险境的隔离应重点做好公众的隔离和财产的隔离,对于伤员更是要进行无条件的隔离救治,这也是危机过后有可能迅速恢复组织形象的基础。

2. 控制危机蔓延态势

在严重的恶性事件爆发后的一段时间内,危机不会自行消失,相反,它还可能进一步恶化,迅速蔓延开来,甚至还要引起其他危机的出现。因此,必须采取措施,控制危机范围的扩大,使其不致影响别的事物。

(二)积极处理危机

经过第一阶段采取紧急行动,控制了危机损失,尽力做到危机损失最小化之后,企业要从危机反应状态进入积极处理状态。在这一阶段关键是要遵循正确的工作程序,融积极性与规范性于一体,确保有效地处理危机。

1. 调查情况,收集信息

企业出现危机事件后,应及时组织人员,深入公众,了解危机事件的各个方面,收集关于危机事件的综合信息,并形成基本的调查报告,为处理危机提供基本依据。公关危机调查在方法上强调灵活性和快速性。一般主要运用公众座谈法、观察法、访谈法等方法进行调查。在内容上,公关危机调查强调针对性和相关性,一般侧重调查下列内容:①迅速收集现场信息,以便准确分析事故的原因。②详细收集危机事件的信息,包括危机发生的时间、地点、原因、人员伤亡情况、财产损失情况、事态发展情况、控制措施以及公众在事件中的反应情况。③根据危机事件提供的线索,了解危机事件出现的企业组织背景情况、公众背景情况,找出企业、公众与危机事件的关联点。④调查受害公众、政府公众、新闻媒介公众及其他相关公众在危机事件中的要求。要注意从事件本身、亲历者、目击者和有关方面人士那里广泛、全面地搜集本次企业公关危机的信息,无论是现场观察还是事后调查,都应详细地做好记录,除一般文字记录外,最好利用录音、录像、拍照等进行更为客观的记录,为进行危机处理提供充分的信息基础。危机事件的专案人员在全面收集危机各方面资料的基础上,应认真分析、形成危机事件调查报告,提交企业的有关部门。

2. 分析研究,确定对策

企业危机处理人员提交危机事件的专题调查报告之后,应及时会同有关职能部门,进行分析、决策,针对不同公众确立相应的对策,制订消除危机事件影响的公关方案。在这个环节中,最重要的工作就是对危机影响到的各方面公众采取相应的对策。对策如何,直接影响到公关方案的运作和效果。

3. 分工协作,实施方案

企业制定出危机处理的对策后,就要积极组织力量,实施初步确定的消除危机的方案。这是工作的中心环节,在实施过程中应注意:调整心态,以友善的精神风貌赢得公众的好感;工作中力求果断、精练,以高效率的工作风格赢得公众的信任;认真领会公关活动方案的精神,做到既忠于方案,又能及时调整,使原则性与灵活性均得到充分的体现;在接触公众的过程中,注意观察,了解公众的反应和新的要求,并做好说服工作。

4. 评估总结,改进工作

企业在平息危机事件后,一方面,要注意从社会效应、经济效应、心理效应和形象效应诸方面,评估消除危机的有关措施的合理性和有效性,并实事求是地撰写出详尽的公关危机处理报告,为以后处理类似的危机提供参照性文献依据。另一方面,要认真分析危机事件发生的深刻原因,切实改进工作,从根本上杜绝公关危机事件的发生。

(三)重塑组织形象

即使企业采取积极有效的措施处理危机,企业的形象和销售额都不可能完全恢复到危机发生前的水平。公共关系危机对组织形象造成了损害,其不利影响会在今后企业的生产经营中日益显露出来。因此,企业公关危机得到处置,并不等于企业公关危机处理结束,企业公关危机处理还要进入重建企业良好形象的阶段,只有当组织形象重建了,才谈得上转"危"为"安"。

1. 树立重建企业良好形象的强烈意识

在危机处理过程中,企业除了平时要有强烈的公关意识外,还必须树立强烈的重建良好公关形象的意识,要有重整旗鼓的勇气,要有再造辉煌的决心,而不能破罐子破摔,须知,只有当企业的形象得到重建,才谈得上良好的公共关系状态,企业公关危机处理才谈得上真正完结。

2. 确立重建企业良好形象的明确目标

在重建良好组织形象的过程中,确立重建良好形象的目标是必不可少的一个步骤。总的来说,重建良好形象的目标是消除危机带来的形象后果,恢复或重新建立企业的良好声誉,再度赢得社会公众的理解、支持与合作。具体来讲,大致可以分为四个方面:①使企业公关危机事件的受害者或其家属得到最大的安慰。②使利益受损者重新获得作为支持者的信心。③使观望怀疑者重新成为真诚的合作者。④更多地获得新的支持者。只有达到上述目标,公关危机的处理才算是全面和完善的。

3. 采取建立良好组织形象的有效措施

企业在确立了重建良好公关形象的明确目标之后,关键是采取有效措施实施,达到这些目标。这些措施包括对内和对外两个方面:①对内。一是要以诚实和坦率的态度安排各种交流活动,以形成企业与其员工之间的上情下达、下情上达、横向连通的双向交流,保证信息畅通无阻,增强组织管理的透明度和员工对企业组织的信任感;二是要以积极和主动的态度,动员企业组织全体员工参与决策,做出组织在新的环境中的生存与发展计划,让全体员工形成"乌云已经散去,曙光就在前头"的新感受;三是要进一步完善企业组织管理的各项制度和措施,有效地规范组织行为。②对外。一是要同平时与企业息息相关的公众保持联络,及时告诉他们危机后的新局面和新进展;二是要针对企业组织公关形象受损的内容与程度,重点开展某些有益于弥补形象缺损、恢复公关状态的公共关系活动;三是要设法提高企业组织的美誉度,争取拿出一定的过硬的服务项目和产品在社会中公开亮相,从本质上改变公众对企业组织的不良印象。

案例举要

南京冠生园陈馅月饼事件的遗憾

2001年9月3日中午,中央电视台名牌节目《新闻30分》以《南京冠生园:年年出炉新月饼,周而复始陈馅料》为题,对南京冠生园食品有限公司用陈年馅料翻炒后再制成月饼出售的事实加以曝光。

央视记者自2000年8月就开始了解南京冠生园旧月饼再利用的情况。2000

年中秋节过后,该食品厂没有卖完的月饼被陆续从各地回收回来,运进一幢蒙着窗纸的车间。据知情人透露,被回收的月饼主要有豆沙、凤梨和莲蓉三大类。它们首先要被工人去皮取馅,这是加工回收月饼的第一道工序,一些人负责剥去月饼的塑料外包装,另外一些人用小铲刮掉月饼皮剥出里边的馅料,被剥出来的月饼馅接着被送到半成品车间,经过重新搅拌炒制,它们由一个个独立的月饼馅融成了一个整体;当这一切都完成了以后,近百箱熬好的豆沙馅被入库冷藏。记者拍下了这个场景的全过程,拍摄时间是2000年10月24日。

2001年7月2日,距中秋节还有整整3个月,南京冠生园食品厂正式开工赶制新月饼了。记者发现,冷库的门被打开了,那些保存了近一年的馅料被悄悄地派上了用场。

7月3日上午,百箱莲蓉馅从冷库直接拖进了生产车间。7月23日下午,20箱凤梨馅被从冷库中拖出。在以后的几天里,记者又拍到了月饼馅出库并投入生产的镜头。据保守估计,总共有几十吨的陈年月饼馅被冷藏在这个冷库里。有时拖出来的月饼馅料因为冻得太硬无法直接使用,就会被放在隔壁的一间小屋子里存放一夜以便化冻回软,然后再用。记者拍摄到两个人用手在馅料里搅拌试着馅料的软硬。在这些馅料中有不少已经发霉变质,有些甚至已经长满了霉菌。在这箱馅料上居然还摆放着一张说明标签,标明它的生产日期是2000年9月9日。

2001年7月18日,记者拍到一些桶装的豆沙馅被送进了半成品车间接受二次回炉。之后,这些馅料都被送上生产线用来加工做成新月饼。在这样的车间里,月饼以大约每天9万只的生产量被源源不断地生产出来,销往全国各地。

中央电视台的质量曝光在中国月饼行业掀起了轩然大波,尤其给"冠生园"这一知名品牌以沉重打击,各地"冠生园"同行厂家都因此受到牵连,月饼销售锐减甚至滞销。而作为这场危机的主角——南京冠生园食品有限公司,则由于处理危机失当,最终宣告破产。

案例思考:这是一个典型的企业危机公关失败案例。从企业公共关系危机处理的程序来剖析,南京冠生园食品有限公司犯了哪些错误,最终导致了一家"老字号"食品企业的终结?

 本章小结

在现代复杂多变的社会大环境里,任何一个组织在其发展过程中,随时会遇到突发的、对组织发展不利的事件。这类事件一旦发生,对旅游企业的生存和发展就是一次严峻的考验,如果处理不当,对企业的打击有可能是致命的。因此,旅游企业要认识危机的特征和成因,学会预防危机,避免危机出现,才能使组织的声誉不受影响或少受影响。

旅游企业公共关系危机处理是一种应急性的公共关系。即指突发性事件发生、旅游企业陷于舆论困境、面临强大的公众压力时,紧急启动公共关系应急程序,迅速运用各种传播沟通媒介,调动各种应急资源,应对和处理组织面临的危机事件,帮助组织控制事态、渡过难关、挽回影响和重塑企业良好形象的过程。

 思考与练习

1. 什么是旅游企业公共关系危机?它具有哪些特征?
2. 造成旅游企业公共关系危机感的一般原因有哪些?
3. 对于旅游企业公共关系危机的预防工作,可以从哪几个方面进行操作?
4. 旅游企业公关危机处理的原则规范主要包括哪些内容?
5. 简述旅游企业公关危机处理的程序。

第十章 旅游企业公共关系日常工作技能

课前导读

旅游企业公关工作是一项集理论、实务、技巧为一体的操作性很强的工作,公关人员要做好旅游企业公关工作,必须将公关原理与公关操作技巧结合起来。公关礼仪在公关活动中具有重要作用,是旅游企业走向成功的必要手段。它能帮助旅游企业化解矛盾、减少摩擦,积极改善并建立良好的公众关系,并为企业组织广结良缘,创造"人和"的发展环境。旅游企业公关活动的内容是具体的,各项活动能否有效开展,依赖于公关人员对各类公关活动的基本特点、基本要求和具体方法的掌撑,依赖于公关人员的公关技术水平。本章将介绍公关人员应掌撑的公关礼仪及如何有效开展公关日常工作实务。

教学目标

- 熟悉公关工作中常用的礼节礼貌
- 了解旅游企业日常沟通活动的内容
- 明确旅游企业赞助活动的基本过程
- 掌握旅游企业危机的处理技巧
- 了解谈判的过程和要求

第一节 公共关系工作中的礼仪

在旅游企业公关活动中,公关礼仪是公关人员必须掌握并能娴熟运用的人际传播技能。对公关人员来说,公关礼仪不仅是公众交往场合中的通行证,而且还是体现修养水平和业务素质的一种标志。

仪表,是指一个人的外表,主要包括容貌、姿态、服饰三个方面。仪容,主要是指一个人的容貌,仪容是仪表的主要组成部分。仪表仪容是一个人的精神面貌和内在素质的外在体现,是公关礼仪中不可忽视的主要因素。

在旅游企业公关接待活动中,公关人员要树立良好的企业形象和良好的个人形象,就必须注意仪表美,努力以风度翩翩、装扮得体、气质文雅的个人形象维护企业的形象,也体现对他人的尊重。

仪表美是旅游企业公关人员形体美、容貌及服饰美、语言美、风度美、行为举止美等各种因素的有机综合,是内在美和外在美的统一,是静态美和动态美的结合,是自然美和社会美的体现。

一、公共关系人员的个人礼仪

旅游企业公关人员要有良好的修养,努力形成良好的礼貌习惯。个人仪表仪容应做到洁净、整齐,搞好个人卫生,做到勤洗澡、勤修指甲、勤修面;忌讳身体有气味、皮肤表层或指甲内有污垢;注意保持口腔清洁,养成勤刷牙、勤漱口的卫生习惯,防止口腔异味。在开展公关接待工作之前,不要饮酒,不要食用葱、蒜、韭菜等辛辣食物,以免引起他人的反感。要勤换衣服,尤其要注意保持领口、袖口、上衣前襟等易脏处的清洁;不清洁的袜子容易发出异味,要每天更换;头发要适时梳理,发型整齐大方。

(一)举止形态礼节

1. 站姿

优美而典雅的站姿,可表现出人的气质。良好的站姿应该是两腿站直、收腹挺胸、两肩放平,两手自然下垂,全身放松。这样的站姿显得精神振奋、充满信心。具体而言,女子站立时,双脚应呈"V"字形。膝和脚后跟要靠拢,脚尖开度约45度;男子站立时,双脚也可微微叉开,但最多与肩同宽。假如两腿交叉站立与人说话是十分不雅的。站立时,手不能交叉,这是一种被视为具有挑衅含义的姿态;一般也不可双手插入衣裤口袋中,如有必要,可左手或右手插入前裤袋,但时间不宜太长。另外,也不可双臂交叉抱于胸前,这种姿势在世界各地均是表示防御与消极的姿势。总之,站姿应是自然、轻松、优美、挺拔的,身体一定要保持绝对挺直。

2. 走姿

走姿要展现出动态美,稳健、自如、轻盈大方。行走时目光要平视,挺胸收腹直腰,手臂自然摆动。行走要注意脚尖略向外,脚后部先接触地面,两脚内侧在行走中保持在一条直线上。行走时,起脚要有节奏感,干净利落,鞋跟不要拖地,脚尖也不要呈内八字或外八字。行走时,上身姿势同站姿,不可哈腰驼背,更不可摇晃。

3. 坐姿

良好的坐姿会给人一种端庄优美、文雅稳重、自然大方的静态美。优美的坐姿应做到以下几点:入座时,走到座位前,转身后慢慢坐下,即落座的声音要轻,动作要协调柔和,腰部和腿部的肌肉要稍有紧张感,不要呈放松或瘫软状;落座后,上半身一定要挺直,两肩要放松,下巴向内收,脖子挺直,胸部挺起。不论哪种坐姿,女性都切忌两脚分开呈八字状,男性两腿可略为分开,但不要超过肩宽。落座后双手可相交置于大腿上,或轻搭在沙发扶手上,坐沙发时,只坐沙发的1/2或2/3,背部不靠沙发背。

4.手势

在公关工作中,手势具有重要作用。手势要规范适度,不宜过多,并与全身配合协调,同时幅度不要太大;要给人一种优雅、含蓄而彬彬有礼的感觉。做手势要尊重客人的风俗习惯,使客人能够理解。

5.表情

表情是人的思想感情和内在情绪的外露,面部是人体中最能传情达意的部位。表情的形式很多,但微笑最富吸引力,因此要使微笑在公关活动中发挥作用。微笑发自内心才最动人,只有真心诚意,微笑才会表现自然。

眼神是面部表情的核心。作为公关人员的眼神应是热情、礼貌、友善、柔和、有诚意的,而不应是涣散、呆滞的,更不能用眼睛死盯着对方。

6.其他行为动作

公关活动中,公关人员不可做一些异乎寻常的动作,如用手指指人、大声喧哗、放声大笑、大呼小叫、勾肩搭背、慌张奔跑等。在公共场所不可乱扔垃圾、随地吐痰,或挖耳朵、掏鼻孔、剔牙缝、伸懒腰、打哈欠、挠痒痒等。

(二)服装与饰物

在现代社会,衣着打扮不仅是人们爱美的一种需要,而且是一种重要的社交手段,是一个人精神状态和文明礼貌素养的体现。服饰仪表整洁,能给人朝气蓬勃、热情好客、以礼相待、可以信赖的直观感觉。作为公关人员,在工作中应十分注意服饰礼节,要与公关活动的时间、地点及仪式相吻合。

公关人员无论在什么场合,着装都应保持整洁,皮鞋要上油擦亮。穿中山装要扣好领扣、领钩、裤扣;穿长袖衬衫要将下摆塞在裤内,袖口不要卷起。男士在任何情况下都不能穿短裤、背心、拖鞋参加公关活动。女士夏天可光脚穿凉鞋,如穿袜子,袜口不能露在衣裙之外。

公关人员在重要场合或参加重大公关活动时,着装要正规。女士最好穿套装、套裙、长裙或旗袍,上下衣及鞋帽颜色应协调一致,形成整体;不着套装时,配上衣应注意反差不要过大;若穿旗袍则切忌黑色。男士在正式场合一般穿深色西装、礼服或毛料中山服。穿西装时必须打领带,袖口、裤脚不可卷起;衬衣下摆塞入裤内,衬衣袖口应比西服袖口长1厘米左右。站立时一般扣上西装纽扣,坐下时可解开纽扣(只有单排扣西服可解扣着装)。着西装必须穿皮鞋,若穿布鞋、旅游鞋则有失体面,袜子以深色为宜。无论是男装还是女装,都应坚持"内衣不外露"的原则,否则是不雅观的。在公关活动中除要注意着装外,根据不同场合,女士可佩胸花、戴戒指,男士可用手帕作装饰物,以烘托仪容仪表的美感。

公关人员参加各种公关活动,进入室内都要摘帽,脱大衣、风雨衣等。男士在室内则不要戴手套、帽子和墨镜。

二、公共关系接待与交往礼仪

(一)接待中的一般礼仪

旅游企业公关活动是与人打交道,开展社交活动。公关人员接待客人时要以礼貌动作、姿势来表达对客人的欢迎、尊敬、感谢和友好。正确、规范地掌握和施行基本礼节,有助于公关活动的正常开展。

1. 握手

握手礼是当今世界最通行的礼节,贯穿于人们交往的各个环节。握手作为一种礼仪,有很规范的具体要求。行握手礼时,右臂自然向前伸出,手掌向左,掌心微向上,拇指与手掌分开,其余四指自然并拢并微向内曲。注意握手时除年老体弱或残疾人外,一定要用右手,并且一定要站立。握手时眼睛要注视对方,不能握得太紧或有气无力,时间也不要太长;男士和女士握手时,一般只轻握女士的手指部分,不宜握得太紧太久。如果戴着手套,一定要脱去手套后再握手,否则是十分失礼的。如果来不及脱手套,应向对方说清楚并表示歉意。

握手有先后顺序,一般是长者、主人、身份高者和妇女先伸手,客人、身份低者先问候,待对方伸出手后再握手。平级、平辈间见面时,伸手无先后顺序。还必须注意的是,在人多的场合,不宜左右手同时与他人相握,也不能越过他人交叉握手。

2. 鞠躬

鞠躬即弯身行礼,这是人们在生活中用来表示对人恭敬而普遍使用的一种礼节。鞠躬不仅是我国传统的礼节之一,也是日本、朝鲜等很多国家的常用礼节。

行鞠躬礼时,行礼者应距受礼者2米左右。身体采取立正姿势,双脚不要叉开,面带微笑目视受礼者,身体上半部向前倾斜,视线也随之相应下降,随即恢复原状。受礼者鞠躬与行礼相同。长者、宾客、女士还礼时可以不鞠躬、欠身点头即可。行鞠躬礼上身向下的倾斜度可以在15~90度,一般来说,角度越大表示越谦恭,对被问候者越尊敬。

3. 致意礼

由于现代生活节奏的加快,烦琐的礼仪有时已不合时宜,于是人们开始使用既有传统特色又简便快捷的见面礼——致意礼。这种礼节是行礼者向受礼者点头微笑或挥手,表示友好与尊重。一般来说,男士应先向女士致意;年轻女性应先向年长男性致意;公关人员应先向客户致意。在行致意礼时,不可将手插在衣袋中,更不能口里叼着香烟。

4. 介绍

介绍,是指帮助其他两个或两个以上互不相识的人相互沟通,使之建立关系或自己与他人直接沟通相互建立关系的社交形式。通过介绍能缩短人际间的距离,扩大社交圈子,还可以消除不必要的误会。在公关活动中,"介绍"有三种方式:

(1)正式介绍。这是指在较为正式的场合进行的介绍。这时的介绍,最好是姓名并提,还可附加较短的说明,如职称、职务、单位等。

(2)非正式介绍。这种介绍不拘泥于礼节,以轻松、自然、愉快为宗旨,最简单的方式是直接报出各自的姓名。

(3)自我介绍和介绍他人。这是公关活动中常用的介绍方式。自我介绍或介绍他人时,要准确、清楚,一般需讲清自己或被介绍人的姓名与身份,以及来此的目的,使他人对自己或被介绍人的情况和来意能清楚地了解。

5. 称呼

在交往时,不论是口头语言还是书面语言,称呼都十分重要,它表现对人的尊敬程度。在礼貌用语中,要求对他人使用尊称,对自己使用谦称。常见的尊称有:先生(男性)、小姐(未婚女性)、夫人(已婚女性)、女士(婚姻状况不明女性)。对德高望重者可称"×(姓)老",年轻人可称"小×(姓)",对长者可在姓前加"老"字,对有职务、职称者可用职位称呼,如张局长、赵教授、黄老师等。在人际交往中,应当尽可能记住对方的姓名,有人说:"在人们的心目中,唯有自己的名字最美好、最动听。"特别在与外国客人交往中,能叫出对方的名字,对方必将对你产生好感。

6. 问候

问候多用于相识者见面时,用热情、简洁的语言互相致意,或用于交谈的导入阶段。问候要根据时间、场合、对象的不同采用不同的方式,才能给人以自然、亲切、合情合理的感受。问候语有"您好""早上好""晚上好""晚安"等。

(二)迎送客人礼节

迎送,顾名思义即迎来送往,是一种常见的社交礼仪。在旅游企业公关活动中,对一些重要客人的抵离,都应安排相应身份的人员前往机场、车站、码头迎送。

1. 确定迎送规格

迎送规格主要依据来访者的身份、访问性质和目的而定,还要考虑来访者与旅游企业组织之间的关系。按一般惯例,主要迎送人员应与来宾的身份相当。如果由于各种原因而不可能对等时,由职务相当人士或副职出面,并向对方做出解释。

2. 掌握抵达及离开的时间

迎送人员必须准确知道客人所乘交通工具(飞机、火车、船舶)抵达及离开的时间。迎宾人员应在来宾抵达的机场、车站、码头迎接,送行人员则应在客人离行前抵达送行地点,切勿迟到、早退。

3.坐车之礼

客人抵达后,从机场、车站、码头到住地,访问后结束由住地到机场、车站、码头,主人都应陪同。乘车次序和座次是:后排右侧靠窗的位置为主宾的座位,后排左边的位置次之,司机旁边的位置为最低。若乘主人自驾小轿车,以前座为尊。上车时,打开车门后应请客人或长辈、女性先上车,下车时最低位者则应先下车。

4.注意事项

(1)迎接的客人较多时,可事先准备好特定的标志,如小旗、标牌等,使客人从远处可以看到。

(2)要事先安排女客车辆并预订住房。迎送时还应指派专人协助客人办理乘机(火车、轮船)、行李托运或提取行李等手续。

(3)在迎接客人的整个过程中,迎接人员应始终面带微笑,以表欢迎之意。在为客人送行时,送行人员在客人上飞机(车、船)之前按一定顺序同客人一一握手话别。飞机启动(车、船开动)后,送行人员应向客人挥手致意,直至飞机(车、船)从视线中消失方可离去。

(三)接打电话礼节

电话不仅是一种通信手段,也是公关人员交际的工具。因此,无论是打电话还是接听电话,都应注意礼仪。

1.打电话礼节

打电话者在拨号前应做好充分准备,首先应该明确为什么打电话、给谁打电话,至于电话内容更要认真斟酌。如果事情复杂,则不妨先列个提纲或打个腹稿,免得丢三落四、语无伦次。如对方是陌生人,更应注意使对方形成良好的第一感觉。选择适当的通话时间,平日应在早上8点以后,假日最好在早上9点以后,晚上则在10点以前,不要在中午打电话,以免打扰受话人及其家人的休息。与国外通电话还要注意时差。

电话接通后,首先说明自己的身份和受话人的姓名。如对方回答受话人不在时,应主动道谢或请对方代为转告。交谈时应抓住要点,使表达简洁、清楚、明了。

2.接电话的礼节

电话铃响后拿起话筒,先主动问好,再自报单位或姓名,而不应先查问对方,这既是出于礼貌,也是为了确认通话对方是否有误。接听以后,如果自己不是受话人,应负起代为传呼的责任,可礼貌地说:"请稍候,我立刻请他听电话。"如果要找的人不在,可耐心询问对方是否需要转告,如对方同意转告,可详细记录下对方的姓名、电话号码及事由,再将重要的内容复述一遍给对方。

结束通话一般先由来话人做出表示。如果来话人话犹未尽,接话方便挂断电话,那是很不礼貌的。

(四)谈话的礼节

交谈是旅游企业公关人员与他人沟通的重要手段。美国前哈佛大学校长伊立特曾说:"在造就一个有修养的人的教育中,有一种训练不可少,那就是优美、高雅的谈吐。"因此,要想取得良好的谈话效果,必须遵守一定的礼节。

1. 谈话要有针对性

谈话时首先弄清对方的姓名、身份、意图,以便谈话得体。泛泛空谈是对谈话对象不礼貌的表现,也收不到良好的谈话效果。

2. 谈话要恰当选择时间、环境

有人喜欢在办公室谈话,有人喜欢在公共场所谈话;有人喜欢白天谈,有人喜欢晚间闲聊;有人喜欢找个幽静的地方或坐在咖啡厅里边喝咖啡边谈,如此等等,谈话的时间、方式、环境因人而异。

3. 谈话过程中应注意的技巧

首先要注意使用礼貌用语,友好表达自己的意愿、想法和看法。插话、提问不要莽撞唐突,要讲究方法。不要轻易中断或延长话题。对方提问时,要适当地回答,鼓励对方把话说完,听不清楚的地方可有礼貌地询问。

4. 谈话时姿势的配合

谈话要掌握好距离,以双方感到舒适为宜。谈话时尽量少打手势,需打手势时动作也不可太大。说话声音以对方能听清为宜,双方的距离1~4米为宜。谈话时要注意倾听,对赞同的内容可点头或微笑。谈话中注意目光的交流,不要左顾右盼、打哈欠、看手表,一副心不在焉的样子。

5. 谈话的禁忌

谈话时不要用手指人。三人以上在场,不可冷落第三人;不要武断或言过其实,不要独自一人喋喋不休,也不要问客人的私事;一般不要问女士的年龄、婚姻、有无子女等情况。更不可打听客人的财产、收入、身着服装的价格等。不以客人的生理特点,如高、矮、胖、瘦等为话题。

6. 公共场所的礼貌礼节

旅游企业公关活动的内容非常丰富,公关人员经常进出各种公共场所(如展览馆、影剧院、歌舞厅等),必须遵循一定的礼貌礼节。在公共场所打哈欠时,要捂着嘴并尽量加以掩饰;擤鼻涕要轻声,用纸巾、手帕擦干净;咳嗽或打喷嚏应用手帕捂嘴,而且尽量将脸避开他人。在公共场所吸烟时,要先看一看场内是否有"请勿吸烟"的标志,如有标志则不能吸烟,没有标志也应避开人多的地方或征求一下周围人的意见;烟灰和烟蒂不能随便扔在地上,而应扔到垃圾箱或固定收集的地方。需要询问某件事时,应先客气地和他人打招呼,然后用请教的口气发问。不论对方是否能回答你的问题都应致谢;当别人询问时,要尽量热情回答对方,如无法回答应表示歉意。尊重妇女,讲究女士优先。在公共场所无论是走路、上下楼梯或乘坐电梯、出门、乘车、就座等,应遵循女士优先的礼节,充分体现绅士风度。

三、日常宴请与文书礼仪

(一)日常宴请的组织与接待

宴请是公关交往中沟通感情的重要手段。宴请的礼仪规范是很讲究的,无论主人还是贵宾,都必须服从一定的规矩、规范,注意宴会的礼仪,以利于主客相互间关系的建立与加深。

1. 宴请组织工作礼仪

(1)发出邀请。宴请的目的一般都很明显,如节庆的聚会、工作交流、贵宾来访等。邀请客人赴宴有请柬邀请、电话邀请和口头邀请三种。一般说来,较为隆重的宴会发请柬邀请。请柬要用公关语言写明邀请何人、为何邀请、何时何地邀请、有何要求等内容。请柬一般提前一周左右发出,以便被邀请人及早安排。在需要安排座席的涉外宴会请柬上,一般用法文缩写注上"R、S、V、P"(请答复)字样;如只需不出席者答复,则注上"Regretsonly"(因故不能出席请答复)的字样。比较隆重的场合对服饰还有一些要求,请柬上要写明。

(2)确定时间、地点。宴请的时间、地点应根据主宾意见而定。一般来说,时间不应与宾客的工作、生活安排发生冲突,同时,还要尽量避开宾客的数字禁忌,如欧美人忌讳"13",日本人忌讳"4"和"9"。选择宴会地点要考虑规模、档次、特色、环境情调及费用等因素。

(3)确定菜单。菜单不以主人的爱好为标准,而要考虑来宾的口味与忌讳。菜肴的道数和分量要适宜,不要简单地认为海味是名贵菜而泛用,其实不少客人并不喜欢,最好用地方特色菜招待客人。

2. 宴请接待工作礼仪

宴会开始前,主人应在门口迎接宾客。客人抵达后,先让客人到休息厅,以茶水、饮料招待。当主人陪同主宾步入宴会厅时,所有宾客入座,宴会即将开始。

(二)宴会桌次席位的排法

在便宴上,宾客可任意入座,或只安排部分宾客的座次。正式宴会,一般均安排桌次与席位。按国际惯例,主桌一般安排在最里面的中间,也可安排在所有桌子的中心位置,其他桌次以离主桌远近而定。一般右高左低。摆桌较多时,要摆桌次牌。一般来说,主人与次主人相对而坐,主宾与次主宾分别坐在主人和次主人右侧,其他人分男女间隔安排。

(三)出席宴会的礼貌礼节

1. 礼貌应邀

接到邀请应礼貌地表达谢意,对请柬上标有 R、S、V、P 字样或服装要求的,要按要求去做。如不能出席,应尽早向组织者解释或道歉。

抵达时间,以准时或提前二三分钟到达为宜,到达后要同主人握手并问好。

2. 礼让入席

入座前,要了解自己的桌次与座位,然后按座位卡上写的名字入座。如果不按座位卡入座,则应先请职位高者、年长者和妇女先入座。

3. 文雅进餐

入座后,待主人宣布宴会开始后,将餐巾平铺于膝上(也有服务员协助铺的),一般不要挂胸前。服务员送上的湿毛巾是擦手用的,不要用来擦脸。餐具的使用要按规范进行。当主人、主宾致辞时,应停止进餐和交谈,注意倾听。不要玩弄杯盘叉筷。西餐餐具的使用是由外侧开始顺序拿起。右手拿刀、左手拿叉。刀叉暂不用时要放在盘边。无筷架时,暂不用的筷、勺也要放在盘边,不可直接放在桌子上。取菜时,要待主人劝用时再取用。吃东西要文雅,闭嘴咀嚼不发出声音。喝汤不要啜,更不能发出声响,要用汤匙舀着喝。嘴内的鱼刺、骨头等不要直接往外吐,要用餐巾掩嘴,用手或筷子取出后放在骨盘内。吃剩的菜和用过的餐具、牙签等都应放在盘内,不要放在桌上。进餐时,如果碰翻了酒水,或将菜汁溅到别人身上,应礼貌地表示歉意,同时用餐巾帮着擦,若是异性可将餐巾递过去。进餐时,不要跷二郎腿,不要边吃东西边说话,不要乱舞刀叉。剔牙时,要用手或餐巾遮住嘴。

4. 切忌喝酒过量

酒量应控制在本人酒量的 1/3 以内。喝酒过量容易失言甚至失态,影响整个宴会的气氛。

5. 主动交谈

无论主人或宾客都应主动与人交谈,但不要只与熟人交谈,应多交些朋友。和一两个人谈话,对其他人全然不顾是不礼貌的。

6. 致谢

宴会结束时,客人应向主人致谢,赞美宴会的菜肴、气氛。如私人宴请,离别后应回函表示谢意。

(四)宴请的文书礼仪

1. 信件

在旅游企业公关活动中,常用到一些专用书信。如介绍信、证明信、推荐信、感谢信、贺信、欢迎(送)信、答辞、申请书、公开信、表扬信、捷报、喜报等。这些专用书信的书写格式与一般书信基本相同。书信写作的基本要求有以下两个方面:

（1）写好信封。信封上的内容，如邮政编码、收信人地址、收信人姓名等，书写要翔实准确，寄信人地址、名称的书写也要准确无误。书写时，要用毛笔、钢笔或圆珠笔，忌用红笔。横写的行序是由上而下，字序由左而右；竖写的行序是由右向左，字序由上而下。对收信人的称呼要恰当，不用亲属称谓。

（2）信文。通常由抬头、启词、正文、祝词、署名等构成。抬头，是对收信人的称谓，应顶格书写并单独成行，以示对收信人的尊重，抬头称谓"尊敬的""敬爱的""亲爱的"等可置于姓氏之前；启词，是信的开场白，可寒暄客套一番或提出写信原委等；正文，即写信人对收信人要说的话，这是信的主体，正文的文笔应清楚明了、表达得体；祝词，则是书信结尾时对收信人表示祝愿、钦敬或勉慰的短语，如"即颂""此致""恭贺"等词，应另起一行前面空两个格书写，对"敬安""敬礼""进步"等词应再另起一行顶格书写；署名，是在正文结尾的右下方签署写信人姓名，最后再写上写信时的年份、月份和日期。

2. 柬帖

柬帖也称"请柬"或"请帖"，是向客人提出邀请的通知。柬帖一般由名称、称呼、正文、习惯结束语和落款五部分构成。

（1）名称。在封面或第一行中间写"请柬"或"请帖"字样。

（2）称呼。抬头顶格写清被邀请单位的名称，如邀请的是个人，应写清其姓名、职务和职称。

（3）正文。写出本次活动的内容。

（4）习惯结束语。正文结束后，另起一行空两格写"敬请"二字，然后再另起一行顶格写"光临"二字。

（5）落款。署明邀请单位的全称或邀请者的姓名及发出请柬的时间。如是单位邀请，须盖上公章。

请柬的书写要注意字迹工整、美观大方；款式、装帧要求精美；内容清晰无误。

3. 致辞

在旅游企业公关活动中，有时需要企业领导或有关负责人进行致辞演讲。致辞一般分为欢迎词、祝酒词、欢送词、答谢词等。由于致辞是一种面对面的交流形式，因而可起到与客人交流感情、融洽关系的作用，富有感染力。

（1）欢迎词。在客人光临时，主人为了表示热情欢迎的演讲文书，包括欢迎对象、欢迎由来、欢迎单位等要点。

（2）祝酒词。在设宴招待客人时所发表的令客人愉快的劝酒、祝愿之词。

（3）欢送词。在客人将要离别时，为了表示依依不舍之情，在举行相应的礼仪活动中所发表的热情友好的讲话。

（4）答谢词。客人对主人的招待表示感激之情的演讲文书。

致辞的内容切忌套话连篇,要热情友好,充满感情色彩;篇幅要简短,结构要完整。

名片已成为公众交往的一种重要工具,具有沟通、联络功能,起介绍作用。

名片的制作上,国外习惯将姓名印在中间,职务用较小的字体印在姓名下面;而我国则习惯在名片正面的左上方印上单位及职务。在下方印上办公地址、住宅地址、电话、传真、E-mail、邮编等,正中间用稍大的字体印上姓名。

有些名片在反面用英文书写正面的内容,此时,应注意拼写正确。名片反面若空着可以用来写留言。

第二节 旅游企业公共关系日常工作实务

旅游企业公共关系是一门实践性很强的学科。要使公关活动具有针对性和实效性,公关人员除应掌握公共关系学的基本原理外,还必须掌握公关工作的技巧和实务。只有这样,公共关系理论才能真正对旅游企业的公关工作起到指导作用。

一、旅游企业日常接待活动

公关人员是旅游企业的形象代表,其开展公关工作的主要任务之一是做好接待工作。这项工作做得好,会使公众满意,进而对旅游企业产生良好印象;反之,则会使企业声誉受损,进而影响企业形象。

(一) 接待来访

针对客人的特点,公关人员在接待工作中应采用一些不同的方式。对于内部公众,接待可简单一些,重在讲求效率;而对于外部公众,一定要虚心、热情、态度诚恳,认真倾听并及时记录,尽量满足对方的要求。对上级领导或重要客人,要酌情安排一些活动,并提供交通工具。对于应邀来访的客人,公关人员应提前5~10分钟在大门口恭候。总之在接待来访过程中,热情和礼貌必须与办事的效率相结合,要记住"办事拖拉就是怠慢和失礼"。

(二) 电话接待

电话接待是公关日常工作之一,通过接打电话,联系内外、沟通上下、协调左右、传递信息。公关人员应参加电话礼仪培训,提高做好电话接待的工作能力。

(三) 会议接待

会议是旅游企业公关活动常用的形式,搞好会议接待应注意以下三个环节:

1. 会议前的准备工作

会议是组织有计划的行动,因此一般应在会前制订详尽的接待计划和日程安排,并尽可能做到周密、细致。

首先,要提前发出会议通知。通知上应详尽写明会议名称、开会时间和地点及有关事项。其次,了解客人的抵达时间,按时到机场、车站或码头迎接。最后,安排客人食宿,分发会议议程,并及时介绍住地的各种设施和服务项目,以便使客人尽快适应新环境。

2. 会议的组织

有效控制会议进程,适当安排和组织与会人员开展一些娱乐或参观活动。

3. 会议的善后工作

帮助客人订好返程车、船、机票,直到送走最后一位客人。

(四)接待参观

通过接待参观,让社会各界了解旅游企业的各种设施,有利于提高旅游企业的知名度,培养公众对旅游企业的情感。

接待、参观应做好以下几项工作:

1. 准备好各种宣传材料

准备好各种宣传印刷品、说明材料及纪念品,以便在接待参观时送给参观者。这些宣传资料可以帮助参观者进一步认识旅游企业,增强宣传效果。

2. 做好参观事宜的其他安排

布置好会场和展览厅,安排好参观线路。

3. 做好讲解

公关人员要热情带参观者参观,并认真给予讲解介绍。

4. 尽量满足客人的要求

如参观者提出特殊要求,先要和有关人员仔细商量后再做答复,以免妨碍正常工作或发生安全问题。

(五)登门拜访

登门拜访,可交流信息、沟通情感、增进了解,是公关活动的重要内容之一。无论公务拜访还是私人拜访,都应做到经常化。只有这样,感情联系才能紧密牢固。拜访前,最好事先预约。初次登门,应先递上名片,态度要谦恭而又得体。登门拜访时,要注意仪表、仪容,女性应适当化妆,以表示对主人的尊重。登门拜访可携带小礼物,礼物不一定贵重,但要有特色。拜访时间不宜过长,告辞时,对主人及其家人的款待应表示感谢并致告别语。

二、旅游企业日常沟通活动

(一)新闻发布会

新闻发布会又称记者招待会,是旅游企业邀集新闻媒介记者及有关人士,宣布某一重大决策,并由专人回答记者提问的一种信息传播方式。其最大特点是形式、场面比较隆重,影响面广,但操作难度较大,要求具有较强的组织策划能力。

1. 明确主题,选准时机

公关人员首先应确定会议是否有举行的必要,注意权衡新闻价值,并在举行新闻发布会前做好充分准备。

2. 会前准备工作

会前准备工作很多,如选择合适的会场、配置记者需要的设备、布置会场、准备纪念品、印制和发送请柬、选择邀请对象、准备发言稿和报道提纲等新闻资料、确定会议主持人和发言人,若需设宴款待还须选好饭店、菜谱和进餐形式等。

3. 会议注意事项

会议期间,公关人员应充分发挥组织和协调作用。主持人要掌握会议进程,注重礼貌礼节,以庄重的举止、幽默的言谈来活跃整个会场的气氛,引导记者踊跃提问,严格掌握好会议的时间,以使会议有序进行。

4. 会议结束后的工作

会议结束后,公关人员要及时整理会议记录,发布会议信息须准确无误,同时要厘清到会记者名单,以便查寻其在报刊上的发稿处,并注意归类分析、存档。

总之,新闻发布会从策划到具体操办,是公关部的一项重要工作,每一细节都要考虑周全,并有专人落实、专人检查。

(二) 联谊活动与宴请

旅游企业在公关活动中,要有计划、有目的地开展一些联谊活动,以使公众对企业产生良好的整体印象。联谊活动的形式很多,如交谊舞会、文艺演出、音乐会、宴会等。联谊活动一般以 2~3 小时为宜,不宜时间过长。公关人员应仪表端庄、仪态优美,与人交谈时落落大方、彬彬有礼,对各种联谊活动都应做到组织有序、环境和谐、公关到位。舞会可备些茶点,文艺演出应备好节目单。

宴会也是最常见的一种公关活动方式,一般分为正式宴会、便宴、工作午餐、酒会、冷餐会、茶会等。宴会能促进人们感情上的融洽,参加宴会人员须严格遵守礼仪规范(具体可参考本章第一节中有关宴会礼仪的内容)。

(三) 各种类型的典礼

典礼活动是联络公众、广交朋友、增进友谊、扩大影响的公共关系活动形式,如开业典礼、周年大庆、节日庆典等。这种沟通形式可充分展示公关人员的组织能力、社交水平及业务能力,往往能给公众留下深刻印象。

典礼的时间一般不宜过长,但要隆重、热烈,公关人员要沉着、冷静,善于协调,指挥有序。庆典活动应具体抓好以下几个环节:

1. 搞好整体策划

首先对整个活动要有全局考虑,对活动秩序、日程安排、活动场地、举办时间、具体内容、邀请对象、礼品准备、经费预算等都要进行计划安排。

2. 安排好人员调度

典礼活动需各部门协调配合才能顺利开展,人员必须明确分工。筹备班子是否精明能干,对于庆典活动效果具有决定性的影响。

3. 典礼后安排好相关活动

典礼后的相关活动可丰富多彩,如参观、宴请等,通过这些活动可以加深情感交流和广泛征求意见。

三、旅游企业日常传播活动

传播是旅游企业与公众之间双向信息传递、接受、交流、分享、沟通的过程。传播能影响公众的感受和态度,是促进公众了解和信任企业的一种主要手段。旅游企业经常开展的传播活动主要包括新闻传播、广告宣传、自控媒介宣传等。

(一)新闻传播活动

新闻传播是一种典型的大众传播。公关人员应及时向新闻单位提供新闻资料,反映旅游企业在经营管理上的重大突破与改革,本企业的优质服务及其他动人事迹,重要接待及重大店庆活动等。公关人员应善于开动脑筋,主动"制造新闻",为企业提供更多的新闻宣传机会,还要多与新闻界人士交朋友,对新闻界的朋友不论单位名气大小,一律热情接待。

(二)广告宣传活动

广告是旅游企业推销自身形象的一种特殊手段,一般围绕赢得声誉主题、公众服务主题、经济活动主题、人力资源主题、特别事项主题而展开。旅游企业公关广告的制作,要在广泛的市场调研基础上遵循公关传播的原则,搞好广告定位、包装和媒介分析等工作。广告要定位准确,能体现企业营销特色。广告宣传要讲求艺术,易被公众接受,通过树立企业形象来实现提高经营效益的目的。在广告宣传过程中要善于利用各种媒体,通过制造"新闻事件"引起社会和新闻界的关注,从而被媒体广泛报道,这是最理想的免费广告。如美国总统里根在长城饭店举行答谢宴会一事成为新闻热点,使长城饭店名声大振,可谓巧用媒介的成功之举。

(三)自控媒介宣传

自控媒介宣传是饭店公关宣传的重要手段之一,在旅游企业内部对塑造企业良好形象及内求团结合作上发挥着积极的作用。企业内部广播站、宣传橱窗、标语牌、员工刊物、员工守则、有线电视台等均属自控媒介。

旅游企业公关人员在运用和掌握自控媒介时,要通过不同的媒介加强企业与客人、员工之间的信息交流,让客人更好地了解企业的经营状况、好人好事以及各种业务,激励员工做好本职工作。还应注重发挥各类对外宣传品和纪念品的宣传作用,可通过企业介绍、服务指南、挂历、贺年卡、菜单、画册等宣传企业形象。

四、旅游企业日常赞助活动

赞助是塑造旅游企业形象最佳的公关活动方式之一。举办赞助活动能使企业提高知名度和美誉度,显示企业实力,体现旅游企业组织强烈的社会责任心,建立起乐于为社会做贡献的良好形象。

(一) 赞助的意义

赞助活动是同某项社会事业(如教育事业、体育事业、环保事业)或事件(如自然灾害、人为事故等)紧密联系在一起的,因此赞助对旅游企业发展具有特殊意义。

1. 提高旅游企业的知名度

赞助可使赞助企业的名称伴随所赞助的事件一起传播,从而扩大企业的影响范围,提高企业知名度。

2. 提高旅游企业的美誉度

由于赞助的事业或事件是社会公众所关注的,赞助可以改变公众对营利性组织"唯利是图"的印象,获得良好的舆论,赢得公众的好感,提高企业的美誉度。

3. 履行对社会的义务和责任

赞助公益事业、解危济困是每个社会成员的责任和义务。赞助活动体现了旅游企业对建设精神文明、履行社会责任和义务的积极态度。

(二) 赞助的原则

旅游企业的财力是有限的。赞助活动要兼顾社会利益和自身利益,不能盲目进行。旅游企业进行赞助时应掌握如下原则:

1. 赞助要有利于企业知名度和美誉度的提高

如广州花园酒店和广州市妇联等单位联合举办了我国首次"母亲节"活动,为建设社会主义精神文明贡献了一份力量。这个活动引起了新闻界和社会各界的普遍关注,成功地提高了花园酒店的知名度和美誉度。

2. 经济承受力

提取经费或物资开展赞助活动,首要问题是必须要考虑本企业的经济实力,要合理、适当、量力而行。

3. 赞助项目要有积极意义

所赞助的项目应具有积极的社会意义和广泛的社会影响,以求赞助后能产生良好的社会效果。

(三) 赞助的实施过程

1. 进行赞助研究

赞助研究,即对赞助对象与本企业的关系及赞助要求、赞助效果等问题在事前进行研究,要保证赞助活动使企业、公众和社会在赞助中同时受益。

2. 制订赞助计划

赞助计划内容包括:赞助对象的范围、数量、赞助经费的预算、采取的赞助方式步骤及赞助的宗旨等。

3. 赞助计划的审核与评议

通过对赞助计划的审核与评议,可以决定赞助金额、赞助方式和赞助时机等。

4. 赞助手段的确定

在赞助计划实施过程中,要有效地运用各种手段,目的是通过赞助活动扩大企业的社会影响。

5. 进行赞助效果的测定

每次赞助活动完成以后,都应对赞助效果进行评估测定。将赞助结果与计划对照,看完成了哪些预定的指标,没完成哪些指标,并找出各自的原因,为今后的赞助活动提供参考依据。

五、旅游企业日常促销活动

现代市场营销是公共关系与推销技巧的结合,它始终以顾客需求为导向,提供高品质的产品,并强调以公共关系手段树立企业市场形象,从而达到销售的目的。

旅游企业是服务性企业,其产品具有直接性特点,即服务是由导游和服务人员在客人面前进行和完成的。因而,旅游企业从业人员素质的优劣直接决定着服务质量的高低。在旅游企业中要树立人人都是公关销售员的观念,要通过公关活动及优质服务树立企业良好形象,在销售服务过程中与客人进行心理上的沟通和情感的交流,这样旅游企业才能拥有稳定和持久的客源。

(一)形象促销

企业产品促销的成败,关键在于企业形象的好坏。企业有了良好的、有吸引力的形象,才能促使顾客产生购买欲望,促进服务产品的销售。如抓住专题活动的时机和通过对VIP客人的成功接待,能有效地帮助旅游企业推广服务形象。例如:前几年云南发生大地震后,广州中国大酒店公关部策划了一次"云南日"活动。服务员穿上云南少数民族的服装,用餐车推着云南特产"一品鸡"到餐厅售卖,还设了两个募捐箱。一天下来,纯收入6万元。酒店马上举行了新闻发布会,并请云南省政府派代表来接受捐款支票。在支票上印有中国大酒店的名称和标志,电视台和报纸等新闻媒介很快发了消息。"云南日"募捐活动使中国大酒店得到了公众的好评,酒店的形象更加美好,生意也更加兴隆。

(二)质量促销

旅游企业销售的产品主要是服务,客人对服务质量的评定,是依据其消费服务产品后的心理体验而做出的,因此,推销服务产品的关键在于提高服务质量,使客人获得物质上的享受和心理上的满足。在旅游企业中,只有高质量的服务才能得到客人的认可。

(三)口碑促销

口碑宣传是企业的无形广告,可吸引新的客人光临。客人消费旅游产品后的切身体验,对其周围的人具有重要影响,许多新客人正是通过亲友和同事的介绍才慕名下榻某宾馆或参加某旅行社组织的旅游活动的。旅游企业应充分重视并利用现有客源作为宣传企业型象的活广告。

(四)价格促销

价格促销,是指旅游企业通过价格优惠和让利于客人的方法达到促进销售目的的一种促销方式。价格是调节需求的重要杠杆,一般说来,降低价格会有效地刺激需求。部分客人对企业产品的价格非常敏感,在选择旅游产品时往往把价格因素放在重要位置,在产品质量大致相同的条件下,价格的高低会成为其最终选择的关键因素。

(五)特色促销

特色促销,是指通过人无我有或人有我新的新颖独特的产品和服务项目来吸引客人购买的销售方法。随着现代旅游业的发展,客人的要求呈现出追求新、奇、异、美、特的特征。要满足客人多样化的需求,就必须在产品上体现出企业特色或地方特色。

(六)展览促销

展览促销,一般是通过实物和图片资料展览及专门讲演与示范的方式,生动、具体、直观地宣传旅游企业的形象与产品。实物和图表具有很强的说服力,比文字或口头宣传更有效。由于运用各种传播媒介使展览内容图文并茂、生动形象,能给人留下深刻的印象,因此,旅游企业公关部门应善于利用这种形式来宣传自己的产品和服务形象。

六、旅游企业谈判与协商活动

旅游企业的所有活动都是建立在一定利益基础上的。当旅游企业的利益与公众利益发生矛盾与冲突时,要运用谈判的手段寻求解决。以协调沟通为目的的谈判,是旅游企业公共关系中的一项十分重要的工作。谈判既是一门科学,也是一门艺术,还是一种操作性很强的技能、技巧。

(一)谈判的定义和特点

所谓谈判,是指企业为了沟通协调与公众之间的关系,满足各自的需要,通过协商而达成共识的过程。

在现代生活中,谈判现象极为普遍,大到国与国之间的外交谈判,小到人与人之间的民事纠纷的协调,都是通过谈判这种方式来协商解决的。旅游企业的公关谈判具有以下特点:

(1)谈判的出发点和落脚点均体现为旅游企业与其公众间的利益,而不是以个人间的利益为出发点。

(2)谈判的目的是使双方的关系或利益获得合理调节,促进相互间的稳定、和谐发展,即在旅游企业与公众之间求得进一步合作,使谈判双方的利益都得到一定程度的满足。

(二)谈判的原则

由于谈判是以互利合作为基础而进行的,是以谈判双方各自利益的相对满足为目的的,因此谈判应坚持以下基本原则:

(1)开诚布公原则。谈判的首要条件就是要求各方要具有坦诚之意,只有这样才能为谈判的顺利进行奠定一个和谐的前提。

(2)平等互利原则。谈判双方无论实力强弱、地位高低,都应相互尊重,本着真诚合作、平等互利的原则,既坚持自己的利益,又要考虑对方的需要。

(3)恪守协议原则。守信用、讲信誉是谈判中必须坚持的重要原则,它要求谈判双方要严格遵守谈判达成的协议,不能随意中止或废除协议。

(4)讲求策略原则。谈判是一种利益交换过程,也是合作协商的过程。谈判中要注意讲求策略,求大同存小异,在不损害自身根本利益的基础上可做出某些让步和妥协。

(三)谈判的程序

1.准备阶段

谈判是一项极其复杂的工作,要使谈判获得成功,一定要事先做好充分的准备,它包括:

(1)信息准备。这是指围绕谈判主题广泛收集信息,即与主题及谈判对手有关的背景材料和事实数据。同时还要了解党和国家的有关方针、政策和法律法规。信息越全面越准确,资料数据越充分,政策法律越清楚,就越能正确认识、评价对方的状况,从而在谈判中做到扬长避短、争取主动。

(2)物质准备。这是指保障谈判顺利进行所需的物质条件,包括经费、通信和交通工具、地点、环境、食宿等方面的准备。

(3)确立目标。任何一种谈判都是为了达到一定的目标。富有经验的谈判者通常都会把追求的目标分成两个层次:最高目标和最低目标。最高目标是谈判者希望达到的最佳谈判结果;最低目标是谈判者所能接受的最低条件。目标的确立有利于谈判者在谈判中随机应变,也是促成谈判成功的主要保障。

(4)选择谈判方案。通过对几套谈判方案的反复比较和论证,选择最优方案,还必须准备2~3套预定方案,这样在谈判中才能胸有成竹,做到遇事不惊。

(5)谈判人员的确定。谈判的成功有赖于谈判人员在谈判中的表现,因此挑选谈判人员应根据谈判的类型及所涉及的问题来确定。谈判班子人员应刚柔并济、相辅相成、相得益彰。此外,谈判人员应做好心理的调整和准备,包括对谈判的信心、耐力、艰巨性以及可能遭受的挫折,甚至于面临失败的准备,还包括对对方谈判人员心理的判断和了解。

2.进行阶段

谈判的进行阶段是谈判双方为实现各自的谈判目标而进入实质性交锋、妥协、求同存异的阶段。它又细分为若干个小阶段,主要包括:

(1)导入阶段。该阶段是整个谈判的"前奏"或"序幕",主要是为正式谈判创造一种轻松愉快的气氛。

(2)概说阶段。此阶段是谈判内容的开始阶段,双方简明扼要地阐述各自的谈判目的、希望达成的目标,即让对方基本了解己方对谈判的基本设想。

(3)明示阶段。双方围绕谈判主题进一步明示自己的要求,使谈判双方的差距和焦点问题渐趋明朗,推动谈判向白热化的交锋阶段过渡。

(4)交锋阶段。一方面要坚定自己的立场,坚持自己的基本要求;另一方面也要找出双方合作的可能性及妥协的范围。在这一阶段,双方都旁征博引、列举事实、质询反驳,争取对方让步。

(5)妥协阶段。这一阶段是对交锋阶段情况的分析整理,有可能做出适当的让步,使结果有利于谈判双方。成功的谈判是既没有放弃自己的利益,同时又兼顾了对方的利益。

(6)协议阶段。谈判双方在所谈利益、纠纷问题上取得了一个均可接受的"中间值",从而双方代表签订协议、交换文本并举杯同庆,至此谈判宣告结束。

☞ 案例举要

细微之处见公关

日本东京的许多公司,每天早晨总要派出几名职员来到街头,向过往的路人派发湿润而带有香水的小纸巾。初到日本的人看到清晨街头衣着整齐、举止大方的姑娘不断向路人鞠躬、微笑,并散发手中的小纸包,都会感到迷惑不解。但当你在静谧的清晨接过她们递来的带有香味的湿润的小纸巾,擦拭略带倦意的脸时,你就会明白这是多么细致、周到的服务。仔细观看手中的小纸包,你会发现上面印有某家公司的名称、地址、服务项目等内容的广告。此做法的重要意义就在于它是一种极为有效的公关宣传活动。

这类公关宣传活动,是从细微处入手,于无声之处见效果,使公众从日常事中对企业产生好感。

案例思考:你怎么理解"细节既是天使,也是魔鬼"这句话?

 本章小结

旅游企业公关人员要做好公关工作,必须将公关原理与公关操作技巧结合起来。在公关活动中,公关人员必须注重个人修养,讲究交往礼仪,讲究宴请和文书礼仪,要熟悉和了解公关日常工作实务的特点和要求,有程序、有步骤地搞好日常接待、沟通和传播活动;有目的、有组织地开展企业赞助活动,以树立企业的良好形象;有针对性地进行促销活动;通过谈判协商,协调与公众之间的关系,处理旅游企业可能发生的各类危机事件,从而使公关工作具有更强的实效性,对旅游企业经营管理真正起到促进作用。

 思考与练习

1. 简介公共关系工作中的礼节、礼貌。
2. 简介宴会桌次的排法,并谈一谈为什么?
3. 旅游企业日常沟通活动包括哪些内容?
4. 旅游企业为什么要进行赞助活动?赞助活动的内容是什么?
5. 简述谈判的过程。

第十一章 旅游企业公共关系操作技巧

课前导读

旅游企业公共关系是一门科学,也是一门艺术。作为一门科学,它有一定的规律可以去学习、去掌握,其基本原理、基本方法可以很好地指导公关人员的实践,为公关人员有效开展公关工作提供帮助;作为一门艺术,它又无一定的模式可以借鉴,需要公关人员不断学习、不断探索、不断提高自己的工作能力和操作技巧。这些操作技巧的形成,除对公关活动基本内容、基本特点和基本过程的了解外,还可以通过若干有针对性的技巧训练,逐步提高自己的公关技能水平。本章将分别介绍开展公关活动的有关技能和技巧,以及提高公关技能的十项专题训练。

教学目标

- 了解组织大型活动的技巧
- 掌握人际交往的技巧
- 学会自我形象塑造的技巧
- 熟悉公关语言的表达技巧
- 开展专题操作训练

第一节 开展公共关系活动的技能技巧

一、组织大型活动的技巧

（一）旅游企业大型活动的种类

1.服务性公共关系专题活动

服务性公关专题活动是企业大型活动的重要内容。它一般围绕两个方面进行:一方面是围绕客人进行,如为客人举办生日庆典、婚礼,解决客人的疑难问题、提供特殊服务等;另一方面是围绕社会服务进行,如赞助公益事业,解决社区在交通、卫生、教育等方面的问题。

2. 宣传性公共关系专题活动

宣传性公关专题活动是传播企业形象的重要手段,一般包括以下内容:

(1)召开新闻发布会、记者招待会。
(2)举办展览及各种类型的竞赛。
(3)举行庆典活动(周年纪念、奠基仪式、节日庆典等)。
(4)开展有奖征文、有奖竞猜活动。
(5)围绕新增设服务项目的促销活动。

3. 交际性公共关系专题活动

交际性公关社交活动是旅游企业公关人员与相关社会组织和相关公众沟通的重要途径,一般包括宴请、联谊会、工作午餐、舞会、参观等活动。

(二)旅游企业开展大型活动的技巧

1. 有意新闻曝光

有意新闻曝光,是指策划"新闻事件"吸引公众,这种有意制造的"假"事件是推出旅游企业形象的重要手段。"假"事件一般具有"新""奇""名"的特点。所谓新,就是运用与众不同的事件来制造新闻,引起公众的注意与兴趣;所谓奇,就是运用奇异、奇特的手法或事件引起公众和新闻界的好奇,以达到"制造新闻"的目的,正如美国《纽约太阳报》编辑主任约翰·博加特所说:"狗咬人不是新闻,人咬狗才是新闻";所谓名,则是利用"名人效应"来吸引新闻界,通过社会名流来渲染旅游企业的"假"事件。

2. 适时推销形象

时机与效果紧密相连,选择适当的推销企业形象的时机一般包括:一是利用企业开业或开发新旅游项目、新产品的机会;二是利用重大节日或人们广为关注的时间;三是利用影响面宽且广的重大事件,如抗洪抢险、抗震救灾、支援希望工程、捍卫正义斗争等;四是利用国际要人、名人的访问扩大企业影响,推销企业形象。

3. 新颖独特的主题构思

新颖独特的主题构思能使公关专题活动与众不同、非同凡响。例如:北京长城饭店策划的"使馆之夜",面对的是各国使馆人员,每周四长城饭店成了各国驻华使馆人员的沙龙;周三的"仕女之夜",各国妇女可以免费进入夜总会;而"外国记者俱乐部"则是交流信息、传递饭店信息的重要场所。又如英国爱尔兰有家乡间旅馆,"没有东西"的促销广告新颖独特:"请您来度假吧,这里没有高尔夫球场,您不必天天担心您的健康出毛病;这里没有电话,不会有远方的人来打扰您;这里没有通车的公路,您再也不必为交通拥挤而烦恼。在这里,您可以安静地、随心所欲地休息。"

(三)灵活多样的传媒选择

传播媒介的选择直接关系到公关专题活动的传播效果。传播媒介可分为人体媒介、实物媒介和符号媒介,大众传播媒介属符号媒介。从形态上划分,传播可分为人际传播、大众传播、组织自控媒介传播和群体传播等。从传播方式上划分,可将传播分为直接传播、间接传播、循环传播、螺旋形传播、二级传播和 N 级传播等。每一类传播媒介都有自己的功能,每一形态的传播方式都有自己的特点,因此我们应当注意以下几点:

1. 多种传媒交叉运用

人体传媒、实物传媒和符号传媒各有优势,因此组织大型公关活动时,切不可单一使用某一种传播方式,应多类型、多形态、多方式地全面结合,才可能达到良好的传播效果。

2. 选择适当传播内容

传播必须有效,而有效的标准则是传播内容要有针对性、新鲜性和显著性。所谓针对性,是指所选择的传播内容要适合传播对象的特点与需要;所谓新鲜性,是指传播的信息必须是新颖独特的,否则不会引起受传者的兴趣;显著性,则是指传播的信息具有一定的强度、刺激度与感染力,能迅速吸引公众的注意力。

3. 注重传播的效能性

传播的有效能性,是指传播效果好、质量高、且受众面广。要达到好的传播效果可以采用以下几种方法:第一,利用名流做传播者;第二,利用权威做传播者;第三,利用顾客做传播者。这三类人中,前两类具有良好的知名度和美誉度,具有较高的权威性;而采用第三种方式传播,公众会感到客观、真实、可信。

二、进行人际交往的技巧

(一)努力营造和谐气氛

大多数心理学家认为,人际交往技巧中有两点极为重要:第一,人际接触的最初 4 分钟往往决定以后交往的成败,这里"首因效应"的作用很大;第二,创造一种友好、和谐的交往气氛,有利于交往的成功。

"首因效应"也可以理解为"第一印象",即初次见面时给人留下的深刻而良好的印象,它对人的知觉起着一种强烈的定式作用,支配着人的思维,左右着人们对事物的评价。给人留下良好印象的做法是:仪表端庄大方、言谈得体适度、重视对方、耐心倾听、善于察言观色、避免无意伤害、适时告别、留有余地。

创造友好、和谐的交往气氛是交际成功的客观基础。如何创造友好和谐的气氛呢？第一，态度要热情诚恳、随和大方、情绪饱满、笑容满面；第二，语言要亲切自然、落落大方；第三，要寻找共同语言，善于"投石问路"，切忌只谈自己关注的话题而置别人的兴趣于不顾；第四，要把握好交往的时机和火候，根据对方情况进行适度的自我表现；第五，根据交往对象的性别、年龄、文化程度、职业、气质类型的不同，采取不同的方法，有的放矢、对症下药才能取得成功。

（二）充分展示自身魅力

人的魅力包括外在魅力和内在魅力。外在魅力即形象魅力，是人的仪表、相貌、服饰、气质、风度等外观形象的总和；内在魅力即人格魅力，它主要指人的道德修养、知识水平、能力和谈吐，以及豁达开朗、幽默风趣的个人品质。人的天性爱美，外貌的俊美、得体的服饰、优雅的言谈、大方的举止，以及传情的眼神和动人的微笑，虽然只是短期效应，但能使人赏心悦目、心旷神怡，给人留下良好的第一印象。内在魅力是一种持久的东西，它可以使不美丽的人变得美丽，使平凡的外表具有光环效应。因此，应当注重内在魅力的培养与修炼，提高道德修养和文化修养水平，用良好的气质、优美的个性、丰富的学识、高尚的品德和出众的才华去感染人。

展示个人魅力，形象魅力与人格魅力相辅相成、缺一不可。切忌只注重外观形象的塑造，忽视内在修养的培养，以免给人留下"绣花枕头"庸俗浅薄的印象。

（三）善于表达思想感情

与人交往时，能准确地理解对方的意图，又能恰如其分地表达自己的思想感情，是成功交际的重要因素。要做到这两点并非易事，应当从以下几方面做起：

1. 认真倾听

认真倾听，一方面能领会对方的意图；另一方面又能为准确表达自己的思想感情做准备。

2. 注意掌握对方的非语言信号

对对方在服装、眼神、姿态等方面所表现的含义要深入思考、准确把握。

3. 善于运用非语言信号

服装、眼神、表情、手势和步态，这些非自然语言往往有画龙点睛的作用，要能熟练运用，以此表达自己的想法。

4. 洞察对方内心活动

了解对方心理、洞察对方的内心活动，就可以打开通往对方心扉的大门，促进交往的成功。

如何洞悉对方的心理呢？其主要方式是"察言观色"。要求公关人员具有敏锐的观察力、高度集中的注意力、快捷的反应力和准确的判断力。

5. 适度赞扬与夸奖

从心理学的角度分析，人人都愿意听好话，个个都乐意接受赞美。为了加深彼此间的友谊,形成良好的人际关系,不妨培养在日常工作和生活中发现别人的优点并加以赞扬的习惯。其实,赞扬一个人是不困难的,只要平时注意细心观察,就很容易找到交往对象的长处。但要注意的是,赞扬必须恰当,过度会让人感到虚伪,甚至怀疑你的动机。

6. 了解对方气质类型

人的气质类型有四种:多血质活泼型、胆汁质急躁型、黏液质稳定型、抑郁质忧郁型四种。

多血质的人性格活泼开朗、聪颖、热烈,活动能力与适应能力都很强。感情丰富,遇事易受情感支配,悟性好但忘性大,办事持久性较差。与多血质的人交往,应采取轻松、活泼的形式,以调动其积极情绪。为防止其忘性,还应反复叮嘱。

胆汁质的人果断豪爽、思维敏捷,能干而果敢、争强好胜、溢于言表。与他们交往应避其锋芒,以柔克刚,以温和、亲切的态度对待其好胜的个性,然后针对他们好胜的特点,适时当众赞美,以鼓励其热情和积极性。与之交谈应坦荡、真诚、开门见山、中肯直接,切忌"弯弯绕","激将法"有时可以奏效。

黏液质的人沉稳安静,情绪不易激发,办事喜思考、有条理,不轻易改变自己的主张。与他们交往要以"情"感人、以"诚"动人,一旦获得他们的信任,友谊的延续将比较持久。

抑郁质的人情感细腻、情绪不稳、处事敏感、多愁善感、不太合群。与他们打交道要细心、谨慎,以心换心地获取友情,对建立起来的友谊要精心呵护,稍一大意,就可能永远失去。

在交往中注意根据不同气质人的特点开展工作,有助于提高交往的质量。

7. 有效运用知觉心理

(1) 第一印象。人与人之间初次知觉形成的印象最为深刻,对以后的人际关系发展具有关键性的作用。

(2) 心理定式。是指人们在认识特定对象时的心理状态。心理定式一旦形成,就具有一定的指向性、方向性。

(3) 刻板印象。人们通常在对各种社会角色的认识上存在着一种刻板印象,如知识分子必然文质彬彬,戴着眼镜;解放军战士一定威武雄壮;老年医生一定医术高明;年轻人必定办事不牢等。刻板印象是对人、对团体极其简单的认识,虽然可能概括出某些群体的特征,但也容易形成某种偏见,妨碍人与人之间的正常交往。

(4) 月晕效应。即指根据对事物某一特征的知觉,主观泛化、类推为是同质性系列特征,以偏概全、以点概面,做出完美无缺或一无是处的结论。

上述四种知觉心理都有一定的误差,会影响人们的认知程度。因此,我们应当有效运用知觉心理,提高交际的成功率。

8.掌握人际吸引规律

(1)相似吸引律。相似反映了一致性。当交往双方在年龄、性别、文化层次、职业、爱好等方面基本相似时,就很容易产生共鸣,进而产生共同语言和吸引力。

(2)相异吸引律。相异体现了差别。当交往双方在许多方面有差异时,如地理位置相隔甚远、文化背景迥然不同、年龄大小极不相当、社会地位很不相称,但这些却可能给对方造成神秘感,反而会吸引对方,结成友谊。

(3)对等吸引律。这是指对方喜欢自己,自己也给对方以好感。人人都渴望受人尊敬、有人赞美,对给予自己爱的人给以相应的回报是很自然的。

(4)互补吸引律。交往过程中,交往双方在个性、需要及满足需要的途径方面呈互补状态,从而产生一种强烈的吸引力。如男性的阳刚之气与女性的阴柔之美的性别互补吸引、人们在人格特征上的互补吸引等。

(5)光环吸引律。当某人因某方面的特殊成就成为名人时,其头上似乎产生了某种光环,随之出现了一批崇拜者。

(6)熟悉吸引律。交往双方由不熟悉到熟悉,由不了解到喜欢,最终产生吸引,这就是熟悉吸引律。如有些老人对旧家具舍不得扔掉,因为旧家具记录了岁月的流逝、美好的回忆。

三、塑造自我形象的技巧

(一)塑造外观形象

1.仪容

仪容即人的五官。仪容秀美是每位女士所追求的,如何做到仪容秀美应注意两点:一是不能听其自然不加任何修饰,也不能过于在意,把脸上所有部位都重新修整一遍;二是应在自己客观条件基础上稍加美化,以让别人看起来舒服为好。

2.仪表

仪表即人的着装、搭配物等整体形象,如女士的项链、耳环、服装、鞋、包、发式等。仪表的塑造重在协调,衣服的搭配、颜色的选择、饰物的佩戴要和谐,根据个人条件扬长避短。平时着装不要过于时髦,但出席宴会、舞会必须盛装。节假日、休闲时光,着装随意一些、夸张一点也未尝不可。

3.仪态

所谓"仪态",即人的姿态,包括站、坐、行、手势、表情等。美的姿态给人增色。正确的站姿应该是挺胸、收腹、抬头。男士坐姿被形容为"坐如钟",即挺胸、两腿稍微分开,两手放在腿上;而女士就座时,两腿应该并拢,切忌叉开两腿或抖动腿脚,这会使人产生轻浮的感觉。手势要恰到好处,以显示活跃,但手势不可过多以免张扬。步态要轻快、稳健,显示出自信与活力。

4. 表情

所谓表情,是指人的面部形态。面部表情中最为传情达意的是眼神与微笑。"眼睛是心灵的窗户",有时眼神所表达的信息是语言所不及的。微笑使人如沐春风,感到温暖、亲切,许多不好办的事情在微笑的魅力下常能顺利解决。

5. 礼节与礼貌

礼节是人们在交往过程中表现出来的行为规则和各种惯用形式,如鞠躬、握手、拥抱、献花等。在社交场合中,礼节是对别人表示尊敬、问候、致意、慰问的一种形式,还能体现出旅游企业的组织形象、员工精神状态和公关人员的能力水平。

礼貌,是指人们在人际交往中表示敬意、友善、得体的气度与风范等。礼貌的外在表现形式主要有两种:一是语言文明,要求在交往过程中多说敬语,杜绝脏话、粗话;二是行为文明,既要仪表大方、行为规范又要遵守一般礼节。

(二) 塑造内在形象

1. 知识

知识修养是内在美的关键。21世纪是知识经济的时代,知识在人的素质中显得越来越重要。

2. 道德

道德修养是人内在美、形象美的前提条件。一个人如果道德败坏、品质恶劣,即使有花容月貌也会令人厌恶。要想使自己形象美,首先必须注重道德修养,只有诚实守信、热情友好、大公无私、廉洁奉公才会受人尊重,才会有人格魅力。

3. 性格

性格决定着一个人办事、处事与待人接物的稳定性倾向,也是塑造内在美的重要因素,在与人交往中,要克服狭隘、嫉妒、自私的不良个性,培养宽容、温柔、善良、具有同情心等优良性格,树立自信、自强、自立、自尊、自爱的性格特征,这样才会受人尊重并得到同事的赞赏与肯定。

4. 智慧

有智慧的人遇人、遇事表现为才思敏捷、办事干练、精力旺盛。智慧要靠平时多学习、勤思考来积累。

5. 谈吐

那些谈吐高雅、幽默风趣的人惹人喜爱,因为谈吐是个人整体素质的集中"亮相"。不俗的谈吐能使人平添几分魅力,是构成人的内在形象美的重要因素。

6. 生活情趣

现代人如情趣单调枯燥,就不可能有更多的朋友。具有生活情趣的人热爱工作、热爱生活、热爱大自然,业余生活丰富多彩,有一种蓬勃向上的精神风貌。

四、谈判的谋略与技巧

(一)谈判的谋略

古人云:"人可以谋人、可以谋事、可以谋天,亦可以谋地。谋则变,不谋则不变,谋则成,不谋则不成。"谈判是智慧、心理的较量,是知识、口才、修养的决斗,要想达到谈判的目的,必须注意谈判的谋略。

1. 攻心策略

"攻心为上,攻城为下。"这充分说明了精神因素对事业成败的作用。在谈判中,要运用攻心策略,打破对方的心理防线,乘胜追击,使之溃不成军,从而达到谈判的目的。也可以采取另外一种攻心策略,即减轻对方的对立情绪和防卫心理,增加双方的心理满足与愉悦,尽快实现谈判目的。

2. 磨拖策略

所谓磨拖策略,实质上就是一种"软磨硬泡"的办法,即谈判者运用耐心、毅力去干扰和削弱对方的锐气,瓦解对方的意志,使谈判对手疲惫不堪,从而频频出现漏洞,阵脚自乱、不攻自破。

3. 限期策略

限期策略是为了防止谈判对手拖拉疲沓,确定谈判结束时间,造成紧迫气氛,尽快达成谈判目的的策略。

4. 各个击破策略

所谓各个击破策略,西方人惯称"大香肠策略",意为像吃香肠一样,一口一口地吃掉对方。运用这一策略时,须对谈判对手情况较为熟悉,并摸清对方心态确属急切希望快速达成协议,于是采取分而治之的办法,分割蚕食对方的利益。

5. 缓解策略

所谓缓解策略是为缓解谈判气氛、防止谈判破裂和解除谈判疲劳的一种策略。当谈判出现僵局、谈判人员怒发冲冠或筋疲力尽、谈判气氛紧张或处于低潮、谈判面临破裂危险之时,可由一方提出,征得对方同意后休会。休会期间要认真分析谈判中的优势与劣势,审核谈判措施的运用是否恰当,为续开谈判做好充分准备。

6. 让步策略

让步策略是为了达到谈判目的而做出的对全局利益影响不大的妥协,须注意不做无效让步,重要问题上力求对方先让步,或以小让步获得双方的满足。

(二)谈判的技巧

谈判的技巧可分进攻型技巧(如引鱼上钩、鸡蛋里面挑骨头、红脸白脸同时唱、找薄弱环节为突破口、先严后松、先苦后甜……)、防守型技巧(如软磨和原地踏步、避重就轻、佯装糊涂、小步后退、迂回战术、退一步进两步、另辟蹊径、忍字头上一把刀……),这里着重介绍五种技巧。

1. 沉默应对

当谈判对手花言巧语或缺乏诚意时,或对谈判对手所提条件一时难以做出恰当回答时,或稳操胜券但希望对方进一步充分表演,以争取更大的利益空间时,可以用沉默来应付局面。

2. 声东击西

"声东击西""顾左右而言他"是一种转移对方注意力,让对方在不经意中泄露有利信息,从而争取于己有利的时间、条件,达到谈判目的。

3. 从容不迫

谈判进入正面交锋阶段,气氛激烈,双方处于斗智斗勇的僵持局面时,要善于控制情感、稳定情绪,保持一种从容不迫的良好心理状态,以保证在谈判桌上获取最大利益,同时使谈判对手心理上形成更大压力,容易出现失误。

4. 吹毛求疵

所谓吹毛求疵就是鸡蛋里面挑骨头、削弱对方优势、降低对方谈判地位的一种技巧。不过应当注意的是,运用吹毛求疵技巧时要善于挑毛病,但不可胡乱挑剔,否则会让对方觉得没有诚意而中止谈判。"吹毛求疵"的目的是寻找讨价还价的机会,机会一旦来临就会使谈判出现转机,朝有利于自己的方面发展。

5. 先严后松

所谓先严后松,是在谈判的明示阶段,已方就提出不容更改的苛刻条件,使对方感到难以接受和紧张。再经过一番唇枪舌剑、软硬兼施,做出小小的让步,使对方感到占了便宜、尝到了甜头,觉得谈判有所收获,马上拍板成交。

五、公共关系语言的表达技巧

公共关系学中的"语言"概念,是一个超越自然语言界限的广义的"语言"概念,归纳起来大约有自然语言、体态语言和实物语言三类。自然语言,包括口头语、书面语,以及书面语言口头表达的朗诵语言和广播语言等;体态语言,是指传递包含影响组织形象公关信息的肢体动作和眼神表情等;实物语言,即经过装饰、布置、陈列展览的实物(包括样品、试销品等),也可以传递某些特有信息。

这些语言的表达技巧多种多样,公关人员要善于掌握。

(一)口头语言的表达技巧

1. 初次见面的语言艺术

交往双方初见时的第一需要便是介绍,可自我介绍,也可由他人介绍。介绍时应注意言谈举止要恰当得体。接着,主客双方进入交谈,为使交谈愉快,应注意以下几个问题:

(1)少用"我"字。我字讲得过多,容易使人产生突出自我、标榜自己的印象。因此,最好少用"我"字,或用"我们"代替,即便非说不可,也须多用轻声,切忌强调。

(2)投其所好。为了使主客双方有共同感兴趣的话题,善于交际的公关人员常注意发现双方感兴趣的话题,引发交谈兴趣。

(3)借助媒介。为了找到共同语言,公关人员除应善于察言观色、投其所好外,还可以借助媒介找到双方共同关心的问题。如看见对方翻看证券报,就可以聊聊股票、财经方面的事;发现对方对哪类话题感兴趣,不妨就多谈一谈,以融洽气氛。这样,共同语言找到了,对话就有了可能。

(4)转换话题。公关人员在与公众打交道的过程中,常常有"卡壳"而无法谈下去的时候,这时必须灵活机智,转换话题,另辟蹊径,寻求转机。

(5)缓和情绪。公关人员在与公众交往时,一旦谈崩,公众的态度会很激动,无法沟通下去,这时,应切记"冷静"二字,以稳定自己的心态,缓和公众的情绪。

2. 劝导的语言艺术

公关人员在工作中,经常需要向相关公众进行说服、劝导,这里介绍几种劝导的语言技巧。

(1)诱导法,是指有步骤地、耐心地引导对方,"诱"是启发开导,"导"是合理引导。诱导时还必须注意"循循"二字,即善于诱导,要"诱"得成功,"诱"得得法。

(2)暗示法,即通过间接、含蓄的语言方式,将组织的意图暗示给公众,不至使交往双方难堪。这种方法一般对层次较高的公众有效。

(3)激励法,激励的前提是信任,信任能满足被激励人的自尊心,可达到提高密切公众与组织关系的目的。

(4)"请君入瓮"法,所谓"请君入瓮",即根据对方的看法和观点设置一个个问题,引导对方进入圈套,暴露自相矛盾之处,最后用其自己的话来否定其观点,从而达到劝导的目的。

3. 婉拒的语言艺术

公关人员每天都要和各类公众打交道,公众的要求有时不合理,确实难以满足,但公关人员为保持与公众的良好关系,又不能用"不""不行""办不到"这样的语言。此时,既能拒绝公众的不合理要求,又不使对方难堪的,最佳方法就是婉拒。

(1)推托法,此法有两种:一种是借他人之口加以拒绝,如客人要求在客房看黄色录像,服务员可以说:"对不起,宾馆有明文规定,我无法满足您的要求。"另一种是拖延时间,即不马上拒绝,缓冲两天后再说。拖延的时间一长,对方也就心知肚明,自己搬梯子下台阶了。

(2)同情法,当公众提出的要求有一定的合理性,但却无法满足时,拒绝的言辞要尽可能委婉并予以安慰,使其在精神上得到一些满足,尽量减少因遭拒绝而产生不快和失望。语言表达上可采取"先肯定后否定"的形式,委婉并留有余地。

(3)移花接木法,是指不直接回答问题,而用与所提问题相关的解释去回答。例如:1986年亚洲大学生辩论赛上,香港学生的论题是:"发展旅游事业好。"当问到我国大陆的学生是否赞同时,我国大陆学生的回答是:"如果不分时间、环境,盲目地发展则是有害的。"这个回答运用的就是"移花接木"的语言艺术。

(4)避实就虚法,避开实质性的问题,故意用模棱两可的语言做出具有弹性的回答,既无懈可击,又达到了拒绝答复要害问题的目的。

(5)以笑代答法,当遇到难以正面回答的发问时,可以用微笑应付,既不表示肯定,又不表示否定,也不会得罪客人。

(6)装聋作哑法,在特定场合,对对方的提问不管做出怎样的回答都己不利时,可以运用装聋作哑法,佯装没有听见、没有看见,不做任何表示。

4.应急的语言艺术

在公共关系传播过程中,常常会出现一些意料之外的偶发事件,如果公关人员缺乏应变能力,语言表达不当,不但自身处境难堪,还会使组织传播的信息受阻,因此必须掌握必要的应急语言技巧。

(1)即兴回答,需要快速反应能力。

例如,一位外国记者向周恩来总理恶意发问:"请问总理先生,中国有妓院吗?"总理答:"有,在中华人民共和国的台湾省。"

(2)巧释逆境,需要有较强的应变能力。

例如,一次智力竞赛上,主持人问:"三纲五常中的'三纲'指的是什么?"一名女生抢着答道"臣为君纲,子为父纲,妻为夫纲。"这个回答正好把三者前后的关系颠倒了,引起哄堂大笑。这位女生认识到这一点后,立刻补充道:"我说的是新'三纲'。现在,我们国家人民当家做主,是主人、领导者,不管官有多大,都是人民的公仆,这不是'臣为君纲'吗?现在,一对夫妇只生一个孩子,孩子成了父母的'小皇帝',这不是'子为父纲'吗?现在在许多家庭中,妻子的权力超过了丈夫,'妻管严''模范丈夫'遍地流行,这不是'妻为夫纲'吗?"这种解释未必正确,但这位小姐的应变能力确实值得称道,因此获得了满场的热烈掌声。

(3)有意岔题,是应付突发事件的有效办法。

例如,一位顾客在营业员介绍服装款式时说:"样式不错,老点。"营业员马上应接道:"对!我们设计的服装样式好,又是老店……"其实顾客说的是"样式老了点",营业员岔题说成"老店",有意把大家的注意力引导到对自己有利的方面来。

(4)一语双关,是一种幽默风趣的语言艺术。

例如:第二次世界大战期间,英国首相丘吉尔到华盛顿会见美国总统罗斯福,要求美国共同抗击德国法西斯。丘吉尔被安排住在白宫。一天早晨,丘吉尔躺在浴缸里泡澡,抽着他那特大号雪茄烟。门突然开了,进来的是美国总统罗斯福。丘吉尔大腹便便,肚子露出水面,两位名人在此相遇,彼此非常尴尬。丘吉尔扔掉烟头说:"总统先生,我这个英国首相在你面前可毫无一点隐瞒。"说完两人哈哈大笑。这句话既幽默又一语双关,不仅使两人摆脱了尴尬,也借此机会含蓄地阐明了观点和目的,促成了谈判的成功。

(5)反口诘问,是一种既不正面答复,又使对方得到了答案的方法。

例如:美国一家电视台在中国采访知青出身的作家梁晓声时,采用现场拍摄电视采访形式。采访进行过程中,美国电视台记者突然要求摄像暂停,并对梁晓声说:"下一个问题,希望您毫不迟疑地用最简短的'是'与'否'来回答。"梁晓声点头。摄像重开后,美国记者的录音话筒立刻伸到梁晓声嘴边问道:"没有文化大革命,可能也不会产生你们这一代青年作家,那文化大革命在你看来是好还是坏?"梁晓声略微一怔,没料到对方的问题竟如此之"刁",但随即镇静下来,迅速反问道:"没有第二次世界大战,就没有以反映第二次世界大战而著名的作家,那么您认为第二次世界大战是好还是坏?"美国记者不由得一愣,摄像机立即停止了拍摄。

(6)借题发挥,是一种就他人的话题而引申其含义的技巧。

例如:美国20世纪30年代的政界要人凯升,首次在众议院发表演说时,打扮得土头土脑。在他演讲时一个议员插嘴说:"这位伊利诺伊州来的人,口袋里一定装满了麦子吧!"台下的哄堂大笑没有使凯升面红耳赤,凯升也没针锋相对地反唇相讥,而是借着对方的话题道:"是的,我不仅口袋里装满了麦子,而且头脑里还藏着许多菜籽呢。我们住在西部的人,多数是土头土脑的。"他的坦率与真诚赢得了听众的好感。凯升话锋一转,乘势借题发挥起来:"不过我们藏的虽是麦子和菜籽,却能长出很好的苗子来。"话语虽然含蓄,但针对性很强。

5. 演讲的语言技巧

在公共关系实务活动中,演讲是较为常用的一种口头人际传播方式。演讲的成功与否,以及成功的程度如何,涉及的因素相当复杂,这里只就演讲的一般技巧和语言特点做些介绍。要使演讲成功,必须注意以下问题:

(1)充分了解并准确把握听众的特点、兴趣,结合本次公关活动的内容选择能引起听众兴趣的话题。

(2)认真准备演讲稿,可根据自己的情况,采取写出演讲稿全文、列出演讲提纲、打腹稿三种方式。

(3)演讲前进行演练,通过演练使演讲内容、重点、要点娴熟于心。

(4)演讲要围绕设置气氛、制造悬念、激发情感、引导情绪四方面因地、因时进行,灵活机动,不可生搬硬套。

(5)演讲要注意开好头,开头必须引人入胜,一般采用的方式为设问式、开门见山式、比照式、倒叙式等。

(6)演讲要注意结尾,结尾要留有余地。常用的结尾方式有总括式、引用式、幽默式、呼吁式、赞颂式等。

(7)演讲过程中,要注意适当掀起高潮,使演讲阐述的思想内容升华到"顶点",伴随着激越的语言,使情和理喷发而出,产生巨大的感召力和感染力。

(8)演讲者要注意自己的仪态风度,良好的仪容、举止、表情与风度可为演讲增色,但仪表形象的"一着不慎",也往往会使演讲"功亏一篑"。

6. 演讲的语言特点

(1)准确性,演讲成功的前提是准确表达思想感情。因此,必须按照逻辑思维顺序合理地组织材料,并用恰当的语言把思想内容准确地表达出来。

(2)生动性,语言表达需要大量借助修辞手法,充分调动听众的视觉、味觉、听觉等感觉器官,引发听众的合理想象,使之如临其境、如闻其声、如见其人。例如:"石油工人一声吼,地球也要抖三抖"(夸张手法)、"祸起新闻爆炸,得福爆炸新闻"(反复手法)、"漫山遍野的蜡梅,犹如一床巨大的花毯"(比喻手法)。

(3)通俗化,将深奥的道理用简单明了、浅显通俗的词句表现出来,语言平实无华、道理深入浅出,才能使听众听得明白、理解深刻。在演讲中,通俗化的语言是抓住听众、获得成功的关键。

(4)情感化,以情动人、以情感人,是演讲者必须具备的语言素质。演讲者以饱含深情的语言表达思想,感情越真挚、越强烈,就越能激发听众的情绪,使其产生共鸣。

(5)精练性,演讲的时间不宜过长,一般5~15分钟为宜。时间太短,无法表达演讲的内容;时间太长,听众的注意力很难集中。因此,必须在有限的时间内把握最大语言输出量,以言简意赅的语言蕴含深刻的哲理,发人深省、耐人寻味。

(二)体态语言的表达技巧

1. 表情语言

是指通过五官,如脸色、眼神、笑容或面部肌肉的局部意识拉动,以表达心理和思想内容的非传递语言表现形式。其主要包括:

(1)眼神,爱迪生说:"人的眼神与舌头所说的话一样多。不需要字典,却能够从眼睛的语言中了解整个世界。"人的眼神所传递的信息比动作更微妙、更复杂、更深刻。瞬息万变的眼神是人类丰富复杂的思想和深藏于心底情感的不自觉的流露。人们既可借助眼神表达情感,也可借助眼神捕捉内心的隐秘。

(2)微笑,被誉为商界巨子、"旅游帝国帝王"的希尔顿,当他的母亲问其发大财的诀窍时,他的回答仅两个字:"微笑。"微笑传达的信息能促使双方沟通,融洽服务员与客人之间的情感,产生心理愉悦,从而形成"共振效应"。在旅游企业中,"微笑"应是每位员工必须具备的基本功,笑得亲切、真诚、自然、轻松才具有永恒的魅力;假笑、苦笑、皮笑肉不笑,只会令人厌恶和反感。

(3)面部表情,由脸色的变化、肌肉的收展及眼、眉、嘴的动作组成。法国著名作家罗曼·罗兰说:"面部表情是多少世纪培养成功的语言,是比嘴里讲得更复杂千百倍的语言。"面部表情能充分反映人类爱、高兴、悲哀、快乐、怨恨、惧怕、愤怒、怀疑、忧愁及悲喜交加、爱恨交织、既紧张又高兴的心理。用好面部表情语言,有利于掌握客人心理,提高服务质量。

2.体态语言

体态语言又称形体语言或动作语言,是通过人的动作、姿态等表现出来的非自然语言。其中与旅游企业工作有关的是:立姿、坐姿、手势与步态。不同的手势、不同的步态、不同的立姿与坐姿,都是不同信息的传达。

3.服饰语言

装束可以说话,色彩可以表示象征意义,这是众所周知的事实。服饰不仅是所从事岗位的标志,也代表所在单位的形象,甚至代表一个国家或地区的形象。因此,旅游企业员工的服饰除在质地、色彩、款式上体现差异外,还要有统一性,即服装设计的整体风格。这种风格的形成,一是指服装款式要端庄、大方;二是指色彩要明快;三是指饰物要简洁;四是指服装要与周围环境相协调。稳重、端庄、大方、整洁、协调应是旅游从业员工服饰的主格调。

4.实物语言

实物语言即经过装饰、布置、陈列、展示的实物,它可以传递旅游企业的某些特有信息。

(1)餐厅食物样品展示,在许多饭店的餐厅,都有通过食品实物展示来介绍其餐厅经营特色的。在中餐厅(中国八大菜系)、西餐厅(意、英、法、俄等),一般都摆有不同的、具有典型特征的食物样品来刺激客人的食欲,并介绍其风味。

(2)展览会,是旅游企业进行促销最常用的方式。如旅行社通过对山、水、瀑布等自然景观和宗教、文化、民俗等人文景观的微型实物展示,表明旅游线路特征,引起公众兴趣,诱发旅游动机。又如饭店通过对客房、餐饮及其他经营项目的微观实物展示,来表现其经营特色和整体形象。

六、开展宣传招徕的技巧

宣传招徕是旅游企业公共关系的重要工作,也是公关人员必须掌握的重要技能。旅游企业的宣传招徕技巧主要包括五个方面:策划专题活动;制造"假"事件;开好新闻发布会;开展广告宣传;运用其他宣传谋略。前两个已做介绍,本节着重介绍后三个方面的技能技巧。

(一) 开好新闻发布会

新闻发布会是旅游企业借助媒介进行对外传播的最重要的活动方式之一,也是旅游企业公关部门与新闻媒介搞好关系的主要途径。

1. 举办新闻发布会的前提条件

(1) 必要性。是否有召开新闻发布会的必要,应根据不同情况酌定。对于一般性活动,仅由公关人员撰写新闻稿提供给新闻媒介就可以了;但若推出新的服务产品、组织社会捐赠或产品展销等大规模的活动,就有召开新闻发布会的必要了。

(2) 紧迫性。所谓紧迫性,是指在旅游企业遇到危机事件,受到公众舆论的谴责或新闻媒介的批评,而这种批评与指责与事实严重不符时,就很有必要立即举行新闻发布会来澄清事实,向公众说明真相。

(3) 针对性。所谓针对性,是指针对发布信息的性质、程序来确定邀请新闻媒介的范围。涉及全国范围的,要邀请中央新闻媒介;涉及本地区的,邀请地区新闻媒介;涉及旅游行业内部的,则邀请旅游宣传媒介的报刊和记者出席即可。

2. 开好新闻发布会的注意事项

(1) 由公关人员周密策划、精心准备。主持人一般由公关部负责人担任,而发言人则应当是企业的负责人。企业负责人担当发言人具有权威性,但担当此任的企业负责人必须熟悉情况,头脑机敏,口头表达及应变能力强。

(2) 认真准备新闻发布会所需的文字、图片、统计数据等资料,必要时还可以提供与发布新闻有关的背景资料、照片、录音、录像等。

(3) 交给与会记者每人一份新闻报道提纲。

(4) 挑选适当时间,避开重要节假日与周末,以保证到会记者的人数。

(5) 写好请柬,内容包括召开新闻发布会的时间、地点、单位名称、主题及主要发言人的姓名和职务,并及时发出请柬。

(6) 安排好接待人员和其他工作人员。

(7) 精心检查召开新闻发布会所需的设施与设备。

(8) 新闻发布会后组织好参观活动,并进行必要的解说与答疑。

(9) 新闻发布会后举行鸡尾酒会、便餐或茶会,以联络感情,增进友谊。

(二) 开展广告宣传

广告是公关宣传招徕的重要手段。公关广告从广告中派生出来,与商业广告的侧重点不同。下面介绍一下公关广告的目标选择和类型。

1. 公关广告的目标选择

(1) 巩固形象的广告目标。旅游企业在企业形象、服务产品形象已在消费者心目中获得认可时,可选择广告宣传来进一步巩固其公众形象。

(2)改善形象的广告目标。旅游企业在公众心目中的形象欠佳时,应选择改善形象的广告目标。此类目标的广告宣传尤其要重视社会效益,并要辅之以其他的公关活动。企业形象的改善必须以企业自身的改进为基础。

(3)与公众沟通的广告目标。这类目标是公关总体目标的一个组成部分,通过举行一场大型的公关活动,并以广告宣传与公众进行联系,向公众介绍旅游企业及其产品情况,交流感情,争取公众对企业及其产品的支持。

2.公共关系广告的类型

(1)观念广告。观念广告是指向社会公众宣传企业经营目标、经营宗旨和管理理念的广告。如广州中国大酒店的"中外通商之途,殷勤款客之道"的经营理念展示。

(2)庆典广告。庆典广告是指借工程落成、开业剪彩、周年节庆之机,通过开展大型宣传活动来造声势,以提高企业知名度的广告。

(3)信誉广告。信誉广告是指以广告方式宣传企业荣获重大奖项或受表彰,上星级等突出成就。这类广告的目的是反馈社会公众对企业的评价,提高企业的美誉度。

(4)实力广告。实力广告是指向社会公众展示企业设施设备、服务质量和人才技术等方面实力的广告。

(5)公益广告。公益广告是指以旅游企业的名义发起或响应社会生活中的某一重大号召,表达企业关心、参与社会生活,勇于承担社会责任,争做合格公民的广告。这类广告的特征是往往配合社会赞助来进行,以达到借助社会活动的影响来扩大企业的影响,提高企业信誉的目标。

(6)纪念广告。纪念广告是指利用具有特殊意义的纪念日,如"三八""十一""五四""一二·九"等举办相关活动,并制成专题、特辑,在报刊上做纪念广告,宣传企业"精神文明"形象;也可将旅游企业的历史、发展状况及对社会的贡献,编辑成专辑在报刊上刊登,以引起社会公众的重视和注意。

另外,公关广告中还包括倡议广告、祝贺广告、谢意广告、解释广告等,这里不再一一诠释。总之,公关广告的形式多种多样,应围绕企业工作的中心进行选择。

(三)其他宣传招徕方式

1.公共关系杂志

(1)企业内部刊物。其主要读者对象为企业内部员工。内部刊物可划分为员工刊物、股东刊物和企业动态三种。

(2)企业外部刊物。其主要读者对象是企业外部公众,为客户、供应商、经销商和社会大众而编写。外部刊物分为供应商刊物、经销商刊物和社会大众刊物等。

2.公共关系实物宣传

实物宣传,是指以优质产品或服务作为传播媒介,对目标公众进行赞助性、馈赠性、试用性、征询性宣传，通过扎扎实实、真挚热诚的服务和优质的产品赢得公众口碑的公关宣传活动。

3.公共关系人员宣传

(1)通过精彩的演讲、一流的口才获得公众的赞许；

(2)通过体态语言，以礼节礼貌、举止、表情、眼神、微笑、手势等作辅助宣传；

(3)以亲切的态度和正确的交谈方式取得社会公众的认同。

第二节 专题操作训练

一、迈出公共关系第一步——自我推销训练

目的:锻炼学生在公众面前表现自己，展示能力与魅力。

方法:个人准备，班级演练，年级亮相，公开评分。

☞ 案例

为求企业大发展，洋人自称"保傲塔"

一个"洋老板"，乍然来到中国这个既古老又现代的陌生国度，要投资、要赚钱，该怎样才能打开局面呢？"保傲塔"先生在杭州的所作所为，是颇能给人以启迪的。随着对外开放，西方服装设计师和厂商纷纷涌来，将杭州丝绸看作最受欢迎的面料。在这种状况下，一家中德合资企业的德方项目负责人KBC印染集团的Bossert先生走马上任了。工作伊始，交流便成了第一需要。各方人士从四面八方汇拢过来，一阵寒暄之后照例是互递名片，各称尊姓。Bossert先生发现，同样是中国人，有的称他"波斯特"，有的干脆叫他为"保傲塔"，难道个中有故？他敏锐地察觉到，在这个曾有过灿烂东方文明的国度里，称名道姓往往融入个人对某人、某物的微妙情感。

一天，他在西湖白堤上漫步，看到许多游人指着山头上的尖顶石塔称呼"保傲塔"。从翻译口中，他了解到杭州的地貌特点和风土人情，以及保傲塔在杭州人心目中的位置。Bossert马上决定将自己的名字译音为"保傲塔"，印上名片。

好一个"保傲塔"！在宾馆、工厂办公室和车间里，他所遇到的人，上至省市领导人，下至车间工人，无不用这熟悉、形象的词语称呼他。他的大名迅速扩散到客户中去。仅仅一年工夫，"保傲塔"先生便从上到下结识了许多中国朋友，彼此友好相处。他的经营项目，一次又一次"逢凶化吉"，顺利发展。

二、锻炼口才——演讲能力训练

目的: 锤炼学生的口头表达能力。
方法: 个人准备,小组评选,公开竞赛,年级表演。

☞ **案例**

一次绝妙的演讲

18世纪,拿破仑从关押地科西嘉岛监狱逃回法国,意欲重整旗鼓,继续挑战统治者。但其逃狱的消息很快被当局获悉并布网缉捕。此时,拿破仑不再逃避,而是勇敢地面对荷枪实弹的士兵,发表了一番动人心弦的演讲,使得前来抓他的士兵纷纷倒戈。拿破仑说:"士兵们!我们并不是战败者。士兵们!我在流放的时候,听到了你们的声音,为了同你们在一起,我克服了一道道障碍,经历了许多危险。原来我是你们的将军,是你们按自己的意志把我送上皇位的,原来是你们用盾牌把我高高举起的。现在,我回来了,回到了你们当中。你们来吧!同我在一起……士兵们,集合在你们领袖的旗帜下吧!我的存在同你们不可分割。我的权利就是你们的胜利、你们的权利。我的利益、荣誉和光荣在你们之中……当你们年老的时候,被你们同胞团团围住,受到你们同胞的尊敬,他们以仰慕的心情倾听着你关于伟大事业的叙述。那时你完全可以自豪地说:'我也是帝国大军中的一员……'荣誉归于勇敢的士兵们!归于我们的祖国法兰西!"

三、周末沙龙——交际能力训练

目的: 培养学生的人际交往能力。
方法: 邀朋唤友,举办周末聚会,高谈阔论、尽显风姿。

☞ **案例**

心理自控 克服羞怯

日本一些公司举办管理人员培训班,为了培养学员的自控能力,专门安排学员站在热闹的大街上,大声唱歌或朗读报纸;几次过后,学员就克服了腼腆。羞怯是大多数人都会有的一种情绪反应,它常常妨碍人际交往。初次进入社交领域的人往往不敢迎视对方的目光,交谈时面红耳赤、声调低微、语无伦次,生怕自己在众人面前失态出丑。可是越是提醒自己不要脸红,偏偏越是脸红冒汗、手足无措、词不达意。别怕,你不敢迎视别人的目光吗?那就用虚光试试,面向他人的目光,视线聚焦对方的耳朵。如果成功了,再试两次,你就可以轻松自如地应付任何人的目光,不管他(她)是严厉、狡黠、贪婪、祈求或是别的什么了。如果你到上级机关去参加会议,最好早到5分钟,先四处走动走动,熟悉一下环境,或同先到的人打打招呼,最好同熟人坐在一起先聊聊。当你觉得周围似乎都是些熟人时,便会驱散羞怯,可以全力以赴考虑自己的会议发言了。

当然,如果你去某个陌生机关请求帮助,那就更不必害羞了。你可以先自言自语地在心里嘀咕你要办的事的内容,面带微笑地走到那位办事员身边。试试看,再害羞的人也能一字不差地叙述完自己的要求。

当然,害羞和自卑常常是由于自己过分自尊。当你与长者、异性在一起时,你可以这样考虑:"假如他是我的长辈……假如他(她)是我的兄弟姐妹……"首先从自己的情感上与他们亲近起来,你就不会感到拘谨难耐了。

四、塑造组织形象——CIS形象设计训练

目的: 培养学生对旅游企业CIS形象设计能力
方法: 专题讲座,个人准备,集中亮相,公开评分。

☞ 案例

如家酒店CIS案例分析

2002年,首都旅游集团联手携程旅游服务公司,创建了如家连锁酒店。作为经济型连锁酒店的领军品牌,如家快捷酒店始终以人的感觉为着力点,提供标准化、干净、温馨、舒适、贴心的住宿产品,为海内外的客人提供安心便捷的住宿服务,传递着适度生活的简约生活理念。经过4年多的发展,如家在美国纳斯达克成功上市,成为中国酒店行业海外上市第一股,同时也标志着国内经济性连锁酒店步入了一个新的发展时代。这些成就很大程度上得益于如家鲜明的企业形象。

MI是指理念识别,包括企业的理念精神、座右铭、文化性格、宗旨等,它是企业各种活动的主导和CIS体系的基石,属于企业的最高决策层次,是企业之"心"。区别于通常严肃刻板的企业理念,如家的理念显得异常的温暖。如家所制定的使命也与此契合:为宾客营造干净温馨的"家"、为员工提供和谐向上的环境、为伙伴搭建互惠共赢的平台、为股东创造持续稳定的回报、为社会承担企业公民的责任。从企业核心理念到宣传语——"不同的酒店,一样的家",处处都有着宾至如归的

"家"文化的影响。

BI 是指行为识别,指企业内外各项活动的行为规范策划,展现企业内部的制度、组织管理、教育、生产、开发研究等,并扩展到企业外部各种社会公益活动、公共关系、营销、市场调研等。如家内部建立了一套完整而详细的管理制度,约束并规范组织和员工的行为。对于服务行业,产品的提供本身是一项比较难以约束的事。对此,其管理团队提出了"像制造业一样生产服务",主要就是强调服务质量的标准化。"我们对待服务的质量,要像制造业的企业一样。在制造业,次品率往往低于千分之一或者万分之一才是合格品;而服务性行业,能够达到 90% 以上的客户满意度就非常不错了。其实说起来 90% 的客户满意度还是说明有 10% 的次品率;即使是 99% 的满意度还有 1% 的不合格产品,这是不可以的。我们现在提倡零缺陷,虽然整个与客户接触的服务流程环节非常多,我们仍然要求全过程的次品率要在 1% 以下。要做到这一点是非常不容易的,因为服务并不是容易做到标准化的东西。需要对每个过程、每一道工序,完全能够进行控制和测量,服务的过程中,服务人员每次与客户接触,说的每一句话、客户每个不同的要求,服务人员会遇到不同的情况;达到这些要求,是很困难的一件事情。但困难并不是不可能克服。换个角度,就可以把服务像制造产品一样分解成一个个环节。能够保证按照恒定的质量标准永远重复下去,才是最为成功之处。

VI 指企业精神与行为的外在化视觉形象设计,如标志形象、标准字体、标准色彩和中心广告词等,广泛应用于销售系统、办公室系统和环境系统。如家的 LOGO,由红黄蓝三色构成,颜色鲜艳、对比强烈,可识别性高。小房子样式的设计,HOME INN 的标志,"I"做成弯月的样子,"如家"两字嵌在房门中,整体 LOGO 巧妙而简洁,给人温馨的家的感觉。店面的设计也主要是黄蓝两色,这样鲜艳的色调在城市中很少看到,故而识别性很高,仅这一点就为其特色度加了不少分。有很多新闻报道直接用"黄房子"来代替如家,其高识别度由此可见一斑。酒店内部的设施亦高度标准化,棕黄色的地板、粉红色的床单、白色的窗纱、蓝色的窗帘,都意在区别于其他酒店难以接近的一片白色,营造家庭般的感觉。

总体而言,如家的 VI 设计与其理念完好地契合,充分体现了"不同的城市,一样的家"。在如家的 CIS 设计中,自始至终贯穿着宾至如归的"家"文化,MI、BI、VI 三者相互融合,打造出全方位立体的企业形象。而这些都是基于前期详尽的市场调研,分析出企业真正想要树立的形象。从而,对于市场的充分了解及准确把握是打造企业形象识别系统的前提。另外,在实践 CIS 的过程中,要统一在 MI 理念的前提引导下,建立统一整体的企业形象。

五、公共关系素质展示——观察能力训练

目的: 训练学生的观察能力。
方法: 指定范围,个人准备;分组讲解,集中讲评。

案例

投公众之所好

现代公共关系先驱者之一的伯内斯提出了"投公众所好"的重要原则。这一思想充分体现了公共关系的实质。中国有句话:"宝剑赠壮士,红粉赠佳人。"这实际上体现了公关职业意识的又一个构成要素:公众意识。

公众意识的基本含义,是公众需要什么就提供什么;公共关系贡献的,便是公众最迫切希望得到的。要做到这一点,首先应了解公众喜欢什么,对组织有什么期待和要求;其次是在确定公众价值观和态度的基础上,做好宣传、沟通工作,以投公众之所好。具有强烈的公众意识,顺应公众心理需求,才能受到公众的欢迎和支持,组织也才会取得真正的成功。

例如:美国牛仔裤大王列瓦伊在一次野营后回到公司,立即下令把牛仔裤作褪色处理,并去掉一颗加固铆钉,因为他坐在篝火旁总觉得铆钉热得烫人。一家百货店顺应顾客要求,把列瓦伊牛仔裤褪色后出售,大获其利。可见,列瓦伊牛仔裤所以能走向世界、盛销不衰,根本原因是顺应顾客心理需求,体现了人性化设计理念。

又如:日本东京的西武百货店享有盛名,原因也是顺应和满足了顾客的需要,不断开拓新的经营项目。如为迎合日本人既爱吃又怕胖的心理,在商店里供应各种运动器材,使消费者贪吃以后消耗掉多余的热卡和脂肪。

公众意识,不仅体现为,满足公众的一般性需要。还善于了解不同公众的不同需要,从而更有效地投公众之所好。下面这个例子有力地说明了这一点。

台湾某厂商生产了一种伞,这种伞在我国大陆声名狼藉,原因是质量低劣,用不到两回不是折骨,就是断线。使用者戏之为"短命伞",因而这种伞在大陆几乎没有市场。可有趣的是这种"短命伞"在美国却十分畅销。台湾省一个"贸易拓展团",在美国纽约竟获得一宗2万把雨伞的大额订单。为什么同一种伞,在不同消费地会有如此不同的命运呢?台湾制伞商发现,美国人出门虽多坐轿车,但近年来因交通堵塞,人们短途办事,宁可坐地铁、巴士或步行。于是,雨伞的需求在美国又渐渐抬头。一旦碰到雨、雪天,花二三美元买上一把伞,可谓价格低廉,人们并不在乎它的坚固耐用与否。台湾伞商根据美国市场的特点和美国消费者的需要,不在雨伞的坚固、质地上下功夫,只取其最迫切的需要,在流行色、花样及价格上做文

章。他们考虑到,美国人穿着热情奔放,需要素色伞衬托服饰,而不至于喧宾夺主,因此,绿、黄、橙等花色不受欢迎,而黑、蓝、棕色却深受喜爱。另外,美国法律规定每小时工资不得低于5美元。一把伞二三美元,花去不到一小时的工资,对美国人来说,是很随便的事。他们看重的是方便、便宜,用过即扔,因而,在美国低值易耗却成了这种伞的优势。由于判断准确,台湾伞很快就打进了美国市场,并占据了美国进口伞总量的60%,年销售额达2000万美元。

台湾伞在大陆和美国的不同命运,关键在于中国人和美国人对伞的不同需要。中国人需要的伞,是坚固耐用、花色漂亮,既经济实用,又能以物衬人,而美国人恰恰相反。这个例子告诉我们,"萝卜青菜,各有所爱",公众不仅有需要,而且公众的需要是有差异的。公众意识要求公关人员以"宝剑"赠"壮士",以"红粉"赠"佳人"。

六、专题公共关系策划——专题策划能力训练

目的:培养学生专题公关的策划能力。
方法:指定范围,抽签决定,认真准备,集中展示。

☞ 案例

"新、奇、绝"的启示

一位记者曾说:"狗咬人不是新闻,人咬狗才是新闻。"不断进取,富于创新意识,是公关职业敏感性的又一重要特征。

公共关系是极富灵活性的事业,对曾经获得成功的公关策划,不应作为格式化模式反复运用。不断变化的新形势,需要公关人员思想活跃、视野开阔,广泛接触社会,去发现、去探索,并以新的构思、新的形式和新的手段,去开拓新的领域、创造新的奇迹。

公共关系又是极富挑战性的事业,在竞争日趋激烈的市场经济条件下,"皇帝女儿不愁嫁"的陈旧观念早已臭名昭著。现代企业组织要想花香袭人,引凤招蝶,只有做到"人无我有,人有我新;人新我奇,人奇我绝;技高一等,不断创新",才能在竞争中立于不败之地。

"狗咬人不是新闻,人咬狗才是新闻。"这句话突出了"新""奇""绝"三个字。而这三点正是公关创新意识的精髓。要使组织的公关活动具有创新意蕴,必须着力在新、奇、绝三方面下功夫。以下介绍几个成功实例,以期给认同者提供一些激发创意的启示:

关于"新"的启示

企业组织以新策划、新形式、新技巧开展公关活动,才能使公众耳目一新,留下

深刻印象。甘肃广告美术公司首开新例,成立了"人体活动广告队"。国外记者称其为"国际模特史上别开生面的创举"。该队的年轻模特身着新颖服装、肩披红色绶带,在众目睽睽之下穿过市区进行广告宣传,1988年2月28日至5月28日,历时3个月,受24家企业委托,行程23万多公里,周游了全国23个省市进行巡回广告宣传,直接面向公众达300余万之多。此间国内外100多家报刊、电台、电视台进行了新闻报道,使公关宣传活动获得了极大成功。

关于"奇"的启示

我国金州城一名叫宝发的待业青年独辟蹊径,经营马车旅游业获得成功。金州城依山傍海、风光旖旎、历史悠久、物产丰富,吸引着众多的中外游客。一天,宝发受电影《茜茜公主》中茜茜乘一辆欧式马车在乡间小路上奔驰画面的启发,决定以马车游览吸引游客。经过3个月的努力,宝发的四胶轮旅游马车造成了。这辆车造型典雅、装饰"豪华",车篷是绛红色的人造革包面;车厢精巧,古色古香,两个浅绿色的小轮在前,两个紫红色的大轮在后,形成前低后高的造型,中间踏板上铺着两块地毯,配上几排沙发软座,不仅舒适,而且便于游人观光。最讲究的是驾车用的是纯种金州马,除黑鬃、黑蹄、黑尾外,周身纯正的枣红色,没有一根杂毛,腿长腰细,车一启动,便带小跑,脖子上悦耳的铜铃与清脆的马蹄声相互应和,把游客带入田野牧歌式的诗情画意之中。宝发的马车出现在旅游区后,出奇制胜吸引了大量游客,人们争相一试,宝发由此而得到丰厚的收入。

关于"绝"的启示

绝,是指出人意料之外的惊奇、绝妙的公关活动,能使公众大开眼界。我国茅台酒在走向世界的征程中,就曾以一鸣惊人的绝招,在竞争中一展风采。茅台酒第一次出现在万国博览会上时,各国客商为琳琅满目的商品弄得目不暇接,竟忽略了这来自东方的玉液琼浆。怎么办?我方工作人员急中生智,故意在大厅中打碎一瓶,随着响声,酒香四溢,人们随香寻来,争相购买,茅台酒因此而一鸣惊人,在世界名酒之林中为自己争得了一席之地。

七、公共关系简报——文书写作能力训练

目的:提高学生公共关系应用文的写作技巧。
方法:专题讲座,抽签决定,个人准备,公开讲评。

☞ 案例

融注情感的攻心效应

在世界科技史上,流传着这样一个故事。

法国医学家卡雷尔在美国获得诺贝尔奖金后,到欧洲讲学,被那里的人们深情挽留,里昂大学专门为他兴建了一座研究所。卡雷尔本来是不愿意离开自己故乡的,正在举棋不定之时,他收到了美国博士旦津的一份电报,上面只有二十个字:"几颗心还活跃在玻璃瓶子里等候着你的归来。"收到电报后,卡雷尔立即改变了他原来的打算,第二天就起程赴美了。一份仅有20字的电报,何以能有如此魔力?原来,旦津博士写的几颗心是鸡心,那是卡雷尔为了试验心脏移植,特地用营养液培养在试瓶里的。旦津博士选择了卡雷尔最为关心的事,使用了最能诱发他内心深处情感、最能诱发他事业心的文字,才使他毫不犹豫地奔赴了最能发挥其才智的研究机构。

　　旦津博士运用高超的攻心技巧,深深打动了卡雷尔,使他义无反顾地选择了赴美之途。这种技巧在公关传播中使用频率是很高的。无声的语言较之有声语言有其独到的功效。语言学者指出:"在录音设备发明以前,人类使用分音节的有声语言,往往受到时间和空间两者的严格限制。今天讲的话,明天就无法重现了。可见,语言符号并不能完全满足社会交际活动的需要。于是人们用另一种符号(字符)把语言(音符)记录下来,这就打破了时空的限制。"因此,书面语言具有空间上的广延性。除此之外,书面语言传播的内容便于斟酌,而且还能传递那些难以启齿之言。所以,书面语言在更大程度上扩大了人类交际的外延。其突出特点是蕴含着浓郁、鲜明的情感色彩,具有攻心效应。

　　那么,如何使公关书面语言更富有情感色彩,达到攻心效果呢?首先,应多用褒义的感情色彩浓厚的语言字符。汉语中有许多明显同人的情感体验相联系的语言符号,例如:爱、喜悦、恨、悲伤等。其次,采用能体现人类情感的多种修辞手段,如幽默、比喻、委婉、暗示、模糊等方法。以"委婉"为例。社会语言学家从情感联想角度对委婉语言做了如下分析:"委婉语(在希腊语中是'谈吐优雅'的意思),就是通过一定的措辞,把原来令人不悦或比较粗俗的事情说得听上去比较得体、比较文雅。其方法是使用一个不直接提及事情不愉快的侧面的词来代替原来那个包含令人不悦的内涵的词。"委婉表达是语言交际中的情感"缓冲"方法,让听者在比较舒坦的氛围中接受组织传播的信息。这种表达方法在交际中经常应用。如十几年前,有位旅游者在旅华期间自杀了,为了减少语言的刺激性,经再三推敲,我方最后在死亡报告书上回避了"自杀"两字,而用了"从高处自行坠落"这一委婉语。类似委婉语表达情感的功能,从其他一些修辞手法中,都可以发现。公关文字表达,以情见长,因此,应从多种修辞艺术中汲取营养,寻找最有效果的表达方式。

八、正方反方辩论会——应变能力训练

目的: 培养学生的现场发挥和灵活应变能力。
方法: 设计辩题,抽签决定,双方辩论,公开讲评。

☞ 案例

急中生智解难堪

新加坡某总公司经理在我国一宾馆设宴。席间,他酒喝多了。宴会结束,众人离席,女服务员对那位经理说:"先生,您慢慢走,早些休息。"

总经理走下楼后,却又返回来,服务员问他:"先生,您有什么事吗?"

总经理回答说:"没什么。我忘记吻你一下了。"

旁边的客人听了哄然一笑。其他服务员望着这位女服务员,不知所措。

这时,女服务员平静地走上前去,把手伸给总经理。总经理拿起她的手,吻了一下,说:"谢谢您赏光。"然后满意地走了。

九、斗智斗勇——模拟谈判训练

目的: 培养学生的谈判技巧和心理承受能力。
方法: 拟定内容,确立主辩,模拟判断,公开讲评。

☞ 案例

转嫁风险后发制人

风险并不都是消极的,转嫁风险可使其变为积极因素。雷克公司和莫特公司都是美国生产办公自动化设备的著名公司,他们的数据传输设备在国际上被公认为是数一数二的,因此都想让自己的产品打入中国市场。如果我国公司单销他们当中一家的产品,风险极大,因为另一家公司很可能会压价倾销,造成我方进口产品滞销的严重后果。鉴于法国、德国的一些厂家在香港都有专门的代理商,在同我方争夺市场,于是我方请来几家外商,将竞争风险转嫁出去,让他们与雷克和莫特两家公司相互压价,直到其他厂商无法再在价格上竞争。最后我方以最佳质量价格比选择了雷克公司的产品。

"后发制人"是一种战争策略,引入谈判中来则成为技巧。谈判中应注意观察分析对方的陈述,从对方流露的信息中确定己方策略,及时、准确地发现彼此谈判

目标的差距,发现对方的逻辑错误和弱点,以说服对方,赢得优势。

例如:某公司同一家厂商谈一桩产品调查的生意。该厂商沉不住气,谈了一会儿就讲起自己的厂子今年有些不景气,资金很困难。公司方立刻判断,对方迫切希望搞个产品调查,只是怕要价太高或是调查结果不够准确。于是,他们拿出一叠本公司咨询部、公关部以往调查的资料和客户方面的评价,并着重介绍了他们使用的调查分析手段,使厂商立刻有了信心,谈判顺利取得结果。反之,如果不等对方陈述完全部意图,公司方就强调调查工作量如何大、人手如何紧张,拉开漫天要价的序幕,厂商非吓跑不可。

十、公共关系案例分析——综合能力训练

目的:检验学生公共关系的综合能力。
方法:指定对象,讲明标准,个人准备,公开展示。

☞ 案例

风格统一的形象效应

在现实生活中,人们注意到具有某种统一标志的事物能给人留下深刻印象,由于这种观察得到的结论,会成为下一次认识同类事物的经验性指导。如:红色的是消防车、白色红十字的是救护车、绿色的是邮政车、军人统一的制服,以及"万宝路"广告中的奔马与骑手等。人们在进行重复认知时,一般是不会产生偏差的。这一人类心理认知的基本规律应用于组织形象的设计中,便产生了塑造组织形象的又一公关策略——整体形象统一设计原则。整体形象统一设计的原则,要求注意以下几点。

(一)形成树立形象的整体观念。公共关系工作的责任,在于使组织成员明白,本组织是作为一个整体出现在社会上的,个人的一言一行,组织的每一个具体的产品或服务等,都是影响组织整体形象的因素之一,从而建立形象的整体意识。

(二)统一制定公共关系政策。组织公共关系的总政策,是组织处理内外公众事务的基本准则。并在此准则的基础上,制定公共关系工作的具体政策。这样才能克服各部门目标不明确、各自为政的局面。

(三)协调组织的公共关系活动。组织的公关活动,是一种全方位的管理、传播、沟通行为,组织的各职能部门分头进行着组织的公关工作。公共关系部门和人员可以通过民意测验的方法,及时了解和处理各种信息,在此基础上调整公关政策,平衡和协调各部门的公关工作。

公共关系设计具有统一风格的组织形象,其心理效应是显著的。首先,统一风

格的形象易于公众识别团体的性质和功能,使信息传达准确而迅速。如把标志设计、企业名称、建筑造型、图案色彩以及服务特色等用统一的形象和划一的格调予以传播,以达到扩大企业知名度的目的。其次,统一性的形象易给公众留下深刻印象,有助于强化公众对组织的认知。公众记忆心理的强度与深度,会受到重复性、整体性刺激的影响。一般情况下,客观认知对象重复次数愈多,特征愈明显,其被记忆的牢固性愈强。

例如:瑞士雀巢咖啡的包装战略,大中小玻璃瓶、铁罐、铝塑复合袋小包装的装潢风格是统一的。公众反复接触同一风格的装潢,雀巢家族形象便深深刻在公众心目中了。

许多企业认识到企业形象统一风格的心理效应,因此,在实践中采取了多种方式来表现企业的统一风格。

例如:日本日产公司从1983年年底开始,所有出厂车辆都挂公司名称"日产"的牌子,原用的"达特桑牌"一律停用,以统一企业形象,他们还把商店招牌、信纸、名片甚至职工制服等全部标准化,这对于强化企业形象是十分有益的。

案例思考:以上专题训练给大家带来了哪些启发?

本章小结

旅游企业开展的公共关系活动很多,其中大型的活动就包括服务性、宣传性、交际性公共关系专题活动。在这些活动中,公关人员要巧妙构思主题,灵活选择媒体,通过有意新闻曝光,适时推销旅游企业形象。在与公众交往中,公关人员要注重自身修养的提高,通过展示良好的仪表、礼节和内涵,来充分展示自身的魅力,给对方留下好的印象。同时,公关人员还应掌握公关语言的表达技巧,合理运用口头语言和体态语言,从而充分表达自己的思想感情。对于初学者,可以通过各种专题操作训练,以提高自己的公关技能和技巧。

思考与练习

1. 组织大型活动的技巧有哪些?
2. 人际交往的技巧中的"首因效应"含义是什么?
3. 塑造的内在形象有哪些?
4. 谈判的谋略有哪些?

第十二章 旅游企业公共关系教育

课前导读

旅游企业公共关系的推广和深入,教育是最佳途径。通过旅游企业公关教育向内外部公众传播和灌输企业文化、公关目标,并反复强化、加深巩固,潜移默化地规范内外部公众行为、观念,将旅游企业理念植根于内外部公众的脑海中。旅游企业公关教育是企业公共关系可持续发展的重要源泉和动力。本章将介绍旅游企业公关教育的基本内容。

教学目标

- 了解旅游企业公关教育的功能
- 熟悉旅游企业公关教育的对象
- 明确旅游企业员工应具备的公关意识
- 掌握旅游企业公关教育的原则
- 了解旅游企业公关教育的途径

第一节 旅游企业公共关系教育的功能

一、塑造旅游企业形象

"形象"是旅游企业的无形资产,在市场竞争日益激烈的环境中,唯有开发、塑造和营销企业形象,才是赢得优势、多占市场的制胜法宝。所谓旅游企业形象,是指旅游企业内在文化理念和外在行为表现在公众中获得的总体评价。企业形象是旅游企业公共关系和舆论状态的总和。它表现为公众对旅游企业历史背景、领导者资历、员工素质、组织结构、行为准则、产品及服务质量及内外环境状况等要素接触了解和认同的程度。旅游企业形象源于旅游环境的需要,是特定的企业文化和公众信念的显现,具有真实性、多维性、相对性和复杂性等特征。

旅游企业公关教育是将旅游企业的公关状态、实务和思想,通过一定的方式传递给内外部目标公众,以取得理解、支持和信任的一项长期任务。旅游企业公关教育与形象塑造相互作用,共同发展。形象塑造是旅游企业开展公关教育的目的,而公关教育又能夯实企业形象。

(一)公共关系教育以树立旅游企业形象为目标

旅游企业公关教育的目的,是使旅游企业内外部公众对其经营、文化、政策、行为等有一个全方位的接触和了解,并从内心认同旅游企业,对树立企业形象产生积极的推动作用。旅游企业公关教育是一个长时间的过程,而树立旅游企业形象也是一个漫长的、渐进的过程。因此,以树立企业形象为目标,是使公关教育取得实效的有力保证。这是由于:

1.有了明确的教育目标教育内容才有针对性

旅游企业公关教育以树立企业形象为目标,其教育内容针对性较强。一般讲,教育内容的确立是由教育目的决定的,只有教育目的明确,才能有针对性地、合理地组织教育内容、提高教育质量。旅游企业公关教育的目的是树立企业形象,其教育内容便可围绕开发、塑造和营销旅游企业形象而展开。针对内、外部目标公众的不同特点,教育内容可以有所区别,但无论如何变化,都必须坚持以塑造企业形象为宗旨。

2.有了明确的教育目标教育方式才有灵活性

旅游企业公关教育方式灵活多样,才能有效地传播旅游企业信息,加强与目标公众的沟通。公众心目中的旅游企业形象,因受到自身价值观念、思维方式、道德标准、审美取向及性格差异等因素的影响而有所差别。因此,在树立旅游企业形象时,应针对不同公众采用不同的教育方式,围绕公众自身特征因材施教,力求经济、可行地引导、激发公众对旅游企业产生好感,以形成良好的认同和赞誉。

3.有了明确的教育目标教育绩效才有可估性

旅游公关教育的效果,是指旅游企业将反映自身总体面貌和风格的特色,通过一定的教育方式传递给目标公众所产生的知名度和美誉度。如前所述,旅游企业的总体特征和风格、美誉度、知名度是旅游企业形象的构成要素,可见,评估旅游企业公关教育的效果,应以是否在旅游企业公众心目中树立了良好的企业形象为衡量标准。

(二)公共关系教育是传播、规范旅游企业形象的重要途径

公关教育是伴随旅游企业形象塑造而进行的,具有持续性、感召性、广泛性和适时性等特点。因此公关教育是开发、塑造、规范、营销企业形象的一条长期的切

实有效的重要途径。

1. 公共关系教育的持续性

旅游企业在长期、持续开展公关教育的同时,可以不断获取最新公关理论和实务知识,并结合自身综合实力,源源不断地向内外部公众输出企业信息,及时发现和纠正教育实践中存在的问题。企业形象并不是一成不变的,它将随着时代的变迁和市场形势的变化而变化,在一定条件下,会形成一些概念性的东西,成为一种公众心理定式,进而为旅游企业公关教育提供丰富的素材。同时,持续有效地传播和规范企业形象,也离不开公关教育。对于企业可持续发展而言,这是非常重要的。

2. 公共关系教育的感召性

教育具有感染力和号召力。通过旅游企业公关教育不仅能传播企业信息,在公众舆论中雕琢企业形象,同时能有效地感召企业公众,将他们自觉和不自觉地导向旅游企业,成为旅游企业的目标公众。

3. 公共关系教育的广泛性

旅游企业形象是旅游企业公共关系的核心。旅游企业形象传播和规范的广度和深度直接影响旅游企业公众的总体评价。旅游企业公关教育可以广泛、全面、深入地向目标公众解释旅游企业行为,以获得较高的知名度和美誉度。

4. 公共关系教育的适时性

旅游企业公共关系教育在旅游企业经历的不同时期,对旅游企业形象的传播和规范有所不同,具有一定的适时性。旅游企业形象在不同时空面临的旅游企业公众所产生的评价是不同的,因此,在进行旅游企业公共关系教育时,旅游企业应把握住自身形象的时代性特征,向目标公众及时全面地传播。

(三) 公共关系教育强化、巩固旅游企业形象

教育具有强化、巩固的功能。旅游企业形象通过持续的公关教育,刺激内外部公众,使之在接受公关教育的过程中产生某种重复反应的可能性,以加强和巩固对旅游企业的理解。这种重复反应的可能性力量是一种强化作用。一般来说,公关教育的强化作用无论对外部或内部公众,都有正强化和负强化之分。正强化可以加强和巩固公众对旅游企业形象的理解,反之,负强化则起削弱作用。

旅游企业在开展公关教育时,应多采用正强化,如通过奖励、联谊、庆典等公关教育活动,来增强内外部公众对旅游企业形象的分析、理解,以加深印象。正强化的方式有社会强化、物质强化和活动强化三种。社会强化,就是通过参与大量社会公益活动(如赞助、捐款等)以提升企业的社会影响和社会地位,强化内外公众对企业形象认知的一种方式;物质强化,则指以物质奖励的形式(如赠送试用品、宣传单、消费券等)来刺激内外公众,使之以亲身经历或享受来体味旅游企业形象的过

程;活动强化,则是举办一些有趣的活动(如竞赛、游戏、联谊等),邀请内外部公众参加,在活动中展现企业形象,感染公众。旅游企业在开展公关教育时,应因时、因地、因人采取不同的强化方式,巩固和强化企业形象。

二、完善旅游企业管理

公关教育是旅游企业公关计划,乃至企业管理中的一项十分重要的工作。旅游企业只有转换经营机制,建立科学、高效的管理制度,才能在市场经济环境中适应市场经济规律,有效地达到预期目标。旅游企业作为独立的经济实体,在市场经济大潮中必须调整自己的经营目标,把视线转向旅游消费公众(旅游者),了解他们的需求,争取他们的理解和支持,并依据瞬息万变的市场信息和旅游者意愿,通过广告、宣传和各种社会活动与企业公众保持广泛的联系,做出正确的决策,实施自己的计划。这些经营管理上的过程都需要公共关系,因此,加强公关教育有利于完善旅游企业管理。

(一)公共关系教育是企业管理的重要内容

管理,是指通过计划组织、人员配备、控制指导等职能来协调内外部关系,为实现既定目标而实施工作的过程。马克思曾指出:在同一生产过程中,或在不同的但互相联系的生产过程中,需要劳动者有计划地在一起协同劳动,这种劳动形式叫作协作。可见,旅游企业管理是以旅游企业为载体,为企业及所有成员营造和保持一种环境,使人们在其中发挥自己最大的才能,通过努力而实现旅游企业目标的活动过程。它具有计划组织、人员配备、控制指导三项职能。企业管理的核心是处理好企业组织的各种公共关系。企业管理不是个人的活动,其每个环节自始至终都在与人打交道,这就衍生了企业公共关系。公共关系作为管理手段之一,在企业管理中发挥着极大的作用。

如何更有效地在企业管理中运用公共关系,最佳途径是开展公关教育、普及公关理论和实务。企业管理以人为本,一方面要以外部公众为本,围绕旅游者需求,满足和吸引他们;另一方面要以内部公众为本,加强沟通,争取他们的支持,调动其积极性,使之为实现企业目标做出贡献。旅游企业管理绩效的衡量就是要看旅游企业对各种人际关系处理的如何。而良好人际关系的建立需要公共关系,因此,公共关系教育是旅游企业管理的一项重要内容。

(二)公共关系教育是企业管理的长期任务

企业管理的一项重要职能是人员配备。其内容包括选拔、聘任、考评、培训以及引进人才等,具体讲就是选人、用人、评人、育人和留人。其中育人是旅游企业应该非常重视的一项长期性工作。然而,一些旅游企业领导往往忽视教育开发内部公众这一长远战略目标,认为员工学文化与企业关系不大,反而担心员工文化学高了会不安心本职工作,甚至认为抽时间搞学习、教育,会直接或间接地影响工作,很不划算,从而打击了员工奋发进取的积极性,这是一种"近视症"。就我国旅游业发展而言,随着我国成功加入世界贸易组织,对信息和人才两个市场的争夺日益激烈,因此,加强教育,重视人才和信息,是今后我国旅游企业管理工作中的一项硬任务、硬道理。育人工作做好了,选人、用人、评人、留人才有了基础,有关制度才能相应完善,旅游企业管理也才会逐渐产生命力和动力。否则,缺乏人气的企业,就无所谓管理了。

(三) 公共关系教育是企业管理的基本保证

从长远的观点看,不注重人才开发和培养,不注重企业内部公众的公关教育,所谓"消费公众至上""顾客就是上帝"的口号则显得苍白无力。这将直接影响旅游企业与消费公众的关系,导致生产经营、服务质量和经济效益下滑,最终使旅游企业和国家利益受损,阻碍旅游业的发展。相反,若能扎扎实实地长期重视公关教育,注重员工队伍素质的提高,不断改善企业内外公关状态,旅游企业的发展就有了持久的动力,服务质量和管理水平也就有了基本保证。

三、提高旅游企业员工素质

锻造员工素质是旅游企业公关教育的重要内容和途径。如果说塑造企业形象、完善企业管理是旅游企业公关教育的宏观目标,那么,提高员工素质就是旅游企业公关教育的微观目标。旅游企业公关教育对外具有影响公众舆论的导向作用,即旅游企业可采用正面宣传渗透其价值观念,主动引导舆论评价,但这种方式可控性差、投资大、见效慢;而对内关注员工素质的提高,构筑企业凝聚力的工作则可控性强、投资小、见效快。此外,旅游企业的特殊性决定了只有全面提高旅游企业内部员工素质,才能全面提高服务质量,树立企业形象,进而影响企业外部公众,获得最佳舆论评价,从而间接实现对外教育的目标。因此,通过公关教育提高员工素质,便成为旅游企业一项非常重要的任务。

(一) 公共关系教育增强员工职业道德观念

旅游企业公共关系是一门科学和艺术,具有自身的行为准则和道德规范。通过公关教育,首先,能使员工树立正确的职业道德观,正确对待工作,忠于职守、敬业爱岗,做到忠诚、公正,在真与假、善与恶、美与丑、正确与错误发生矛盾冲突时,毫不犹豫地支持和维护真、善、美和正确的方面。其次,能使员工从旅游企业全局利益出发,不计较个人得失,即使损失个人利益为了顾全大局也毫不迟疑,做到廉洁奉公、不谋私利,造福于企业和公众,绝不为谋取个人私利,影响、危害企业声誉,或不择手段唯利是图、损人利己。最后,"全心全意为旅游企业公众服务"的思想,能使员工树立"服务第一"的观念,为公众提供最优质的产品和服务。

因此,在进行旅游企业公共关系教育时,必须将职业道德教育作为重要内容。加强职业道德教育能够培养员工热爱祖国、遵纪守法等高尚的道德情操,树立远大的理想和正确的人生观,从而端正旅游企业公关活动的指导思想。

(二)公共关系教育规范员工职业行为

旅游企业开展公关教育,一方面能将基本理论知识传播给员工,另一方面能将公关实务和经验传授给员工。这样旅游企业员工便可以在一个很开阔的平台上领悟旅游企业公关状态、实务和思想,并自觉规范自己的行为,服从于大的方针、政策,同时,能结合实际灵活运用、不断创新各种公关技巧,充实自身的公关经验和能力。

(三)公共关系教育孵化员工岗位责任意识

公关教育最终能让知识升华为观念,进而孵化出一种意识。一旦积极的"意识"形成,表明教育取得了最佳效果。这是由于意识具有能动作用,能自觉或不自觉地驱使人们的行为。旅游企业公关教育也不例外,只有长期坚持,不断更新和完善公关教育,才有可能孵化出员工良好的岗位责任意识。以立足本职为己任,自觉加强公关能力的培养、锻炼,以身作则,展现企业形象,吸引企业公众,促进产品销售,提高企业的经济效益。

四、增强全员公关意识

所谓"全员PR",是指旅游企业通过对全体员工进行公关教育与培训,增强全员公关意识,使全体员工自觉实施公关行为,形成企业内在文化氛围。

(一)公关教育与日常工作相结合形成奖惩制度化

要将旅游企业公关教育的经常性工作与全体干部、职工的日常行政、业务、服务工作结合起来。各部门在自己的工作范围内订计划、做决策时,都应自觉地配合旅游企业公关目标。公关状态的好坏,也应成为考核评价部站点业务工作的标准之一。同时,应明确各部门、各岗位的公关责任,并列入有关规章制度中去,如门卫的仪表仪态、电话总机接线员的服务方式、人事部门的职工关系、销售部门的服务态度等,均从不同角度涉及企业整体的声誉和形象。因此,在旅游企业干部、职工中进行公关教育和训练,开展公关评比和奖惩是必要的。

(二)倡导自觉意识形成企业公共关系文化氛围

全员PR有赖于旅游企业内部形成一种浓郁的公关文化氛围。而在旅游企业内部普及公关教育,倡导自觉公关意识,规范岗位职业行为,使全体员工认识到企业的形象、声誉等无形资产比有形资产更难得、更珍贵,创造和维护企业的良好形象和声誉需要大家的共同努力。因此,为企业赢得声誉的言论和行为,应得到高度的评价和奖赏;对损害企业形象的言行,应视作危机而予以严肃处理,使全体员工在内外交往沟通中自觉运用公关理念蔚然成风。

第二节 旅游企业公共关系教育的内容

一、旅游企业公共关系教育目标及其特征和作用

（一）旅游企业公共关系教育目标

企业公关教育的目标，是将企业工作总目标经过再加工，客观地传递给企业内外部公众。由于总目标是企业生存的根本，所以，企业的所有部门及其成员的一切工作，皆以总目标为中心而展开。离开这个总目标就是脱离了企业。因此，旅游企业的公关目标是从总目标中派生出来的工作内容。它必须服从和服务于企业总目标。可见，公关目标相对于企业总目标而言处于从属地位。

然而，在现代社会中，一个缺少公共关系的旅游企业要想持久地生存发展下去，简直难以想象。旅游企业完成工作总目标的过程必然要与现实环境发生关系，并可能引起关系的变化。这种变化的关系又会引起旅游企业自身形象的变化，而自身形象的变化又直接影响旅游企业各项工作的运行和总目标的实现，甚至关系到旅游企业的生存。旅游企业公共关系的一般目标是：当企业形象恶性变化时，应阻止其继续恶化并促其转化；当企业形象良性发展时，应保持其趋势，引导其深入；当企业形象模糊时，应建立其良好的、清晰的形象。从理论上讲，旅游企业的公关工作内容，就是对企业经营过程中涉及的公关状态及其变化进行专门的信息处理，研究企业形象及其变化趋势，并作出相应调整。开展旅游企业公关教育，必须以讲授企业工作总目标和企业公关目标为主要内容。旅游企业公关目标作为公关活动的出发点和终止点，规范和控制着企业全体员工的行为。

（二）旅游企业公共关系教育目标的特征

旅游企业公关教育目标，是旅游企业公关工作的总任务、总要求和总体发展的根本方向。它着眼于未来和长远，集中反映和调整局部利益与整体利益、现实利益与长远利益的关系，具有宏观性、全面性、长期性、相对稳定性和可分解性等特征。旅游企业公关教育目标，是在企业工作总目标指导下，为实现总目标而产生的操作性目标，一般不可轻易变更，但可以分解为若干个具体的、操作性更强的目标。因此，公关教育应结合公关工作目标的特点，从宏观上、全局上将相对稳定的目标告知于自己的内外公众，使之充分认识并为达到目标而通力协作。

（三）旅游企业公共关系教育目标的作用

1.控制和约束全体员工的职业行为

旅游企业公关目标统领公关工作，在公关工作运行中发挥着指导、控制、协调的功能。将旅游企业公关工作目标通过教育和培训的方式向全体员工灌输，使职

能部门及其员工能够严格按照公关目标的要求进行工作。

旅游企业公关教育将企业公关目标明确传导出去,使全体员工在从事公关工作时能自觉遵循目标所规定的任务、方针、措施,同时,在遇到各种意外情况时,也会以目标为约束,以实现目标为出发点来协调自己的行为。

2.指导和协调公共关系工作人员的行为

旅游企业在较长时期内建立的形象目标,是确定其公关工作目标的基础。有了公关目标,就有了前进的方向,也便可以统一和规范旅游企业公关部门及其员工的行为,旅游企业公关教育能够引导公关人员认真理解企业的公关工作目标,协调公关人员的行为,使之完成一个个具体目标,经过不断地积累成果,逐步实现旅游企业公共关系的最终目标。

3.分析、评价企业公共关系目标的标准

旅游企业公关教育的正确性,是公关工作成功的保证,一旦公关教育偏离公关工作目标,必将导致公关工作的失败。反之,旅游企业公关目标实现与否以及实现的程度如何,又是衡量公关教育效果的尺度。同时,开展公关教育是辨别公关目标正确与否的有效途径,将公关工作成功的经验或失败的教训作为素材传授给内外公众,才能使他们得以综合分析、评价旅游企业公关目标的优劣。

二、旅游企业管理者的公共关系理念

一个旅游企业的领导,必须对自己企业的声誉和形象承担直接责任。因此,应该具备高度的公关理念,关注企业的公关状态,在经营管理中提出公关要求,在实际工作中支持和指导公关工作。旅游企业公关业务的特殊性在于,它渗透到日常行政、业务工作的各个环节,必须从全局和战略的角度加以协调管理。如果说一个旅游企业的生产、技术、财务、市场、人事工作可以依靠有关专家来分管,那么,关系企业形象和声誉的问题就必须由最高负责人亲自负责。没有旅游企业主要管理者的关心和支持,公关工作就不可能成功。

国外的大中型旅游企业,大都由一名副总经理甚至总经理主管公关工作,以便参与决策。即便是具体职能部门或基层的负责人,也需要了解自己的公关责任。第一,要弄清自己的工作职责与企业公关目标的关系;第二,努力使所属部门的业务人员支持企业的整体公关目标;第三,在工作中及时向企业公关人员提出忠告;第四,让企业公关部门了解本部门的计划、作业、人员变动以及新产品等最新信息。

旅游企业管理者如何加强自己的公关理念呢?

(1)可以通过继续教育和培训来获取公关知识并实践运用,从而构建自己的公关理念。

(2) 必须实事求是和随机应变,以企业和员工为着眼点,向外宣传旅游企业形象,扩大声誉,向内谋求员工支持并领导和激励他们。在对表现不佳的员工提出劝告时,要花些时间与员工建立和睦友好的关系,并找出员工工作中可以赞许的地方,仔细听取员工意见,观察员工的眼神、手势和姿态,帮助员工认清问题或找出原因,采取有助于解决问题的方法和具体行动方案去克服困难。

(3) 要不断钻研沟通技巧,增强社交能力。信息沟通在现代管理中非常重要,旅游企业管理者要搞清楚企业公众和员工想要了解什么,同时,要研究不同文化和宗教背景下的客源风俗习惯和特殊需要,以礼貌、规范、恰当的方式与人交往。

(4) 要严格自律,以身作则、言传身教。旅游企业管理者公关理念的强弱直接影响到其他人员的公关意识。只有通过自律,不断完善自身素质和能力的企业管理者,才能做到以身作则、言传身教,开展全员 PR 管理。

三、旅游企业公共关系人员的公共关系素质

旅游企业公关人员的公关素质,既包括其先天的生理和心理条件,也包括其后天经过选择、培养而具备的基本素质;旅游企业公关人员的基本素质既有全面发展的综合素质,也有专项特长职业素质(公关素质)。现代人全面发展的素质包含有现代人的思维方式、知识、能力和理念、意识等,而公关素质则应包括:

(一) 团体使命感

旅游企业公关人员不仅为企业提供决策依据并参与决策,更重要的是,还要具体实施企业决策。旅游企业公关的成败直接影响团体的生存和发展。每个公关人员都必须具备团体使命感,并以此为基础形成对企业现状和未来的责任感。

1. 具备强烈的团体主体意识

旅游企业公关人员作为团体的代表和象征,必须具备强烈的团体主体意识。它包括自觉确立团体精神、积极实施团体价值行为和保证团体意识的巩固。旅游企业公关人员要真正成为旅游企业的喉舌和后盾,必须时刻以团体形象的代表和维护者的身份出现,积极策划、设计旅游企业的未来,建立高标准的旅游企业公共关系长远目标,制定切实可行的旅游企业公共关系具体目标。若旅游企业公关人员不将自己视为企业精神的化身,就无法真正做好旅游企业公关工作。

2. 具备强烈的团体生存使命感

旅游企业公关人员除着眼于树立企业的良好形象外,还要注重于企业生存环境的改善。旅游企业公关活动对社会所具有的干预能力,是在公关人员不断对企业公众实施有效沟通,消除对立情绪中形成的。其目标是不断为企业寻找并实践新的生存手段。这种崇高的生存使命感,有赖于公关人员特有的独立意识和敢于尝试新方法,以及风险面前不退缩的热情与胆识;有赖于他们对民主、法制的强烈

渴望与追求,以及对实施企业价值行为的心理体验。这样,才能使公关工作成为旅游企业生存和发展的保证和基础。

(二) 完备的人格魅力

旅游企业公关工作的复杂性及其人性化、情感化特征,决定了公关人员必须具有完备的人格魅力。简单地说,完备的人格魅力包括以下几个方面:

1. 准确、敏锐的社会洞察力

旅游企业公关人员应具备准确、敏锐的社会洞察力,对社会生活中各个层面进行考察时,要具有"入木三分"的观察和分析能力,这样,才能在复杂的社会活动中准确地把握问题的实质,不受任何外来因素的干扰而获得可信的洞察结果,进而采取有效的行为。

2. 特有的独立意识和创新意识

完备的人格魅力应具有独特的个性、独立的思维和创新能力。旅游企业公共关系作为创造性的活动,要求公关人员必须能够根据情况的变化,独立自主地进行创造性地工作。这样,才能提出独具特色的旅游企业公关方案并能创造性地实施这一方案。

3. 非凡的宽容能力

旅游企业公关人员在公关工作中能够宽容、善处,是树立企业形象十分有效的必备素质和手段。宽容他人,充分理解他人,不断听取他人的反对意见,发现自身的问题,才能为自己也为企业创建一个和谐而友好的生存发展环境。

(三) 角色扮演的多重性

旅游企业公关工作的艺术性和广泛性,决定着公关角度的多维性和公关人员角色扮演的多重性。

1. 旅游企业的"耳目"和"哨兵"

旅游企业公关人员的首要任务是收集信息。任何关系到企业生存、发展的信息都是他们收集的对象。因此,要求公关人员必须有广泛的社交圈和灵敏畅通的信息传递渠道,以便及时准确地了解和传达内外公众的意见。此外,公关人员还必须关注团体形象或企业公关网络可能具有的不和谐因素,及时预警并做好应变准备,进而保证企业行为与社会动向相一致。

2. 旅游企业的"喉舌"和代言人

旅游企业公关人员应善于解释团体的主体意识,以便让企业公众了解企业的文化和精神;同时,又要善于及时反馈公众的意见,并代表企业及时处理和解决这些意见和问题。可见,旅游企业公关人员起着上传下达的中介作用,没有敏捷的公关人员的互动作用,企业形象便不能很好地被公众知晓,更不可能及时洞悉公众的意见和建议。

3. 紧急危机事件的"消防员"

当旅游企业危机事件出现时,公关人员应及时处理,转危为安。可见,公关人员应具有临危不乱、处变不惊、审时度势、当机立断的能力和准确而敏捷的快速反应能力。

4. 旅游公关网络的"链接员"

在旅游企业公关网络系统中,公关人员充当着"链接员"的作用。为了更好地处理旅游企业与相关团体及个人的关系,公关人员在这个庞大的网络系统中,必须能够将旅游市场中的产、供、需信息及时链接给旅游企业,同时将旅游企业的信息及时链接给企业公众。为了及时有效地传播旅游信息,公关人员的"链接员"作用至关重要。

5. 旅游企业与公众间的润滑剂和调节器

旅游企业公关人员应充分了解和分析公众的心理需求状态,在此基础上,不断协调和沟通旅游企业与其公众的关系,发挥桥梁和纽带作用。

总而言之,旅游企业公关工作的复杂性,决定着公关人员必须扮演不同的角色,还要根据不同场景,能够灵活转化角色,适应环境。

(四)健康的心理和积极的生活态度

公关人员不仅要有健康的体魄,而且还要有健康的心理和积极的生活态度,才能胜任自己所从事的旅游企业公关工作。健康的心理和积极的生活态度主要表现在:

1. 正确客观地认识自己和理解他人

具有健康心理和积极生活态度的人,往往能对现实世界产生客观准确的知觉和反应,很少受主观偏见的左右,更不会被虚假的幻象所迷惑。旅游企业公关人员只有具备较高的心理健康水平,才能正确知觉和认识客观事物,正确客观地认识自己、理解他人,也能收集正确的信息,并根据客观事物的不同情况,实事求是地为处理和解决问题,准确、迅速地作出决断。

2. 用现实主义的态度对待一切人和事

具备健康心理和积极生活态度的人都很现实。他们会现实地看待所遇到的人和事,不期望尽善尽美,所以会对事态的发展前景做出多种预测,即使事情不尽如人意,也不会感到惊奇或愤怒。同时,他们也能客观地看待自己,对自己的能力充满自信,即使遇到挫折也不会心灰意冷、失落沮丧。旅游企业公关工作往往是短期效益和长期效益的结合,公关人员如果能用现实的态度来看待这一点,就不会在短期效益不明显时感到失望和惭愧,从而有利于公关工作的持续进行。

3. 富于同情心和幽默感

同情心和幽默感,是指在令人不快甚至难堪的情况下,以诙谐机智但又不使他人自尊受到伤害的语言解除尴尬局面的能力。这样的幽默是健康的,因为它是在紧张的时刻使人心理得到松弛的一种乐观主义表述方式,可见,富于同情心和幽默感应是心理健康人的一种非常难得且具有特殊魅力的素质。诙谐幽默既是心理健康的标志,也是心理健康程度的较高体现。公共关系人员具备健康心理和积极的生活态度,才可能富于同情心和幽默感。例如,旅游企业公关人员在谈及个人利益或企业利益时,若用呆板、僵化的语言,会使人感到紧张和焦虑。若能以轻松自然而又富有幽默感的语言与人交谈,就能使紧张的气氛得到缓解,使尴尬的局面变得轻松和谐。此外,旅游企业公关人员在与旅游企业公众接触时,即使无任何利益冲突和矛盾可言,谈吐幽默也会吸引更多公众,令人感到轻松愉快,关系协调,使人们对公关人员甚至整个旅游企业产生好感。因此,富于同情心的幽默感,是旅游企业公关人员开展公关工作的职业要求。

4.广泛而友善的人际关系

由于具有健康心理和积极生活态度的人心胸开阔,善于接近他人,对他人的态度表现为慈爱、耐心与合作,因此,往往能建立良好的人际关系,既能与大多数人和睦相处,又能同少数人建立深厚的友谊。而心理健康欠佳、生活态度消极的人从事旅游公关工作,也可能会"拉到"一些关系,但由于不是发自内心的愿望,往往不够真诚、热烈,因此,较难建立深厚、长久的友情关系。可见,公关人员只有具备健康的心理和积极的生活态度,才能建立广泛而友善的人际关系,为做好公关工作奠定基础。

四、旅游企业员工队伍的公共关系意识培养

旅游企业员工队伍具有公关意识,才能统一思想和行为去开展旅游服务工作。员工队伍的公关意识主要包含以下内容:

(一)塑造企业形象的意识

旅游企业员工队伍应具有塑造企业形象的意识,这是旅游企业公关意识的核心。它包括两层含义:一是员工队伍建设工作应以塑造企业形象为核心,规范员工的服务语言和行为。二是塑造个人形象,它不仅包括旅游企业员工个人的社会责任感、道德观念、思想修养和个性心理特征等内在形象,也包括其仪容仪表、礼貌礼节等外在形象。

具有塑造形象意识的人,能清醒地懂得知名度和美誉度对于企业生存和发展的价值。旅游企业员工队伍应该明确认识良好的组织形象是一种无形的财富和取之不尽的资源,而企业形象的塑造必须建立在员工努力工作和自身形象塑造的基础之上。如果旅游企业员工队伍未在思想上确立企业形象意识,则他们的行为往往是盲目的,或者顾此失彼,很难做好旅游服务工作。

(二)服务公众的意识

旅游企业形象是为特定对象塑造的,这些特定对象便是企业公众。他们必然与旅游企业有着某种联系,离开企业公众的、孤立的企业形象可以说毫无意义。忽视了企业公众,旅游企业的生存就会受到威胁,也就更谈不上什么发展了。

企业公关的目标是"内求团结,外求发展"。一般而言,旅游企业直接面向外部公众的,正是企业内部不同岗位上的各种服务人员。他们的服务是全方位的。试想,一家宾馆的服务设施非常好,而服务人员态度极差,客人到来不仅没有得到应有的服务,反而花钱买了一肚子气。这样,客人下次还可能会光顾这家宾馆吗?当有人向他征询对该宾馆的形象评价时,他会说有利于宾馆的话吗?当然不会。可见,员工队伍为公众服务的意识是旅游企业的生命线。

只有确立了服务公众意识的员工队伍,才会处处为公众利益着想,利用条件、创造条件为公众服务,努力满足公众方方面面的要求,从而树立旅游企业的美誉度和知名度。

(三)沟通交流的意识

沟通交流的意识,可以说是一种信息意识。旅游企业为了塑造良好的形象,更好地为公众服务,以实现其目标,就必须构架一个信息交流的网络,来掌握环境的变化,保护旅游企业的生存,促进旅游企业的发展。而旅游企业员工队伍作为企业的前沿人员,更应具备这种沟通交流的意识,将旅游企业信息传递给公众,再将公众评价反馈给旅游企业,以双向沟通的方式求得相互理解、相互影响、相互适应,达到和谐关系、塑造良好企业形象的目标。

旅游企业员工队伍具备沟通交流意识,才能及时发现问题、筛选信息,同企业公众联络感情,同时将企业公众对旅游企业的各种建议和批评及时传递给组织,使旅游企业能及时调整自身形象,以求得到公众的支持。

(四)真诚互惠的意识

"诚招天下客"这句在中国流传很广的话,就是要求旅游企业员工队伍以真诚的态度对待公众,努力赢得公众的好感,得到公众的支持和信任,只有这样才有助于美好形象的塑造。真诚是做人的基本准则,它对旅游企业员工队伍建设尤其重要。在旅游服务活动中,往往遇到这种情况,即虽然无法满足公众的要求,但只要态度真诚,公众也会感到满意。

旅游服务活动必须以公众利益为出发点。旅游企业员工队伍只有重视公众利益,才能更好地维护本企业的利益,利人才能利己。企业经营,以营利为目标,但却必须以互惠为基础。既然旅游者以货币购买了服务,互惠就不仅表现在物质利益上,更重要的是表现在旅游企业员工所提供的服务,能否让公众得到精神上的愉悦和心理上的满足。旅游企业的服务只有以公众利益为出发点,满足公众物质和精神两方面的需求,才能达到互惠的目标。

要互惠,必须做到真诚。没有真诚的态度就很难做到真正的互惠。旅游企业员工要培养真诚互惠意识,凡事既要想到企业自身的利益,又要充分为企业公众着想,对服务对象以诚相待。

第三节 旅游企业公共关系教育的原则和方法

一、旅游企业公共关系教育的原则

教育是一项长期投资,要想取得良好的效果,遵循教育规律是其必然。开展旅游企业公关教育,必须树立明确的指导思想,按照公共关系的基本原理,结合我国实际情况,合理制订教育计划,不断提高教学质量,培养出适应现代社会发展需要的旅游企业公关人才。我国旅游企业公关教育必须坚持社会主义方向,符合社会主义教育规律,同时要遵循以下原则:

(一)理论、实践、道德教育相结合的原则

所谓理论密切联系实际、理论知识与思想品德教育相结合,就是要求旅游企业公关教育既要向员工传授公关理论和相关知识,保证教育内容科学、正确,又要对员工进行思想政治、道德品质方面的教育,引导员工理论联系实际,并在实践中提高用理论解决实际问题的能力。公共关系是一门比较复杂而实践性很强的学科,公关教育应注重理论、实践、道德三方面的结合,尤其要强调道德教育和在实践中灵活运用所学的公关理论知识。

(二)形式多样、机动灵活的原则

旅游企业公关教育形式多样、机动灵活的原则,是指根据公关实际的需要而采用的具体的运作方式,不拘泥于常规的固定模式。这也正是旅游企业公关教育特定环境所决定的。

旅游企业公关教育既采用普通院校的正规教育形式,又采用无固定时间、场所的灵活型教育形式。员工离开正规教育以后,这种灵活实用型教育往往依据工作需要而进行,一般在时间和场所上比较零碎,如果方式简单、呆板,效果必然不佳。若能在时间和场所上因势利导,遵循形式多样、机动灵活的原则,往往会创造出很好的教育方式,使公关教育收到实效。

(三)循循善诱、潜移默化的原则

旅游企业公关教育应使公关理念在恳切的教导下,不知不觉地生根于内外公众头脑之中。因此,旅游企业公关教育的性质决定着循循善诱、潜移默化的原则。只有通过不断地诱导,无形地影响公众,才能让人们去理解并接受本企业的公众价

值观念。但是接受观念与接受知识是不一样的,当我们理解了某种知识时,一般来说,同时也接受了该知识,而当我们理解了某种价值观念时,却未必能接受这种观念,只有从理性和实践两方面去系统体会,才能真正接受此观念,而要使公众对企业观念去系统体会,绝不是一两次说教所能奏效的。由于旅游企业公关教育本身是一种素质教育,所以必须根据人的心理活动规律,采取循循善诱、潜移默化的方式不断渗透,才能逐渐达到目标。

(四)坚持不懈、持之以恒的原则

旅游企业公关教育应层层相扣,如行云流水,持续不断。教育是一项长期的工作,只有坚持不懈,持之以恒才能有成效。然而,实际上,人们却总抱有打"歼灭战"的心理,总认为通过一两次努力即可大功告成。这种违反教育规律的错误认识如不加以纠正,会使教育工作前功尽弃。特别是旅游企业公关教育,其后续性很强,若在时间和内容上缺乏连贯性,抓紧一个时期、又放松一个时期,教育就成了三天打鱼两天晒网,教育目标就很难实现。由此,旅游企业公关教育必须遵循坚持不懈、持之以恒的原则,持续不断地培训、教育,并及时掌握最新知识,为实现企业目标打下坚实的基础。

二、旅游企业公共关系教育的方法

从旅游企业公关教育的角度看,公关人员的培养主要有院校正规教育、社会继续教育和企业内部教育三种途径。

(一)院校正规教育

院校正规教育通常有系统和严格的教学计划、教学大纲、专业师资和专业教材,有明确的培养方向和目标,教学要求很高。自从爱德华·伯纳斯于1923年在纽约大学首次开设公关课程以来,美国的公关教育迅猛发展,多数大学都开设有公关专业或公关课程。一般来说,在国内外不少大学的新闻系、商业系和管理系都开有一二门公关课程供学生学习。这种课程对学生来说是其应该掌握的专业知识之一,因此,一般属概论性或以概论为主稍带些实务,有助于完善学生的知识结构。但是,若这些学生毕业后从事公关工作,还须进一步系统学习公关理论知识,并通过大量的公关实务在实践活动中进行锻炼。

此外,在高等院校开设公关专业是公共关系职业化的标志。国外有不少大学多半在新闻、传播学院(系)里开办公关专业,大多培养公关学士、硕士,个别培养博士。国内也有50多所高校开设公关专业,还有很多大学正积极筹办公关专业。公关专业主要培养从事公关工作的专门人才,其课程设置有很强的科学性和系统性。通常公关专业的课程可以划分为三大部分:

1.大学教育中的社会基础课程

如哲学、史学、文学、人类学、政治学、美学、逻辑学、档案学、人事学、经济地理学等。

2.公共关系学相关课程

如社会学、社会心理学、传播学、新闻学、舆论学、法律学、经济学、工商管理学、贸易学、营销学、会计学、统计学、管理学等。

3.公共关系学专业课程

主要有:公共关系学原理、公关心理学、公关组织学、公关创意与设计、公关礼仪训练、公关管理学、公关传播学、公关宣传技术、公关调查与预测、公关广告设计、公关广告管理、公关方案写作、演讲学、编辑学、公关实务、公关案例等。

4.技能性课程

主要包括:外语会话与阅读、计算机基础知识和操作技术、数据处理、摄像机使用、摄影及暗房技术、美术及印刷排版基础知识、内部报刊编辑及汽车驾驶技术等。

(二)社会继续教育

社会继续教育作为培养公共关系人员的另一种途径,主要有普及型和提高型两种类型。普及型,主要通过舆论宣传和行为示范来向非公关专业人员普及公关知识,非公关专业人员在接受公关知识后,再经过进一步深造和实践锻炼,有可能成为专业公关人员;提高型,则侧重集中培训专业公关人员,以提高他们的理论和业务水平。目前在公关职业化程度较高的发达国家,社会继续教育均以提高型为主,公共关系的普及则依赖于面向社会的宣传。总之,公共关系社会继续教育是院校正规公关教育的有益补充,公共关系社会继续教育的形式主要有:

1.长、短期公共关系培训和函授教育

公关培训在时间上没有统一规定,伸缩性很大,由于培训时间长短不同、师生的情形差异很大,教学内容也不尽相同;教师多为高等院校从事公关教育的专家。这些专家以讲座的形式浓缩介绍公关学的基本理论和基础知识,与学生交流公关工作的实际经验,或将公关界的一些动态信息传授给学生,同时跟学生一起探讨某些有争议的问题。公关培训班正是一种将理论与实践结合较紧的社会继续教育方式,而培训对象一般又具有一定的社会工作经历,因此公关培训能使他们了解公共关系学的基本内容,知悉公关研究和实践的最新成果,对提高公关工作水平,具有"短、平、快"的效果。

公关函授教育,是院校正规公关教育的社会化,所不同的是,时间相对于院校来说较短,通常1~2年,同时课程相对集中,要求学生要有较强的自学能力,因而,公关函授教育是社会继续教育的一种发展趋势。

2.公共关系知识宣传

公关知识的宣传借助大众传播媒介,体现出一种教育功能。国际、地区和各国公关协会的成立已成为公关职业化的标志,使得公关职业知识的宣传有了很大的

发展。不少公关协会都有自己的公开出版物。除此之外，不少国家的公关协会还经常安排公关界知名人士到电台、电视台接受记者采访，或为面向社会大众的各家报刊提供普及公关知识的文章。同时，高等院校、研究机构以及公关职业机构同样推出大量有关公关理论和实践方面的出版物，每年还举办大量的公关学术演讲，使公关思想和观念源源不断地传播到社会各界，对公关知识的宣传和普及发挥了积极作用。另外，作为公关职业化的又一表现，即大量公关文献的出现，也为广大社会公众了解公关知识提供了良好的条件。

随着现代化的发展，政府也越发注意加强与民众的沟通和联络，注重塑造政府形象。政府公关意识的强化，起到了极好的示范作用，通过大众传播媒介的大量宣传，有助于社会的和谐稳定、理解和沟通。政府的公关行为及舆论宣传对普及公关知识、推动全民公关意识教育的发展具有重要作用。

（三）企业内部教育

企业内部教育可采取多种方式，在一些活动中融入教育内容。例如，在事件处理、专题活动、娱乐活动中，潜移默化地使教育对象受到教育、得到提高。多种教育方式不仅具有可接受性和渗透性强的特点，能大大提高公关教育的整体效果，同时又可以直接推动实际工作质量的提高，创造出连带效应。多种教育方式，一般是指除常规教育之外的所有教育方式，在此将最常见的几种简要介绍如下。

1. 竞赛活动

竞赛活动是一种有价值可利用的方式，具有竞争性和可比性特征。竞争性能刺激旅游企业内外公众的好胜心，吸引公众参加并期望得到荣誉；而可比性能激发公众的好奇心，可得到客观公正的品评。竞赛可分为技能竞赛、知识竞赛、体育竞赛等多种类型，一般而言体育竞赛吸引力较大，知识竞赛次之，技能竞赛更次之。组织在安排竞赛活动时一般应注意：

（1）精选目标公众最感兴趣的竞赛形式。竞赛形式选择好坏，直接影响到能不能吸引目标公众参与，引起目标公众的注意。因此，精选竞赛形式，符合目标公众的兴趣，满足目标公众的需求，才能产生良好效果。

（2）依据教育任务的要求，恰当安排竞赛活动的主题、内容、情节等。组织开展竞赛活动，最终目的是塑造企业形象，使目标公众了解、认识和熟悉旅游企业，增强旅游企业的美誉度和知名度，达到教育公众的目的。因此，只有恰当安排竞赛活动的主题、内容和情节，才能寓教于乐，不断激发目标公众思考问题，从而产生深刻的宣传和示范作用。

2. 联谊活动

联谊活动具有友好交往和共同庆祝的特点。它不仅能促进人与人之间的友好交往，迎合大多数人结识朋友的愿望，易被接受，且能带给人们欢快的气氛，符合大多数人爱热闹的心理。联谊活动一般可分为交际性联谊、纪念性联谊、礼节性联谊等多种类型。其中吸引力较大的首先是交际性联谊,如郊游、舞会等。其次是纪念性联谊,如生日联欢、新年茶话等。最后是礼节性联谊,如欢送晚会等。旅游企业在组织联谊活动时一般要注意的要领有:

(1)充分利用目标公众的情绪倾向。联谊尤其要以气氛为基础,没有气氛,目标公众就觉得冷清,旅游企业联谊活动的开展就不会成功。只有充分利用目标公众的情绪倾向,安排符合公众兴趣、爱好、口味的活动和节目,才能得到大家的响应,产生强烈的气氛。

(2)适时增加教育内容。联谊活动的趣味性较强,如何让参加者在联欢气氛的陶醉中悄无声息地受到教育,这是组织者应重点考虑的内容。一般情况下,深化主题能较好地把教育内容融入欢声笑语中去,被赋予丰富内涵之后的"主题",常常能发人深思,使人笑过之后品尝到"余味"。

3. 事件处理

事件处理,是旅游企业实际工作运行中不可避免的,它是解决矛盾、实施决断的过程。随着事件处理的内在逻辑,人们会广泛关注和思索旅游企业如何针对矛盾而实施决断。事件处理一般分为一般事件处理和危机事件处理。相对而言,由于危机事件具有急迫性,所面临的矛盾往往较严重,因此它的处理大多有很强的吸引力;而一般事件处理大多解决一些日常工作中的矛盾,吸引力较弱。旅游企业处理事件的要旨是:

(1)强化事件,吸引关注。旅游企业中的事件一旦发生,总是能够引起人们的关注。如果旅游企业想息事宁人,有时则适得其反,公众反而会认为旅游企业有意或故意推诿,造成不良影响。因此,由于对事件重要性的认识不同,重视程度也不一样,为了更好地发挥处理事件的广告作用,应该有意识地强化旅游企业对事件的认识,引导目标公众给予更充分的重视,吸引其重点关注。

(2)推敲方法,合理导向。旅游企业处理事件的方法是核心,是人们关注的焦点,因此,也是融入教育内容的关键。从一般情形看,事件的产生往往是由于某种观念导向引起,在处理过程中,应选择最恰当的方法,再将公众舆论合理导向有利于旅游企业的某种观念,把事件处理过程变为间接教育公众的过程。方法必须推敲,但更重要的是确定将公众舆论导向哪种观念,否则教育价值便无法凸显出来。

(3)绩效奖惩

绩效奖惩是实际工作中最常用的间接教育方式之一。它从好坏两个方面对工作中表现突出的人物进行评价。无论是表扬还是批评,都会对目标公众产生一定影响。由于奖惩与名利紧密挂钩,在目标公众中具有较大吸引力。绩效奖惩分为奖励和惩罚两种类型,皆以物质和精神的手段进行评价。其中奖励是对工作中做出突出成绩和贡献的人或事进行表彰。它给被表彰者带来荣誉,提高其在人们心目中的地位,也在一定程度上刺激了目标公众的荣誉心,激发人们的进取欲望,从而起到广泛的连带作用。惩罚则是对给旅游企业带来消极影响的人或事进行处罚。它使被处罚者受到一定损失,对目标公众的自爱心理有一定刺激作用,并可抑制人们的消极心理,产生较强的警示作用。旅游企业在安排绩效奖惩时的一般宗旨是:

①挖掘有价值的人或事。在实际工作中,有大量可奖惩的人或事存在,因此不能泛泛进行奖惩。从公关工作的角度出发,凡是旅游企业需要给以倡导或抑制的人或事,都是有价值的人或事。只要充分挖掘就能发现这些有价值的人或事,适度给予奖励或惩罚,就能发挥其教育作用。

②凸显奖或惩的精髓。奖惩过于简单平淡,难免会给人以肤浅的不良印象,起不到教育作用。如能精心规划奖惩的要点,使之充分体现出最深层的思想内涵,显其精髓,奖惩就会发人深省,从而产生良好的教育效果。

案例举要

××饭店公共关系培训指南(摘编)

公共关系是一种通过最佳传播渠道,经常向目标公众提供制作良好的宣传材料的艺术。公共关系既然是一种艺术,便必然存在规则、技能、技巧和经验的问题。掌握这种艺术不能仅靠死记硬背教科书上的条文,而必须通过刻苦的学习和实践。

公共关系以事实为基础。从长远来看一个企业的形象和声誉,一般都基本与其实际情况相符。在企业行为的事实前提下,公关工作的任务是运用各种传播技巧把企业形象尽快地树立起来并推广开去;公关艺术的体现,在于如何把有关企业的客观事实编写成宣传品、新闻稿、讲话稿、通讯特写、杂志文章和书籍;或制作成精美的图片、电影片和电视录像片;或组织记者招待会、展览会、展销会;或举办开放型参观、纪念日活动等,审慎处理同政府、新闻界、公众团体和各界人士的关系。所有这些都是公关人员发挥艺术创造和展现能力的天地。

公共关系宣传材料必须有针对性,就是说,不可忘记宣传材料的读者、听众和观众同时也是企业所要争取的顾客;在处理同各方面公众的关系时也要有针对性,对不同公众采取不同的公关方式;传播媒介的选择更需要有针对性,必须认真选择最恰当的传播媒介来刊登或播放宣传材料,以获得最佳传播效果。

公关宣传工作是持久地、反复地进行的。有关企业形象的主题要通过种种不同形式、不同手法的宣传材料加以表现,有时甚至要反复多次地通过同一种传播渠道进行宣传,加深印象。公关人员还要设法在有限的经费预算之内,组织实施精心策划的宣传活动来取得尽可能大的成果,以达到预期目标。

总之,公共关系是一种实事求是而又灵活机动的宣传艺术,只有通过大量的实践才能积累起运用这种艺术的经验。

案例思考:你是如何理解公共关系艺术体现在哪里?

本章小结

旅游企业公关教育对塑造旅游企业形象、完善企业管理、提高员工素质和增强全员公关意识具有重要的作用。旅游企业公关教育的对象是企业全体员工,要求全员要关注企业公关目标,管理人员要树立公关理念、公关人员要提高公关素质、员工队伍要培养公关意识。旅游企业公关教育要在一定的原则指导下来开展,通过多种方法和途径去实现。

思考与练习

1. 旅游企业公关教育的功能有哪些?
2. 旅游企业管理人员公关理念有哪些?
3. 简述多种教育方式安排的意义。
4. 旅游企业员工队伍应具备怎样的公关意识?
5. 简述旅游企业公关教育的原则。

后 记

《旅游企业公共关系》从20世纪的1999年面世,至今已经走过了18个年头。在这18年中,《旅游企业公共关系》在帮助高职高专旅游类专业的学生树立公共关系意识、掌握公共关系原理、提高公共关系水平、熟练操作公共关系技能方面做出了应有的贡献。同时得到了广大师生的认同,完成了在旅游类院校普及公共关系知识,升华学生公共关系能力的任务。根据各校使用《旅游企业公共关系》教材的反映,大家普遍认为该教材理论紧密结合实际,能让学生在学习结束后不仅仅掌握了公共关系的基本理论知识,而且对旅游企业公共关系的实际有了一定的了解,并能够较为熟练地操作公共关系的一般工作技能,为学生就业时能够"零距离"适应旅游企业的公共关系工作打下了坚实的基础。在得到了旅游企业和旅游院校的高度赞扬与评价之余,我们感到十分的欣慰,因为这不仅仅实现了我们编写这本教材时用于填补这门课程教材空白的最初目的,更为重要的是为旅游企业培养了公共关系人才,满足了他们对公共关系人才渴求的最终目的。

随着时代的发展,旅游业突飞日猛进,一日千里,经历了从单一入境旅游到入境旅游、国内旅游两个市场和到入境旅游、国内旅游、出境旅游三个市场的发展和壮大的过程。旅游业从第三产业到现代服务业,逐渐加重其占国民经济总值的比重,业已成为具有相当规模的经济产业。我国也从不知道旅游为何物到成为旅游资源大国、旅游大国和逐步进入旅游强国的行列。当前,中国不仅提前完成了国民年均三次出游的目标;同时,旅游热促农业、工业、交通、餐饮、住宿、文化教育的发展,与此同时,现代科技的发展对旅游业也产生了重要的影响,高新技术手段的运用让旅游业发生了翻天覆地的变化,旅游新业态不断产生,旅游的新思维、新现象也频频出现。旅游业这个朝阳产业,伴随着工业化、全球化和信息化的进程正不断发生着日新月异的变化。

由旅游教育出版社出版的《旅游企业公共关系》顺应历史潮流,对《旅游企业公共关系》进行过二次修订:1999年出版的《旅游企业公共关系》是由武汉职业技术学院旅游与航空服务学院的谢苏教授和湖北大学职业技术学院的王明强副教授编著,一经出版就受到了各高等职业院校旅游专业的热烈欢迎。2004年《旅游企业公共关系》进行了第一次修订,加入了"旅游企业公共关系教育"一章,在保持第一版特色的基础上,力求总体提高,使教材的内容更趋完善。我们不仅本着"以能力培养为中心"的高等职业教育理念,更是按照当时高等职业教育发展的趋势,对其进行了以"按照工作流程"为导向的课程体系设计,极大地提高了学生学习的积极性和公共关系的实际操作本领,突出了"以学生为本位"的教学思想。第二次修订恰逢我国旅游业经过三十年的发展,正全面实施国务院《关于加快发展旅游业的意见》,大踏步朝国民经济战略性支柱产业和人民群众更加满意的现代服务业宏伟目标迈进。旅游业也呈多样化发展态势,业已成为全球产业经济发展最快的行业之一。根据当时旅游业日益发展的大好形势,我们依据旅游企业当时公共关系发展与创新的现实状况,完善了相关内容,力争能够反映出当时旅游企业公共关系的实际,为学生能够快速适应日益发展壮大的旅游企业公共关系的基层工作打下坚实的基础。2017年初春,我们受旅游教育出版社的委托,开始对国家级规划教材《旅游企业公共关系》进行第三次修订。这次的修订,我们根据旅游业多样化的发展,旅游新业态的层出不穷,旅游与现代科技发展的完美结合,我们增加了以下内容:在第二章"旅游企业公共关系主体"第一节"现代社会组织"中增加了目前具有一定规模和相当特色的新兴社会组织,尤其是在第二节"现代旅游企业组织"中增加了旅游行业的各种类型的新业态;并根据形势的发展,这些新业态对现代旅游企业的构成与特征的影响;并对现代饭店企业;现代旅行社企业;现代旅游交通及其他游乐形态与设施做了详尽的诠释。在第四章"旅游企业公共关系的中介——传播"这一章里,结合新媒体的出现和现代通信技术的发展,增加了第三节"网络新媒体传播",尽可能全面地介绍了与现代旅游密切相关的"第四媒体——网络媒体";新媒体广告等相关内容,并列举一些经典的旅游企业公共关系新媒体传播的案例,以帮助学生理解目前电子通信对旅游行业巨大的影响和旅游与互联网结合的美好前景。

值得说明的是,这本教材是国家级精品课程《旅游企业公共关系》和国家级资源共享课程《旅游企业公共关系》的使用蓝本。2007年以谢苏教授为首的精品课程教学团队通过不懈的努力,获得国家级精品课程的光荣称号,同时创建了《旅游企业公共关系》国家级精品课程网站,由教育部全程上网。该课程网站包括课程介绍、教材建设、教材目录、参考资料、电子教案、全程教学视频录像、案例分析、试题集锦(含单元测试和综合测试)、授课教案、情景教学、教学大纲等,是十分优良的教学资源,可以供给全国所有教授"旅游企业公共关系"课程的教师观摩和参考。2012年,经过改版和修订,《旅游企业公共关系》被选定为高等职业院校的第一批"国家级资源共享课程",已于2012年首批入选"爱课程"网,在原有的课程网站的基础上进行了较大的修改,大大丰富了《旅游企业公共关系》的课程资源。几年运行下来,点击率不断攀升,成为高职旅游类专业学生十分喜爱的"资源共享课程"。

后 记

另外,从 2007 年 7 月起至今,《旅游企业公共关系》一直是国家批准的"十一五"规划教材。

这次修订由谢苏教授与谢璐副教授共同完成,谢苏教授负责全书修改提纲的制定、统稿,后记的撰写与提供相关的修改资料与案例;谢璐副教授完成了对第二章"旅游企业公共关系主体"第一节"现代社会组织"、第二节"现代旅游企业组织"和第四章"旅游企业公共关系的中介——传播"中第三节"网络新媒体传播"的修订与撰写工作。我们两位教师都是长期工作在旅游高等职业教育第一线,并且与旅游企业和旅游行政管理部门关系密切,有的还长期担任旅游企业公共关系部门的工作,所以能够及时掌握旅游企业公共关系的第一手资料。我们希望因为我们的努力,能够让《旅游企业公共关系》这朵奇葩越开越灿烂,也希望我们的学生能够在旅游企业公共关系工作岗位上做出更大的成绩。在本书的编写过程中,我们参考了国内外公共关系和传播领域的一些最新研究成果,并引用了其中有关观点和资料,在此,谨向有关作者致以诚挚的谢意。

由于时间与水平的关系,我们的《旅游企业公共关系》可能还会存在一些缺点和不足,希望各位同仁提出宝贵的意见与建议。

作者

2018 年 6 月

参考文献

[1] 马敬辉.酒店管理之危机公关[EB/OL].http://www.douban.com/note/120896431/.
[2] 李琤.企业网络公共关系的特性与形式探析[J].现代商贸工业,2011(22).
[3] 搜狐旅游网.马勇:http://travel.sohu.com/20080311/n255650543.shtml.
[4] 龙志鹤,张岩松.现代公共关系学[M].北京:经济管理出版社,2006.
[5] 崔景茂.新编公共关系教程[M].北京:北京大学出版社,2005.
[6] 如家酒店CIS设计[EB/OL].http://www.17net.net/Article/601/23559.html.